화폐 대전환
− 은행화폐에서 CBDC로 −

Monetary Turning Points :
- From bank money to Central bank digital currency(CBDC)

조세프 후버(Joseph Huber) **지음**
서익진, 김준강, 김민정 **옮김**

진인진

First published in English under the title
The Monetary Turning Point: From Bank Money
to Central Bank Digital Currency (CBDC) by Joseph Huber, edition: 1

Copyright © 2023 by Springer Nature Switzerland AG

All rights reserved.

This Korean edition was published by Zininzin Co., Ltd in 2025
by arrangement with Springer Nature Switzerland AG.
through KCC(Korea Copyright Center Inc.), Seoul.

Springer Nature Switzerland AG takes no responsibility
and shall not be made liable for the accuracy of the translation.

이 책은 (주)한국저작권센터(KCC)를 통한 저작권자와의 독점계약으로 진인진에서
출간되었습니다. 저작권법에 의해 한국 내에서 보호를 받는 저작물이므로
무단전재와 복제를 금합니다.

추천사

강남훈(한신대 명예교수, 사단법인 기본사회 이사장)

2024년 4월 1일 기준, 한국은행이 발행한 통화는 269조 원인데, 광의의 통화는 4,013조 원이다. 광의의 통화를 기준으로 할 때 한국은행이 발행한 통화는 7%에 불과하다. 화폐의 대부분이 일반은행에 의해서 공급되므로 오늘날의 화폐를 은행화폐라고 부른다. 은행은 대출을 할 때 고객의 예금 계좌에 대출 금액을 적어줌으로써 화폐를 창조한다. 그래서 은행화폐를 신용화폐, 또는 장부화폐라고 부른다.

    대출에 기초한 화폐공급은 금융시장을 불안정하게 만든다. 호황 때는 화폐량이 너무 많이 늘어나서 경기가 과열되고 불황 때는 화폐가 너무 줄어들어 불황이 깊어진다. 자산의 거품과 붕괴가 주기적으로 발생한다. 은행은 돈을 발행하면서 막대한 발행이익을 얻게 된다. 부자들은 화폐를 가지고 더 많은 화폐를 획득하고, 보통 사람은 노동으로 번 화폐로 이자 내기 바쁘다. 이와 같이 거품과 붕괴로 경제를 불안정하게 만들고 불평등을 확대시키는 것이 은행화폐 제도의 근본적인 문제이다.

    은행화폐는 유일한 화폐공급 방식이 아니다. 19세기 말부터 지배적인 화폐공급 방식이 되었다. 1840년대까지는 귀금속에 기초한 주화가 지배적이었고, 1840년대에서 1910년까지는 법정지폐가 지배적이었다. 디지털화폐(암호화폐)는 주화, 지폐, 은행화폐에 이은 화폐의 네 번째 모습이다. 한 사람의 전자지갑에서 다른 사람의 전자지갑으로 이전되며, 은행의 매개를 필요로 하지 않는다. 은행화폐보다 더 적은 비용으로 더 높은 안전성을 제공한다. 그러나 디지털화폐는 아직은 화폐로서 기능하고 있지 못하고 투기 대상이 되어 있다.

조세프 후버는 은행화폐 공급 방식이 가진 문제를 근원적으로 해결하기 위해서 주권화폐를 발행하는 것을 제안해 온 학자이다. 대표적인 저작은 이미 우리말로 번역되어 있다(조세프 후버, 『주권화폐』, 진인진, 2023). 화폐발행은 주권자의 권리이므로 발행 이익은 주권자인 국민 전체에게 귀속되는 것이 마땅할 것이다. 이 책에서는 더욱 구체적으로 중앙은행 디지털화폐(CBDC)를 통해서 주권화폐를 발행할 것을 주장하고 있다. 중국은 이미 디지털 위안화를 발행하기 시작하였다.

후버는 중앙은행 디지털화폐가 화폐적 연결성을 강화하고, 비용을 절감하고, 효용을 증대시키고, 사회적 포용을 촉진하고, 금융 프라이버시를 보호하고, 통화정책 효과를 개선하고, 금융 안정성을 높일 것이라고 주장하고 있다.

앞으로 탄소중립을 달성하기 위해서는 GDP의 2~3% 정도의 투자를 지속적으로 행해야 할 것으로 예상된다. 조세 확대를 통해서 복지, 교육, 연구개발 투자를 확대해야 할 처지에 있는 우리나라로서는 탄소중립 투자까지 조세로 충당하는 것은 쉽지 않아 보인다. 그렇다고 민간자본에게 에너지 전환을 맡기면 탄소중립이 달성된다고 하더라도 불평등이 극도로 증가한 나라가 될 것이다. 주권화폐 발행을 통해서 탄소중립 투자를 시행하고 그 투자로부터 나오는 수익을 중앙은행 디지털화폐로 전 국민에게 분배하면 불평등이 증가하지 않는 탄소중립을 달성할 수 있을 것이다. 이 책의 사상이 널리 전파되어 우리나라가 불평등을 줄이면서 탄소중립 경제로 전환하는 시대적 과제를 모범적으로 해결하는 나라가 되기를 바란다.

· · · ·

추천사

조복현(한밭대 경제학과 명예교수)

후버는 한 국가의 화폐와 지불시스템에서 주권화폐의 지배력을 회복해야 한다는 주장을 전개해 왔다. 그에 따르면, 주권화폐란 '손에 쥘 수 있는 현금이든 비현금성 화폐이든 완전한 효력을 갖는 법정통화'로서, '전액이 국가기관에 의해 창조되고 발행'되는 화폐를 말한다. 그가 주권화폐의 지배력 회복을 주장하는 이유는 현재의 화폐 시스템이 상업은행 예금인 은행화폐에 의해 지배되고 있으며, 이 시스템에서 은행화폐는 과잉 발행되어 인플레이션을 낳고 또 고부채와 자산거품을 야기해 금융위기를 가져오기 때문이다. 더욱이 민간 은행의 은행화폐 창조 권한은 이들에게 특별이윤을 가져다주며 소득 불평등을 강화시킨다. 또한 은행화폐의 지배는 통화정책의 효과를 크게 약화시킨다.

현재 시스템의 부작용들을 제거하기 위해서는 은행화폐를 주권화폐로 대체하고 중앙은행이 화폐총량을 공급하고 탄력적으로 재조정하는 역할을 맡아야 한다. 중앙은행은 입법, 사법, 행정과 함께 네 번째 권력으로서 독립적으로 주권화폐를 창조하고 수량을 조정할 수 있는 권한을 가져야 한다. 그렇게 함으로써 화폐는 부채를 수반하지 않는 자산으로서의 화폐가 되고, 국민총생산의 증가와 생산능력의 확장을 조달하기에 적절한 수준으로 창조되고 유통될 수 있다. 당연히 은행화폐의 지배에 따른 소득 불평등과 통화정책 무력화도 크게 완화할 수 있다.

후버는 이러한 주권화폐의 지배력 회복이 최근 중앙은행 디지털화폐(CBDC)의 도입 가능성 증대로 자연스럽게 이루어질 수 있게 되었으며, 이제 주권화폐의 진정한 회복을 위해 CBDC 시스템의 설계원칙과 이를 관리할 중앙은행의 위상에 대한 진지한 논의가 필요하다고 주장한다. 이 책『화폐 대전환』은 바로 이러한 시대적 상황과 논의의 과제를 자세하게 다루고 있다. 특히 후버는 2020년 이후 현재의 시기가 바로 은행화폐에서 CBDC로 지배화폐가 전환되는 시기라고 분석한다. 여기서 지배화폐는 특정 역사적 시기에 화폐 시스템과 통화정책의 작동방식을 결정하고 화폐창조와 화폐량의 조정을 주도하는 화폐를 가리킨다.

은행화폐로부터 CBDC로의 지배화폐 전환은 은행화폐가 가지고 있는 여러 문제들을 CBDC가 해결할 수 있으며, 화폐 사용에 따른 비용을 감소시키고 편의성을 더 많이 제공할 수 있기 때문이다. 후버는 이러한 지배화폐 전환을 좀 더 일반적이고 역사적 맥락 속에서 논의한다. 그에 의하면, 지금까지 역사상 크게 네 번의 화폐 전환점이 있었는데, 이 전환은 다음과 같은 상황과 조건 속에서 이루어진다. 먼저 현재의 지배화폐가 기존의 틀 속에서는 해결될 수 없는 문제점들을 야기하는 상황의 발전이 있어야 한다. 다음으로 이 문제점들에 대한 해법을 제공하면서, 생산, 축장, 처리 관련 비용을 감소시키고 사용상의 편의성을 제고시키며 화폐 이체 속도 등의 효율성을 개선하는 새로운 화폐 유형이 등장해야 한다.

화폐 전환의 첫 번째 시기는 1660년대에 나타났다. 이때는 기존의 주권화폐로서의 주조화폐가 퇴조하고 대신 정부나 민간 은행이 규제 없이 발행하는 지폐가 지배적인 지위를 차지하기 시작했다. 이러한 규제 없는 지폐의 시대는 1840년대 중반까지 지속되었다. 그러나 1844년 지폐 발행을 중앙은행에 독점시키는 영국의 은행법 제정을 시작으로 화폐 시스템은 두 번째의 전환을 맞게 된다. 이제 분산된 지폐 대신 독점적인 중앙은행화폐가 지배화폐로 되면서 주권화폐가 화폐의 중심을 이룬다. 그러나 다시 금본위에 결속되어 있던 중앙은행화폐도 19세기 말부터 1930년대 나타난 금본위제의 혼란과 은행화폐의 부상을 계기로 지배력을 잃게 된다. 이것이 세 번째의 화폐 전환점이다. 이 이후 화폐 제도는 민간의 은행화폐가 지배화폐가 되면서 주권화폐는 위상이 크게 축소된다. 대신 은행화폐가 준 주권화폐의 지위를 얻게 된다.

은행화폐의 지배는 앞에서 본 것처럼 여러 부작용을 낳았다. 이 부작용들은 은행화폐 중심의 화폐 시스템에서는 해결될 수 없는 문제들이다. 후버는 이러한 문제들이 주권화폐의 지배력 상실에서 온 것이라고 진단한다. 따라서 필요한 것은 주권화폐를 지배화폐로 대체하는 화폐 전환을 이루는 것이다. 다행히 2020년대에 부상하고 있는 CBDC는 은행화폐의 문제점들을 해결할 방법을 제공하고 있으며, 또 화폐 사용의 비용, 편의, 효율성에서 우위를 가지고 있다.

문제는 은행화폐의 지배력을 약화시키고 CBDC가 진정한 지배력을 확보하기 위해 이 CBDC 시스템을 어떻게 설계해야 하는가 하는 것이다. 후버는 이와 관련해 CBDC의 설계 원칙 네 가지를 제시한다. 첫째, CBDC는 도매 유통만이 아니라 대중적으로 유통하는 보편적 지급수단이 되어야 하며, 통화량(M1)에서 차지하는 비중이 일정 부분(예를 들어 50%) 이상이 되도록 해야 한다. 둘째, CBDC의 유통에서 수량이나 용도의 행정적 제한을 두어서는 안 되고, 시장 수요에 따라 보편적으로 사용되는 지불수단이 되어야 한다. 셋째, CBDC 보유에 대해 이자가 지불되어서는 안 된다. 넷째, CBDC의 확산을 위해 은행예금에 대한 정부 보증을 축소해야 한다.

CBDC가 지배력을 확보했다 하더라도 화폐의 구매력을 안정시키고 과도한 부채와 자산 인플레이션을 억제하기 위해서는 중앙은행이 이 CBDC의 발행과 유통량을 통제할 수 있어야 한다. 후버는 이를 위해 중앙은행이 은행으로부터는 물론 정부로부터도 완전한 독립성을 가져야 한다고 주장한다. 중앙은행은 화폐 관련 책임만 지고, 정부의 재정조달은 정부가, 일반적 신용 및 금융활동은 은행과 금융시장이 맡아야 한다는 것이다. 그리고 중앙은행은 화폐량을 국내총생산에 비례해 공급하되, 물가와 금리의 안정을 고려해 공급량을 조절해야 한다.

후버의 이 책은 현재 세계경제 전반에 문제가 되고 있는 과도한 부채와 빈번한 금융위기, 그리고 금융부문의 지나친 확대와 지배 등을 이해하고자 하는 사람들에게 새로운 독특한 시각을 제공한다. 즉, 은행화폐 중심의 현행 화폐제도에 문제의 근원이 있다는 것이다. 그리고 이 책은 은행화폐를 대체해 새로운 주권화폐로서의 CBDC가 지배력을 얻게 되면, 이러한 문제들이 해결될 수 있다고 주장한다. 따라서 경제와 금융의 안정을 위해 새로운 대안적 화폐 시스템을 모색하는 사람들에게 이 책은 매우 유익한 시각과 방법을 제시하고 있다.

그러나 이 책을 읽으면서 더 깊게 고민해야 할 것도 많다. 후버는 자신의 주장을 고전파의 화폐수량설, 그리고 신용과 독립된 화폐이론에 기반하여 제시하고 있다. 잘 알려진 바와 같이 화폐는 화폐수량설에서 제시하는 교환의 매개 기능 이상의 기능을 수행하면서 경제활동에 영향을 미치고 있다. 케인스는 이와 관련해 유동성 선호설을 제시하였으며, 또한 화폐적 생산이론을 주장하기까지 하였다. 주권화폐의 공급 통제만으로 생산과 물가의 안정이 충분히 달성될 수 있을까 하는 점은 여전히 논란의 대상이 될 수 있다.

또한 화폐 시스템이 신용과 독립되어 존재할 수 있는가에 대해서도 다른 의견들이 많이 제시되어 왔다. 화폐가 신용조달인 부채의 발생으로부터 창출된 것도 또한 역사적 사실이기 때문이다. 이러한 문제는 CBDC가 과연 화폐 시스템에서 완전한 지배력을 확보할 수 있을까에 대한 논란을 낳는다. 국가가 화폐제도 전체를 완전히 통제할 수 있을까, 그리고 이러한 통제가 과연 경제와 금융의 안정을 가져다 줄 수 있을까 하는 논란들은 사실 화폐를 교환의 관점에서 보느냐 아니면 생산의 관점에서 보느냐에 따라 오랫동안 제기되어 온 논란이다.

그럼에도 불구하고 이 책은 현행 은행화폐 지배의 문제점과 그 대안으로서의 주권화폐 CBDC의 가능성을 제시한 점에서 의미가 매우 큰 책이다. 특히 새롭게 부상하고 있는 CBDC의 올바른 설계에 대한 논의는 화폐제도의 공공성을 회복하려는 사람들에게 많은 시사를 제공할 것이다.

추천사

장경운 (前 금융감독원 핀테크혁신실장·정보화전략국장)

보통 10년 이상 일하면 해당 업종을 어느 정도 이해할 수 있다고 하는데 필자는 30여년간 금융권에서 일했고 지금도 금융IT 관련 법률자문을 하고 있는데도 돈이 무엇인지 아직도 정확하게 이해하지 못해 당혹감을 느낀다. 우리가 눈으로 보고 손으로 만질 수 있는 지폐만을 돈으로 본다면 간단할 수 있지만 이러한 돈은 극히 일부에 지나지 않고, 대부분의 돈은 중앙은행이 아니라 민간 은행이 대출을 통해 만들고 있기 때문이다. 더구나 이러한 돈(은행화폐)이 어떻게 유통되고 그 과정에서 여러 가지 경제 현상을 어떻게 일으키는지에 대한 설명도 경제학에서 충분히 다루지 않거나 학자마다 입장 차이가 커서 더욱 혼란스럽다. 매우 익숙한 물질인 듯하지만 자세히 들여다볼수록 미궁에 빠지는 대상이다. 사람들의 신뢰와 욕망이 투영되는 대상이어서 더욱 그런 것일 수도 있겠다.

한편, 새로운 종류의 디지털화폐가 필요한지에 대해서도 의문이 들 수 있다. 은행 간 이체나 신용카드, 간편결제 사용이 보편화되면서 요즘은 지갑에 현금을 들고 다닐 필요가 거의 없어졌다. 대부분의 지급결제가 전자적인 수단을 통해 이루어지기 때문에 사실상 이미 우리는 전자 화폐 또는 디지털화폐를 사용하고 있다고 할 수 있다. 더구나 2008년 글로벌 금융위기 이후 비트코인으로 대표되는 암호화폐가 등장하면서 은행 등의 금융회사를 통하지 않고도 사용할 수 있는 디지털화폐가 커지고 있다. 그런데 왜 지금 우리는 중앙은행이 주도하는 디지털화폐에 주목해야 하는 것일까?

저자는 화폐의 유형과 역사를 돌아보며 지금 우리가 화폐 제도의 커다란 전환점에 와있다는 점을 강조한다. 전통적인 지폐 등의 중앙은행권은 퇴조했고, 1900년대부터 시작해 현재 지배 화폐로 부상한 은행화폐도 주기적인 부채 위기를 일으키며 정부나 중앙은행의 지원 없이는 유지가 어려워지고 있다. 또한, 암호화폐는 대안적인 투자수단으로 주목받고 있지만 일반적인 지급수단으로 활용되기는 어려울 것으로 전망된다. 그래서 저자는 중앙은행의 발권력을 활용해서 주권화폐론에 기반한 디지털화폐(CBDC)를 도입하자고 주장한다. 특히 구체적인 도입 방안과 효과 등을 제시하고 있기 때문에 전 세계 대부분의 중앙은행이 CBDC 도입방안을 검토하고 있는 현재 상황에서 당장은 아니더라도 향후 금융위기가 다시 발생하는 경우 현실적인 대안 중의 하나로 활용될 수 있을 것으로 기대된다.

물론 CBDC가 만병통치약은 아닐 것이다. 민주적 지배구조가 확보되지 않은 상황에서 모든 금융거래가 투명하게 드러나고 중앙통제가 강화되면 빅 브라더의 위협에 직면할 수 있고, 은행의 대출심사가 약화되면 신용도나 상환가능성에 기반한 효율적인 자금 배분에 어려움이 따를 수도 있을 것이다. 또한 디지털화폐의 미래를 전망하기는 아직 어려운 것 같다. 주권화폐론에 기반한 CBDC, 신용화폐론에 기반한 은행화폐, 그리고 탈중앙화에 기반한 암호화폐 중 누가 주도권을 잡을지는 아직 단정하기 어려운 것으로 보인다.

그러나 어떤 디지털화폐 제도가 우리 사회에 더 유익할지를 가늠해보는 것은 지금 우리에게 꼭 필요한 과제이다. AI 등의 IT 혁신만큼 디지털화폐도 우리의 일상생활과 사회 변화에 매우 큰 영향을 미칠 것이기 때문이다. 어떤 사람에게는 매우 익숙해서 고민할 필요를 못 느끼고 또 어떤 사람에게는 너무 불가해한 대상이라 골치가 아플 수도 있겠지만 정치 또는 금융

업계 이해관계에 얽혀있는 전문가에게 우리의 미래를 맡기기보다는 우리가 직접 바람직한 미래를 구상해보는 작업도 중요하다. 〈사피엔스〉를 쓴 유발 하라리가 이런 말을 했다고 한다. "어떤 미래가 올 것인가가 아니라 어떤 미래를 우리는 원하는가라는 질문을 던지자."

····

추천사

홍기빈(글로벌 정치경제연구소 소장)

이 책에는 여러 중요한 쟁점과 아이디어가 집약되어 있지만, 그중에서도 특히 독자들에게 충격으로 다가올 수 있는 것은 '은행화폐의 쇠퇴'가 아닐까 생각한다. 일부일처제라는 결혼 제도가 지배하는 오늘날을 살고 있는 우리는 그밖의 다양한 다른 결혼 제도들이 최근까지도 존재했었다는 사실을 상상하거나 그 일부일처제라는 결혼 제도가 미래에 어떤 방식으로 변화할지 혹은 전혀 다른 결혼 제도로 대체될지를 상상하기는 힘들다. 마찬가지로 화폐는 중앙은행을 중심으로 조직되어 있는 은행 시스템에서 창출되는 것이라는 현행의 화폐 제도를 숨 쉬는 공기만큼 당연하고 자연스러운 것으로 여기며 살아온 우리는 이것이 장구한 화폐의 역사 속에서 잠시 나타난 일시적인 제도라는 사실 또는 이것이 전혀 다른 제도로 변화하거나 대체될 수 있다는 사실을 믿기도 힘들다. 이 책은 바로 이렇게 딱딱하게 굳어있는 우리의 고정관념을 해체하고 유연화하도록 촉구하고 있다. 터무니없는 망상이나 허망한 희망사항이 아니라 역사적인 고찰과 단단한 논리적 구조를 가지고 말이다.

특히 신자유주의가 지배해 온 지난 40년간은 그러한 은행화폐 제도의 기간 중에서도 화폐를 발행하고, 분배하며, 유통시키는 은행의 권력이 최고조에 달했던 독특한 시대라고 할 수 있다. 19세기 중후반까지도 은행은 규모와 권력의 영세성으로 인해 잦은 파산을 되풀이하는 '비즈니스'였을 뿐이며, 은행권은 여러 어음 등의 '지권 신용(Paper Credit)'의 하나라는 지위를 크게 벗어나지 못하였다. 하지만 19세기 후반 중앙은행의 대두와 은행 시스템의 조직화를 통한 '일국 화폐(national money)'의 전성시대가 열리면서 비로소 은행화폐는 지배적인 힘을 가지게 된다.

하지만 최근까지도 은행화폐의 권력에 대한 제동 장치가 없었던 것이 아니다. 20세기 초 중반까지는 국제 금본위제의 제약이 있었다. 또한 1930년대 미국의 글래스-스티걸 법 이후 전 세계적으로 일반화되었던 투자은행과 상업은행의 분리는 발권은행이 금융 시스템 전체에 미칠 수 있는 영향력과 충격에 대해 큰 제약을 가하고 있었다. 하지만 신자유주의 시대에 들어와 이러한 제약은 모두 사라졌고, BIS 규칙이라는 장치 하나를 제외하면 은행들은 사실상 화폐의 생산에 있어서는 물론 그 유통과 배분에 있어서도 무소불위의 권력을 가지게 된다.

지금 우리는 이러한 현실의 폐해를 뼈저리게 느끼고 있다. 사회 전체의 발전과 안녕을 위해 적재적소에 공급되어야 할 구매력은 오로지 수익성이 높은 (혹은 높다고 여겨지는) 자산시장이라는 경제의 일부에 과도하게 집중되어 있다. 산업과 사회는 침체와 저성장의 늪에 빠져 있는데, 각종 자산시장에는 유동성이 넘쳐나면서 투기와 과열로 치닫는다. 이는 사회 전체의 불평등을 낳는 주된 원인일 뿐만 아니라, 자산시장의 과열과 폭락이 롤러코스터처럼 반복되는 순환 주기를 구조화하여 금융 시스템 나아가 사회경제 시스템 전체의 지속가능성을 잠식하고 있다. 2008년을 전후하여 벌어졌던 금융 위기 및 세계 경제 위기는 이러한 은행 화폐 시스템의 문제를 여실히 보여준 바 있다.

지금 존재하고 있는 은행화폐 제도는 결코 오래된 것이 아니며, 그 짧은 존속 기간 동안 숱한 폐해와 구조적인 문제를 노정하였다. 대안적인 화폐 시스템의 구상과 계획은 일부 몽상가들의 별난 이야기가 아니라 생태 위기를 비롯한 여러 시스템 차원의 위기에 휩싸여 있는 21세기의 지구적 산업 문명이 반드시 풀어야 할 숙제이다. 이 책은 그러한 태산같이 크고 어려운 문제들에 대해 우리로 하여금 감히 새로운 창의성을 발휘할 수 있도록 자극하고 또 생각의 방향을 제시해주는 소중한 역할을 하고 있다. 이 책에서 제기되는 여러 쟁점들을 나도 계속 곱씹고 숙의해 볼 것이다.

목차

추천사 강남훈 ··· 3
    조복현 ·· 5
    장경운 ·· 10
    홍기빈 ·· 13

한국어판 저자 서문 ··· 23

제1장 시작을 위한 요점 ··· 27

제2장 삼층 구조 화폐 시스템. 화폐 유형, 그 창조와 유통 ················ 37

2.1 화폐의 삼층 분류 ·· 37
2.2 본원 수준 : 중앙은행화폐 ··· 38
2.3 제2층 : 활성 은행화폐와 비활성 은행화폐 ································· 46
    2.3.1 제2층 활성 은행화폐 : 유동적인 은행화폐 ·························· 46
    2.3.2 제2층 비활성 은행화폐 ··· 52
2.4 제3층 : 새로운 화폐 대용물(MMF 지분, e-머니, 스테이블코인, 보완통화) ········· 53
    2.4.1 단기금융펀드 지분 ··· 56
    2.4.2 e-머니 ·· 58
    2.4.3 스테이블코인 ·· 60
    2.4.4 보완통화 ·· 65
2.5 본원 수준 도전자 : 무담보 및 무보증 암호화폐 및 보완화폐 ········ 66

제3장　지배 화폐. 은행화폐 체제 ·· 69

3.1 지배 통화와 지배 화폐 ·· 69

3.2 지배 화폐로서의 은행화폐. 화폐적 통제의 실질적인 상실 ········ 72

 3.2.1 지배적인 은행화폐. 종속적인 지준금으로서의 중앙은행화폐 ········ 72

 3.2.2 현금의 쇠락과 시스템 운영에 불가결한 준비금 ············ 74

3.3 화폐적 신용과 중개적 신용. 지급 프로세싱과 금융 중개 ········ 79

3.4 금융 영역 : GDP 금융과 비 GDP 금융.

 소비자 물가 인플레이션과 자산 인플레이션 ···················· 83

3.5 금융시장 실패의 반복 재생 ······································ 91

제4장　화폐 주권. 준–주권 명령화폐로서의 은행화폐 ················ 95

제5장　화폐공급의 구성에서 나타났던 역사적 전환기들 ············ 105

5.1 화폐형태들의 획기적인 발흥과 몰락 ·························· 105

5.2 1660년대에서 1840년대까지 :

 규제 없는 지폐의 상승기, 주권주화의 시스템적 중요성 퇴조 시작 ·········· 108

5.3 1840년대에서 1910년경까지 :

 국가 중앙은행 지폐의 상승기, 규제 없는 지폐의 쇠퇴기 ········ 113

5.4 19세기 말에서 2010년경까지 :

 은행화폐의 상승기, 중앙은행 지폐 및 준비금의 쇠퇴기 ········ 115

5.5 2020년대 이후 : 디지털토큰, 특히 CBDC의 부상기 ············ 118

제6장　현재 진행 중인 화폐공급의 재구성 ···························· 121

6.1 화폐의 미래는 디지털이다 ·· 121

6.2 다양한 화폐유형에 대한 간략한 전망 ·························· 134

6.3 CBDC는 떠오르기 시작한다 ····································· 136

6.4 은행화폐 시대는 정점을 지났다 ·· 144

6.5 중앙은행 준비금은 어떻게 될까? ··· 154

6.6 현금은 화폐 박물관으로 가고 있다 ·· 155

6.7 무보장 암호화폐 개관 ··· 158

    6.7.1 본질적으로 공허한 약속 ·· 158

    6.7.2 비트코인과 이더 ··· 160

6.8 진지하게 다루어져야 하는 본원화폐의 경쟁자, 스테이블코인 ········ 163

    6.8.1 경쟁자가 있다면, 그것은 스테이블코인이다 ··················· 163

    6.8.2 스테이블코인 관련 잠재적인 문제들 ······························ 165

    6.8.3 은행화폐 및 중앙은행화폐와 경쟁하는 스테이블코인 ···· 167

제7장   CBDC 시스템 설계 원칙 ·· 171

7.1 CBDC를 어떤 시스템으로 구축할 것인가? ······························ 172

7.2 목표와 기대효과 ··· 175

    7.2.1 화폐적 연결성(상호 운용성, 상호 전환성) ····················· 176

    7.2.2 효율성 증대, 비용 절감 ·· 176

    7.2.3 효용 증대 ·· 177

    7.2.4 사회적 포용 ·· 178

    7.2.5 금융 프라이버시 보호, 실증성 및 합법성 ······················ 178

    7.2.6 통화정책 효과 개선 및 금융 안정성 증대 ······················ 179

7.3 탈중개화, 대체 그리고 CBDC와 은행화폐의 경쟁적 공존 ······· 180

7.4 CBDC 설계 원칙에 대한 함의 ·· 185

    7.4.1 시장 수요에 따른 CBDC 발행 ·· 185

    7.4.2 무제한 접근 및 이용이 가능한 CBDC ··························· 186

    7.4.3 CBDC는 이자를 낳는 것이어야 할까? ··························· 188

    7.4.4 '양화'인 CBDC, '악화'인 은행화폐 ································ 192

7.4.5 법정통화 이외의 지급수단에 대한 국가 지원의 단계적 폐지 ·············· 195

　7.5 뱅크런은 은행화폐의 문제이지 CBDC의 문제가 아니다.

　　　CBDC 설계 원칙을 위한 추가 함의들 ······························· 196

　7.6 CBDC를 유통에 주입하기 ·· 201

　7.7 스테이블코인 및 여타 제3층 화폐 대용물의 보장 ························ 206

제8장　CBDC 도입 이후의 중앙은행과 통화정책 ···················· 213

　8.1 통화정책의 목적은 화폐 창조, 인플레이션, 이자율,

　　　성장 및 고용의 통제인가 아닌가? ····································· 213

　8.2 중앙은행의 독립성―정부로부터는 물론 은행 및 금융으로부터 ············ 222

　　　8.2.1 은행들의 은행? 국가의 은행? ···································· 222

　　　8.2.2 재정 및 예산 기능으로부터의 독립 ································ 224

　　　8.2.3 은행과 금융으로부터의 독립 ···································· 228

　8.3 반응적인 통화정책의 준거 변수와 수단 ································ 232

　8.4 화폐적 재정조달, 국가채무의 중립화, 헬리콥터 화폐 ····················· 236

　　　8.4.1 정부지출의 화폐적 재정조달 ···································· 236

　　　8.4.2 국가채무의 무력화 ··· 237

　　　8.4.3 헬리콥터 머니 ··· 242

　8.5 화폐의 회계 처리 관련 문제들 ·· 244

　　　8.5.1 화폐의 회계 처리에서 오랫동안 올바르지 않았던 것 ················ 244

　　　8.5.2 채무가 아닌 것으로 가정되는 '채무화폐' ·························· 247

　　　8.5.3 자기자본 또는 사회적 자본으로서의 본원화폐 ····················· 249

　8.6 화폐와 신용의 그릇된 동일시를 넘어서 ································ 252

　　　8.6.1 화폐등록부로 중앙은행의 화폐 창조를

　　　　　　중앙은행의 은행업에서 분리하기 ······························· 252

　　　8.6.2 중앙은행 및 은행의 재무상태표 변화 ····························· 258

역자 후기 …………………………………………………… 261
역자 소개 …………………………………………………… 265
참고문헌 …………………………………………………… 267
색인 ………………………………………………………… 297
화폐민주주의연대를 소개합니다. ………………………… 301

표 목차

〈표 2.1〉 화폐의 삼층 분류 ·· 38

〈표 8.1〉 통화 등록부의 계정 구조···256

상자글 목차

〈상자글 3.1〉 금융의 영역 : GDP 금융과 비 GDP 금융 ································ 84

〈상자글 7.1〉 CBDC 설계의 10대 원칙···204

· · · · ·

한국어판 저자 서문

돈의 미래는 디지털이며, 이는 이미 기정사실이나 다름없습니다. 그러나 미래의 지배적인 화폐유형이 '디지털'과 '주권'이라는 속성을 가지게 될 것인지, 그래서 돈의 대부분이 각국 중앙은행이 발행하는 디지털화폐(CBDC)가 될 것인지 아직은 확실치 않습니다. CBDC란 비유컨대 이 책의 한국어판 출간이 진행 중인 것처럼 개발 과정에 있는 디지털 원화(digital won)와 같은 것입니다.

디지털화폐의 부상은 화폐공급(money supply)[1]의 구성에서 또 다른 역사적 전환점을 나타냅니다. 이전에 나타났던 화폐 전환점을 역사적 순서대로 나열하면, 규제 없는 민간 은행권(private banknotes)과 재무부 지폐(state treasury bills)에 의한 전통적인 주화의 대체, 19세기 금본위제 기반의 중앙은행에 의한 국가지폐 독점, 그리고 20세기 은행 예금 형태를 취하는 은행화폐(bank money)의 부상입니다.

현재 대중 유통에서 가장 많은 양을 차지하고 있는 은행화폐는 여전히 지배 화폐로서 통화 시스템의 기능을 결정하는 지급수단입니다. 선진국들에서 은행화폐는 시중 통화량(M1)의 87~98%를 차지합니다. 이와는 반

---

[1] (옮긴이 주) '화폐공급'은 일정 기간 동안 경제에 추가로 공급되는 화폐의 양을 지칭하며, 통화량(quantity of money)을 변동시키는 직접적인 요인이다. 여기서 화폐공급은 유량(flow) 변수, 통화량은 저량(stock) 변수이다.

대로 M1의 또 다른 일부를 형성하는 현금, 즉 재무부 화폐(동전)와 중앙은행 화폐(지폐)가 현재 차지하고 있는 비중은 나라에 따라 약 2~13%에 불과합니다. 오늘날 돈은 맨 먼저 현금이 아닌 은행화폐로 만들어지며, 현금은 은행 계좌에서 인출(은행화폐와의 교환)로 공급됩니다. 현금 총액은 은행화폐 총액에 비하면 거의 무의미할 정도로 매우 적습니다. 그러나 전 세계적으로 출현하고 있는 e-머니, 스테이블코인, 여타 다양한 디지털화폐 등 새로운 유형의 화폐 대용물들 그리고 무엇보다 조만간 도입이 예상되는 CBDC를 고려할 때 이제 은행화폐는 절정기를 지났다는 사실을 알 수 있습니다.

물론 은행화폐에서 CBDC로의 전환이 하루아침에 또는 1년 이내의 단기간에 이루어지지는 않을 것입니다. 이전의 화폐공급 재구성 과정들은 수십 년에 걸쳐 진행되었습니다. CBDC의 부상과 은행화폐의 소멸도 이와 다르지 않을 것입니다. CBDC의 최초 도입이 소량으로, 작은 걸음으로, 조심스럽게 제한적으로 이루어지고 있는 데는 여러 가지 이유가 있습니다만, 시간이 지나면서 아마도 좀 더 심각한 은행 및 금융 위기를 계기로 CBDC 도입이 가속화할 기회가 있을 것으로 보입니다.

다른 한편으로, 오랜 습관은 쉽게 사라지지 않는데 지금 습관 역시 그러합니다. 그리고 보장이 부분적으로만 이루어지는 은행화폐 스톡이 지닌 본질적인 위기 취약성에 대비되는 CBDC 스톡의 안전성을 제외한다면, P2P(payer-to-payee) 직접 이체 덕분에 CBDC가 제공하는 낮은 또는 제로 비용과 취급 편의성이라는 장점은 은행 송금의 첨단 기술을 고려할 때 가장 중요한 요소가 아닐 수도 있습니다. 그러나 CBDC가 은행화폐를 대체하는 과정은 사용자들의 선호에 의해 주도되는 것이 아니라 은행 및 금융 안정성뿐만 아니라 안정된 스톡과 가치를 지닌 국가화폐 공급의 보장이라는 거시경제적이자 정치적인 필요성에 의해 주도될 것입니다.

많은 사람들이 새롭게 강화되고 있는 화폐의 디지털화에 대해 경계심을 드러내는 것은 자신이 돈을 어떻게 쓰는지 감시하고, 점수를 매기며, 심지어는 돈을 어떻게 써야 하는지 처방까지 내릴 수 있는 이른바 "빅 브라더가 당신을 지켜보는" 상황이 조성되는 것은 아닐지 우려하기 때문입니다. 이 점과 관련하여서는 "남용이 금지의 이유가 되지는 않는다(Abusus non tollit usum)"라는 고대 로마에서부터 내려오는 법적 원칙을 상기할 필요가 있습니다. 따라서 금융 데이터와 개인정보 보호를 위해 명확한 규칙이 존재한다는 것을 확신할 수 있을 정도로 충분한 조치를 마련하는 것은 의심의 여지없이 매우 중요한 일입니다. 그런데 오늘날 은행화폐를 운용하는 기술은 금융 프라이버시를 전혀 보호하지 못하고 있는 것도 현실입니다. 은행은 고객 계좌의 자금 상태에 관한 모든 것을 알고 있으며, 세무서 같은 국가기관도 사법부의 승인만 얻으면 고객의 자금 정보에 접근할 수 있습니다. 이와는 대조적으로, 디지털 토큰화폐는 법적 규제가 아닌 기술적 설계만으로도 금융 프라이버시를 상당한 정도로 보호할 수 있습니다. 바로 이 점 때문에 '디지털 현금'이라는 용어가 나오는 것입니다.

다른 한편으로, CBDC의 도입은 기득권 세력의 저항에 직면해 있습니다. 은행가들은 CBDC를 은행화폐에 대한 도전으로 간주합니다. 그래서 CBDC 도입 반대를 위한 로비를 벌이고, 관련 입법 노력에 영향력을 행사하고, CBDC를 "문제를 야기하는 해법"이라며 그 도입의 필요성을 전면 부정하고 있습니다. 이와 동시에 중앙은행들도 CBDC 도입과 관련해 가부(可否), 시기, 속도, 범위 등에 대해 결코 일치된 의견을 가지고 있지는 않습니다.

중앙은행뿐만 아니라 정계나 학계에서도 현상 유지를 옹호하는 보수적인 사람들은 오늘날과 같은 민간 은행화폐 시스템을 지지합니다. 이들은 파산 위협에 처한 대형은행에 유동성을 공급하고 자본 확충을 추진하며, 필요하다면 언제든지 은행화폐의 보증인 역할을 자청함으로써 은행화폐를 지원하는 것이 중앙은행과 정부의 의무라고까지 생각합니다.

사실 중앙은행과 정부의 지속적인 보증이 없었다면 민간 은행화폐는 이미 오래전에 사라졌을 것입니다. 민간 화폐는 국가 보증이 없다면 장기적으로 생존할 수 없다는 것이 사실이라면, 금융과 경제를 주권화폐를 기반으로 재구축하고 민간 은행은 화폐를 창조하지 않는 자유로운 금융 중개 기관이 되도록 하면 안 되는 이유가 도대체 무엇일까요? 게다가 (역사적으로―옮긴이) 화폐의 창조는 언제 어디서나 주권자의 특권이었습니다.

시간이 지남에 따라 CBDC는 그것이 가진 정치적 및 경제적 우월성 덕분에 은행화폐뿐만 아니라 여타 모든 유형의 민간 화폐를 능가할 것으로 예상할 수 있습니다. CBDC는 그 자체로 법정화폐이며, 다른 어떤 화폐유형으로도 태환해줄 필요가 없는 안전하고 안정적인 본원화폐이고, 각 나라의 "완전한 믿음과 신용"에 의해 보장되는 일국의 통화당국 역할을 하는 독립적인 중앙은행에 의해 시장을 매개로 민간 및 공공의 필요에 따라 자유롭게 그리고 효율적으로 창조됩니다. (국가에 대해 "믿음과 신용"을 가질 수 없다고 하신다면, 그러한 국가에서 활동하는 민간은행에 대해서도 당연히 그럴 수밖에 없습니다).

바로 이러한 맥락에서 좀 더 진보적인 중앙은행가들은 CBDC 형태의 디지털 주권화폐가 점점 더 많이 발행됨으로써 기준금리 정책의 효과성 회복과 통화량 정책(또는 동일한 것을 지칭하는 새로운 용어로서 재무상태표 정책)의 재활성화를 위한 효율적인 전달 지렛대를 제공하고, 시간의 흐름과 더불어 CBDC가 지배력과 시스템 결정력을 가진 본원화폐로 되어야 할 필요성을 인식하고 있습니다.

이 책을 한국의 독자들이 이용할 수 있도록 한국어 번역 수고를 해주신 서익진, 김준강, 김민정 님과 출판 업무를 담당해주신 진인진 출판사에 심심한 감사의 말씀을 드립니다.

베를린, 2024년 7월
조세프 후버 (Joseph Huber)

제1장

시작을 위한 요점

> **핵심 용어**
> 화폐 시스템 분석, 화폐와 은행업의 미래, 화폐공급의 재구성, 중앙은행 디지털화폐, 민간 암호화폐, 지배적인 화폐 패러다임

현재 화폐 시스템은 전환기에 처해 있다. 지배적인 화폐유형들이 쇠락하고 있는 반면, 새로운 화폐형태들이 부상해 미래의 지배적인 화폐형태, 즉 화폐 시스템의 기능을 결정하는 화폐유형이 되기 위해 경쟁하고 있기 때문이다.

오늘날 압도적인 지배력을 행사하고 있는 화폐는 일람불 또는 요구불 예금(sight or demand deposit)으로 알려져 있는 은행 경상계좌 잔고이다. 지금부터 우리는 이 화폐를 은행화폐(bank money)라 부를 것인데, 이 명칭은 화폐 발행 주체라는 측면에서 중앙은행화폐(central-bank money)와 대응하는 것이다. 은행화폐에 의한 무현금 지급이 현행 화폐 시스템을 규정하고 있으며, 여기서 중앙은행화폐는 종속적인 역할을 할 뿐이다. 통상의 비즈니스 조건 하에서 은행이 은행화폐를 창조하는 데는 소량의 지급준비금(payment reserves; 이하 지준금—옮긴이)만 있으면 되기 때문이다. 여기서 지준금은 중앙은행이 발행하는 현금(cash)과 준비금(reserves)을 말한다.

현금(동전과 지폐)은 이미 오래전에 절정기를 지났다. 이제 현금이 화폐 공급에서 차지하는 비중은 한자리 수치에 지나지 않는다. 심지어 현금의 상당 부분은 유통조차 하지 않으며 안전판 구실을 할 뿐이다. 소액 현금 지급의 일상화가 주는 인상과는 달리 현금은 더 이상 시스템적 중요성을 갖고 있지 않다. 은행화폐와 연계된 중앙은행 준비금도 시스템적 중요성이 감소했다. 이 점과 관련해 2010년대에 위기 대응을 위한 양적완화(Quantitative Easing) 정책이 야기한 중앙은행 준비금 범람 현상을 그 반증으로 간주할 수는 없을 것이다.

이와는 대조적으로 은행화폐는 얼핏 보기에는 이미 절정기를 지난 것처럼 보이지만 여전히 절정 상태를 유지하고 있다. 현시점에서 은행화폐의 계좌이체를 낡아빠진 방식으로 치부하기는 어렵기 때문이다. 그러나 시간이 흐르면서 낡아빠진 것으로 될 수도 있다. 은행화폐가 소액의 중앙은행 지준금을 기반으로 발행되면서도 시스템적 지배력을 강화해올 수 있었던 이유는 중앙은행과 정부가 은행화폐를 적극적으로 지원하고 나아가 은행 부문이 위기에 빠질 때마다 구제 정책을 시행해왔다는 데 있다. 만약 이러한 지원과 정책이 없었더라면 은행화폐—국가 보증 없는 순수한 민간 지급 수단으로서—는 과거의 민간 은행권(banknotes)이 그랬던 것처럼 이미 오래전에 소멸했을 것이다.

그동안 은행화폐가 점진적으로 쇠락해온 데에는 또 다른 이유가 있다. 은행화폐는 중앙은행 준비금과 마찬가지로 장부화폐(book money)로서 계좌잔고의 은행 간 이체 방식으로 무현금 지급을 위해 사용된다. 장부화폐의 기반을 무너뜨리고 있는 것은 새로운 화폐형태로서 기술적으로 우월한 디지털토큰(digital token)의 부상이다. 디지털토큰은 일종의 디지털 현금이기도 하다. 디지털토큰의 수령·보관·지급을 위한 도구는 돈주머니, 돈지갑, 경상계좌 등을 계승하는 전자지갑(e-wallets)이다. 현금이 손에서 손으로 이전되는 것과 마찬가지로 토큰은 지급자의 전자지갑에서 수령자의 전자지갑으로 직접(P2P) 이전된다. 이 경우 은행계좌를 통한 은행화폐의 지급은 물론 이와 연계해 시행되는 은행들 간의 중앙은행 계좌를 통한 준비금 지급도 필요가 없어진다.

현금과 달리 디지털토큰은 장부화폐처럼 그 소유자가 누구인지 알 수 있다. 어떤 디지털토큰은 전통적인 은행 이체보다 더 쉬운 취급, 더 빠른 송금, 더 적은 비용, 심지어는 더 높은 안전성을 약속한다. 게다가 디지털화폐는 스마트 계약(smart contracts)[2]과 그 실행을 비롯한 여러 가지 프로그래밍 기능 등 장부화폐로서는 도저히 업그레이드할 수 없는 기능마저 추가로 제공한다. 그래서 디지털토큰은 전통적인 경화(solid cash)[3]는 물론 은행화폐와 중앙은행 준비금까지 이 모두를 대체하거나 계승할 수 있다. 장부화폐에 의한 무현금 지급이 전통적인 현금이 가지고 있던 지위를 빼앗아갔던 것과 꼭 마찬가지로 디지털화폐는 현재 은행화폐와 중앙은행 준비금 같은 장부화폐가 차지하고 있는 지위를 차츰차츰 빼앗아갈 것이다.

지난 350년 동안 화폐공급의 구성은 세 개의 획기적인 전환점을 거쳐왔고, 현재 그 네 번째 전환점을 맞이하고 있다. 기술적인 면에서 화폐는 주화(metal coins)에서 지폐(paper money)로, 이어서 장부화폐(book money)로 발전했다. 19세기 중엽까지 화폐는 은과 구리 그리고 일부는 금으로 제조된 주권주화(sovereign coin)였다. 전체적으로 볼 때 주화는 발행량이 너무 적어 인구 증가와 경제성장이 요구하는 수량을 충족할 수 없었다. 그래서 주화가 주로 사용되긴 했지만 민간 은행권이나 정부(재무부) 지폐로 보충

---

[2] (옮긴이 주) 스마트 계약은 사전에 프로그래밍된 조건이 모두 충족되면 자동으로 계약을 이행하는 '자동화 계약' 시스템을 말한다.

[3] (옮긴이 주) 경화는 상품화폐 시대의 금·은화를 지칭했지만, 지폐 시대에는 주화와 태환지폐처럼 자체의 소재가치를 가진 화폐를 지칭한다. 오늘날 법정화폐(증표화폐이자 명령화폐로서) 시대에는 본원화폐인 현금(동전과 지폐)을 지칭한다.

되고, 또 어느 정도는 대체되기도 했다. 이 시기에 은행권과 재무부 지폐의 발행은 규제를 거의 받지 않았다. 그 결과 유럽에서는 지폐의 반복적인 과다발행, 가치 하락, 수용 거부 등의 문제가 나타났다. 나중에 미합중국이 될 당시 영국의 아메리카 식민지 주들에서는 자체 지폐의 발행이 신중하게 추진되고 또 성공적으로 운영된 바 있었다.

지폐가 드러낸 상기 문제점들을 해결하기 위해 유럽 나라들은 19세기 중엽부터 점진적으로 중앙은행에 의한 은행권 발행 독점을 추진했다. 이것이 바로 두 번째 화폐 전환기였다. 중앙은행에 의한 은행권 발행 독점은 금본위제(즉 태환지폐 제도—옮긴이)에 기반을 두었다. 이는 금본위제가 화폐공급의 한도를 인위적으로 설정할 수 있게 해줄 것으로 기대했기 때문이다. 그러나 금본위제는 산업화와 도시화에 따른 전례 없는 화폐 증가 요구에 부응할 수 없었기 때문에 일관된 성공을 거두지는 못했다.

그 결과 세 번째 화폐 전환기가 도래했다. 청구권(claims)과 부채(liabilities)의 상호 청산(mutual clearing)이라는 수 세기에 걸쳐 시행되어온 은행업의 오랜 관행이 중앙은행 준비금과 은행 예금화폐라는 형태를 취하는 장부화폐로 발전했고, 경상계좌 잔고의 이체를 통한 무현금 지급도 늘어났다. 이러한 변화가 1900년 전후 수십 년 사이에 더욱 광범하게 일어났다. 이로부터 은행화폐 체제가 출현했고, 이 체제는 1920년대에서 1970년대에 이르는 시기에 확고한 기반을 구축했다. 은행화폐 체제 역시 과도한 화폐 발행의 반복, 과잉 대출 및 지나친 채무화를 낳았다. 채무 위기와 통화 위기 그리고 은행 위기와 금융 위기가 세계 전역에서 빈발했다. 통화정책의 효과는 감소했고, 화폐 창조는 통제를 거의 벗어났으며, 은행화폐는 관리 불능 상태가 된 것으로 보인다.

이제 이러한 당면 문제들을 해결하기 위해 네 번째 화폐 전환점이 다가오고 있다. 이 변화는 화폐공급을 또 다른 방식으로 재구성하는 것으로 나타난다. 즉, 새로운 화폐유형들이 출현해 미래의 지배적인 지위를 둘러싸고 서로 경쟁을 벌이고 있다면, 여전히 지배력을 행사하고 있는 은행화폐는 중요성을 상실해가고 전통적인 현금(동전과 지폐)은 사라져가고 있는 것이다.

지배적인 지위를 차지하기 위한 경쟁에서 이미 강력한 후보임이 확인된 것은 중앙은행 디지털화폐(CBDC)이다. 다른 후보 화폐들은 여러 가지 유형의 암호화폐(cryptocurrency, crypto)로서 화폐적으로 보장되지 않는 암호화폐일 수도 있고 스테이블코인(stablecoin)일 수도 있다. 스테이블코인은 그 가치가 예를 들어 미국 달러나 다른 준비통화의 화폐단위에 1:1 비율로 안정적으로 고정된 암호코인이다. 스테이블코인은 현재 새로운 화폐유형들이 맞고 있는 초기애로(teething troubles)[4]를 극복할 수 있는 잠재력을 가지고 있다. 이와는 달리 비트코인 같은 무담보 및 무보증 암호화폐는 처리 속도가 너무 느리고, 에너지 소비가 많고, 비용도 많이 들어 현재의 경쟁을 이겨내기는 힘들 것 같다. 지분증명(proof-of-stake) 과정에 기반을 두는 이더(Ether) 같은 다른 암호화폐의 사정은 이보다는 좀 더 낫다. 암호화폐들이 규칙적이고 진정 보편적인 지급수단이라는 중요한 역할을 과연 성공적으로 수행할 수 있게 될지 아니면 일정한 사용자 집단을 위한 특수목적 지급수단에 그치게 될지 현재로서는 전망하기 어렵다.

은행화폐는 이런저런 암호화폐와 CBDC로 인해 당장 사라지지는 않는다 해도 향후 수년 또는 수십 년에 걸쳐 소멸 압력을 받을 것이다. 나아가 중앙은행 준비금 역시 이러한 도전을 물리치기는 어렵다. 기술적인 관점에서 볼 때 중앙은행 준비금은 은행화폐와 동일한 화폐유형이다. 유일한 차이점이라면 준비금은 은행화폐의 부분적인 기반으로 기능할 뿐 대중적으로는 사용할 수 없다는 점이다. 만약 앞으로도 이 점에 변화가 없다면 준비금은 은행화폐가 기능을 상실할 때 덩달아 기능을 상실할 수밖에 없을 것이다.

---

[4] (옮긴이 주) 원래 아기가 젖니가 날 때 느끼는 불편함이나 통증을 지칭하는데, 여기서는 사업이나 프로젝트가 시행 초기에 겪는 애로를 비유적으로 표현한다.

중앙은행들이 CBDC 발행을 계획하는 가장 중요한 이유가 바로 여기에 있다. 일반 대중용 중앙은행화폐인 현금이 거의 사라져가고 있는 마당에 중앙은행들은 CBDC라도 발행하지 않으면 시스템적 관련성뿐만 아니라 국가의 화폐주권마저 상실할 위험에 처할 것이기 때문이다.

중국인민은행은 2022년 2월 동계올림픽을 계기로 공식적으로 자체 디지털화폐를 도입했다. 디지털 위안화는 지급결제 시스템을 개선하고, e-머니를 공급하고 있는 알리바바(Alibaba)와 텐센트(Tencent) 같은 대기업들에 대한 중앙은행의 입지를 강화해 주었다. 그리고 중국은 이 조치를 국제 화폐 시스템의 변화를 도모하는 첫걸음이라는 의도 하에 시행했을 수도 있다.

그리고 2019~2022년에 페이스북(Facebook)이 나중에 디엠(Diem)으로 개명한 리브라(Libra)라는 기업 발행 글로벌 스테이블코인의 출시를 시도했다가 실패한 적이 있었다. 디지털 위안화의 도입과 리브라/디엠 프로젝트라는 두 개의 사건은 각국 중앙은행이 CBDC 도입을 더욱 서두르게 되는 계기가 되었다. 포괄적인 파일럿(pilot) 프로젝트를 수행 중인 중앙은행이 이미 열 개가 넘고, CBDC를 연구 중인 중앙은행도 많다.[5] 시차는 있겠지만 모든 중앙은행이 CBDC를 도입하는 것은 사실 시간문제일 뿐이다. 그때가 오면 사람들은 현금 지급을 점차 줄이거나 아예 하지 않고 은행화폐 사용도 줄이는 반면, CBDC 사용은 점차 늘릴 것이다. 이때 CBDC는 이른바 디지털달러이거나 각국의 중앙은행 또는 재무부가 발행하는 자국 통화 표시 디지털토큰일 것이다.

이처럼 CBDC가 부상하고 얼마 동안은 암호화폐들과 패권을 다투는 사이에 은행화폐는 이 둘을 상대로 생존을 건 투쟁을 벌이는 상황이 조성될 것이다. 그러나 이런 상황은 서양 세계에 한정된 것이고 중국과는 무관하다. 중국 내에서는 암호화폐 거래가 2021년 9월에 금지되어 디지털 위안화

---

[5] Atlanticcouncil.org/cbdctracker.

를 상대로 하는 어떤 디지털 경쟁도 일어날 수 없기 때문이다.

그렇다면 은행은 자신의 장부화폐를 일종의 토큰으로 만듦으로써 직접 디지털화폐를 발행하면 되지 않는가라는 의문이 들 수 있다. 그러나 이는 18~19세기로의 퇴행이나 다름없다. 당시 유럽에서는 왕정과 군주정의 재무부서가 자체 지폐를 발행했듯이 민간은행도 자체 은행권을 발행했다. 이 지폐들은 19세기를 거치면서 유통에서 다양한 곤란에 시달리다가 결국 중앙은행의 지폐 발행 독점 조치로 인해 사라졌다. 오늘날 중앙은행이 주로 '은행들의 은행'으로 처신하고 있지만, 그렇다고 해서 이러한 퇴행을 용인할 것 같지는 않다.

그렇다면 은행 연합체가 스테이블코인의 발행자로 나설 수도 있다는 가설은 확실히 그럴듯하다. 그러나 이 경우 스테이블코인 발행자인 은행 연합체는 적절한 규제를 받아야 할 것이다. 즉, 은행 연합체는 은행처럼 중앙은행 준비금에 의한 부분 보장이라는 제도에 기반을 두는 현재의 특권적 지위를 누리는 것이 아니라 오히려 다른 화폐유형과 현금 등가물(cash equivalents)에 의한 완전한 보장이라는 요건을 준수해야 할 것이 거의 확실하다. 따라서 이러한 현재 상황을 고려하면 은행에게 스테이블코인은 전혀 매력적인 대안이 아니다. 그러나 이와는 정반대로 스테이블코인은 그림자은행(shadow bank)[6] 또는 수억 명의 고객을 가진 웹 기업이나 IT 기업 같은 비은행 금융기관에게는 대단히 중요한 관심사가 될 수 있다.

디지털화폐가 확산하고 은행화폐의 비중이 감소함에 따라 은행은 일단 금융 중개 기관으로 되돌아갈 것이다. 즉, 은행은 은행화폐의 창조자로서 '화폐적' 금융기관의 지위를 상실하고, CBDC 그리고 아마 암호화폐나

---

[6] (옮긴이 주) 그림자은행은 은행이 아니면서 유사 은행의 역할을 하는 비 은행 금융기관들을 통칭하는 별칭이다. 은행이 아니므로 중앙은행의 규제 및 감독을 받지 않으며 운영이 투명하게 공개되지도 않아 '그림자'라는 별명이 붙었다. 매스컴 용어로 시작되었지만 지금은 거의 학술용어처럼 사용되고 있다.

스테이블코인도 사용하는 대출 중개 및 투자 기관으로 변신할 것이다. 물론 은행화폐의 소멸은 먼 미래의 일이겠지만 그 역할은 감소할 것이다. 그러나 이러한 전망이 은행업의 종말을 의미하는 것은 아니다. 신용과 은행은 일찍이 고대부터 존재해왔고, 시대와 더불어 진화해왔다. 더욱이 오늘날처럼 화폐화되고 금융화된 세계에서 은행은 여전히 불가결한 존재이다. 환전 및 지급 서비스 제공업체(PSP), 화폐 대부자, 투자 전문기관 및 여타 수많은 금융기관이 기존의 모든 유형의 화폐로 사업을 해왔던 것처럼 이젠 CBDC와 암호화폐 그리고 스테이블코인으로 사업을 해나갈 것이다.

현재 은행은 여전히 특권적인 지위를 누리고 있다. 오직 은행만이 중앙은행의 재융자(refinancing)에 접근할 수 있는 적격업체이다. 은행화폐는 그 양보다 훨씬 소액의 중앙은행 준비금을 기반으로 유통하는 것이 허용된다. 이는 역으로 은행화폐 스톡이—그리하여 은행 부문 자체가—중앙은행 지원과 국가 보증을 포괄적으로 받고 있음을 웅변한다. 이 덕분에 시스템적 관련성을 가진 대형은행과 은행화폐가 준-국가적인 지위를 획득할 수 있었던 것이다.

그러나 이런 상황도 이제 막 변하기 시작했다. 대중의 지급 거래에서 은행화폐가 거의 독점적으로 누리고 있는 지위가 CBDC와 민간 디지털화폐의 부상으로 침식당하고 있고, 게다가 이젠 비은행 금융기관과 정부 예산도 간접적으로 중앙은행의 재융자 대상이 되었으며, 심지어 정부지출 재원 조달에 간접적으로 기여하는 중앙은행도 있기 때문이다. 이런 행태가 일시적이고 비전통적인 조치로 공언되고는 있지만, 이미 뉴노멀(new normal)로 정착했다고 보는 게 더 적당할 것이다.

은행과 비화폐적 금융기관이 제공하는 화폐 및 금융 관련 서비스는 그 범위를 상당히 확장해왔다. 애초에는 금융 부문에 은행밖에 (보험회사를 제외하면) 없었다. 은행 자체가 금융 부문이었던 것이다. 그 후 새로운 지급결제 서비스 제공기관(PSP)은 물론 새로운 신용기관과 투자회사 형태의 그림자은행도 전통적인 은행과 결합한 사례가 수없이 많다. CBDC와 민간 디지털 화폐가 확산하고 이에 따라 은행화폐가 상대적으로 쇠락해감에 따라 전통적인 은행 부문과 비은행 금융기관의 차이도 사라져가고 있는 것으로 보인다.

새로운 양상들이 전개되면서 중앙은행과 기존의 비은행 금융기관의 관계도 변하고 있다. 예를 들어 중앙은행의 업무는 더 이상 대 은행 재융자에 한정되지 않는다. 실제로 중앙은행은 이미 금융 부문 전체의 운명과 그림자은행 및 금융시장의 안정화 그리고 공공채무에 대한 간접적인 재융자까지 책임지게 되었다. GDP의 40~60%에 달하는 각국 정부 예산은 금융 경제의 완벽한 일부가 되었다. 기본적으로 이러한 상황은 정부 예산이 소규모였던 시대에도 전혀 다를 바 없었다. 어쨌든 민간 금융과 공공 금융을 각각 서로 분리된 세계처럼 다루는 것은 말도 안 된다. 이 두 개의 금융은 확실히 부분적으로 작동방식을 달리하는 서로 다른 부문들이긴 하지만, 서로 긴밀한 연계를 가지면서 상호의존적이기 때문이다.

최근 수십 년 동안 발생한 금융위기들에 대처하는 과정에서 중앙은행들은 은행업과 민간 및 공공 금융의 범위 확대와 이 두 금융 간의 상호 연결성을 고려하기 시작했다. 그러나 이는 화폐와 금융시장 그리고 재정이 각각 가지고 있는 고유의 책무를 복고적으로 융합하기 위해서가 아니라 통화정책의 역할을 금융시장과 공공 금융 둘 다를 위한 것으로 재평가함으로써 이들의 불가피한 기능 재편을 위해서이다. 중앙은행이 민간 부문이든 공공 부문이든 이 부문들로부터 나올 수 있는 과도한 금융적인 이해들에 정면 대응할 수 있기 위해서는 독립적인 통화당국으로서의 위상을 바로 세워야만 한다. 이는 시스템의 작동방식을 결정함과 동시에 정책 효과의 전달을 위한 강력한 지렛대 역할을 할 CBDC의 공급을 통해 가능하다. 중앙은행이 이러한 지위를 가질 때 비로소 일차적인 본원화폐(primary money base)의 창조자로서 그리고 은행 부문, 비은행 금융기관 '및' 정부에 대한 최종대부자로서 최대한 균형적이고 실효적인 통화정책을 수행할 수 있게 될 것이다.

그리고 화폐 창조와 관련된 회계 처리방식도 곧 변할 것으로 보인다. 특히 중앙은행화폐를 중앙은행의 부채로 해석하는 전통적인 관행이 그러하다. 이 관행은 은화와 지금(地金)이 '진짜' 돈이던 저 먼 과거로부터 물려받은 이상한 시대착오적인 관행이기 때문이다.[7] 적어도 중앙은행 재무상태표에서는 화폐가 항상 그 본성대로 존재해야 마땅하다. 화폐의 본성은 일국 또는 다(多)국가 공동체를 위한 유동적인 화폐 자산의 안전한 스톡, 즉 본원화폐(money base)이다. 비록 화폐가 신용 확장을 통해 창조된다 하더라도 화폐와 신용은 서로 다른 것이다. '신용화폐'나 '채무화폐'라는 용어는 특히 장부화폐를 사용하는 은행업 세계에서 사용되는 편의상의 은유적인 표현에 지나지 않는다. 문제는 이 은유적인 표현들로 인해 화폐와 신용의 동일시라는 오류가 은근히 조장된다는 데 있다.

다음 장들에서는 먼저 현재 통용하고 있는 화폐유형들의 기능적 위계구조를 개관한 다음, 지금까지 현대적 화폐유형들이 거쳐 온 부상과 몰락의 역사를 개괄적으로 살펴볼 것이다. 이 역사는 화폐공급 구성에서 나타나는 화폐 전환기 모델과 이와 연관된 지배적인 화폐 패러다임으로 축약될 수 있다.

현재 중앙은행과 정부들은 향후 CBDC와 은행화폐의 관계가 지배적인 지위를 둘러싼 투쟁 관계가 아니라 평화공존 관계일 것으로 생각한다. 이와 마찬가지로 중앙은행과 은행들은 여전히 스테이블코인을 비롯한 암호화폐들을 CBDC의 진정한 경쟁자로 간주하지 않는다. 그러나 우리는 이 관계들이 실제로 경쟁과 갈등의 형태를 취할 것으로 보고 있다.

---

[7] (옮긴이 주) '진짜' 화폐가 은화와 금괴이던 시대에는 민간은행의 경우와 마찬가지로 중앙은행의 계좌 잔고나 지폐도 신용잔고나 은행권을 은화 등으로 태환해 준다는 약속, 즉 약속어음이었으므로 중앙은행의 부채로 회계 처리하는 것은 당연한 일이었다. 그러나 오늘날 중앙은행 준비금은 태환도 담보도 필요 없는 본원화폐이므로 부채가 아니라 그 본성대로 기록되어야 한다. 그럼에도 옛날처럼 부채로 처리하는 것은 과거의 관행을 답습하는 이상한 시대착오라는 것이다. 본원화폐의 회계 처리 방식은 제8장에서 자세히 논의될 것이다.

· · · ·

제2장

삼층 구조 화폐 시스템. 화폐 유형, 그 창조와 유통

> **핵심 용어**
> 화폐 분류학, 삼층 화폐 시스템, 은행화폐 체제, 중앙은행 디지털통화(CBDC), 새로운 화폐 대용물, 본원화폐에 도전하는 무보장 암호화폐

2.1 화폐의 삼층 분류

〈표 2.1〉이 보여주는 화폐 분류학은 두 개의 측면에서 구성된다. 한 측면은 화폐의 기술적인 형태로서 주화, 지폐, 장부화폐(bookmoney)[또는 계좌화폐(money-on-account)][8], 디지털화폐 등이다. 다른 한 측면은 화폐 발행자로서 예를 들어 재무부(동전과 부분적으로는 지폐), 중앙은행(지폐, 준비금, CBDC), 은행(은행화폐), 머니마켓펀드(MMF 지분), e-머니 기관(다양한 e-머니), 지역 또는 특수목적 공동체(보완통화), 암호화폐 발행자 또는 '채굴' 시

---

8 (옮긴이 주) 장부(종이 또는 전자 서버) 상의 계좌에 수치로 기록된 화폐를 말한다. 대표적인 예는 은행의 예금화폐와 중앙은행 준비금이다.

스템 등이다.[9]

표 2.1 화폐의 삼층 분류

본원 수준(Base-level)	
• 동전 • 중앙은행권 • 중앙은행 준비금(중앙은행 계좌잔고) • CBDC	• 중앙은행 화폐 / 재무부 화폐 • 주권명령화폐(주권화폐) • 법정화폐 • 본원화폐. 다른 화폐유형에 의해 보장될 필요가 없고, 다른 화폐유형으로 태환될 수 없음
중앙은행화폐에 기반을 두는 이층(Second tier)	
• 유동적인 은행화폐(요구불 또는 일람불 예금) • 비활성 은행화폐, 일명 준-화폐(저축과 정기예금)	• 소액의 중앙은행 준비금에 기반을 둠
은행화폐에 기반을 두는 삼층(Third tier)	
• MMF 지분 • e-머니 • 스테이블코인 • 보완통화	• 은행화폐 및 현금 등가물과 1:1 교환에 기반을 두는 새로운 화폐 대용물(준-화폐, 국채, 예금증명서, 상업어음, 은행수령증, 단기 레포)
본원 수준 도전자(Base-level challengers)	
• 무담보 무보증 암호통화, 예를 들어 비트코인 • 무보장 보완통화	• 본원화폐 및 이를 통해 화폐주권에 직접 도전함

2.2 본원 수준 : 중앙은행화폐

본원 수준에서 화폐는 동전, 지폐 및 준비금 형태로 존재하고 중앙은행에

---

[9] 암호화폐의 분류에 대해서는 Bech and Garratt(2017, pp. 57~62) 및 Adrian and Mancini-Griffoli(2019a, pp. 2~5; 2019b)를 참조하라. 100% e-머니와 스테이블코인의 분류에 대해서는 Hess(2019)를 참조하라.

의해 유통된다.[10] 여기에 조만간 CBDC가 추가로 포함될 예정이다. 동전과 지폐는 현금 그 자체, 즉 전통적인 경화이다. 유동적인 은행예금도 종종 현금으로 간주되는데, 이는 오해이다. 동전은 가장 오래된 화폐형태로서 지금도 사용 중이다. 대다수 나라에서 동전은 관례에 따라 국립조폐국에 의해 제작되며, 재무부가 중앙은행에 액면가격으로 판매한다.[11] 재무부는 해당 금액을 자신의 중앙은행 거래계좌에 입금되는 것으로 수령한다. 이 과정은 진성 시뇨리지(genuine seigniorage)[12]로 귀결되며, 여기서 시뇨리지란 동전의 액면가치와 생산비의 차이, 즉 화폐 창조에서 얻는 이득이다. 그러나 오늘날 동전은 현금 중 고작 2%를 차지하거나 대중적으로 유통하는 공식(official) 화폐 잔고(통화지표 M1을 가리킴―옮긴이)에서 약 0.2%를 차지할 뿐이다.[13]

현금의 98%는 중앙은행권이 차지한다. 이 지폐는 해당 통화 영역의 중앙은행이 국립조폐국에 의뢰해 발행된다. 오늘날 화폐당국으로서 중앙은행은 '은행권' 발행의 국가 독점권을 행사한다. 지폐를 여전히 '은행권'이라 부르는 것은 지폐가 민간 은행권에서 시작했기 때문이다.

중앙은행은 모든 현금을―지폐는 물론 동전도―은행들의 수요에 부응하여 발행한다. 중앙은행은 주로 국채를 담보로 은행에 현금을 공급한다.

---

10   (옮긴이 주) 단, 준비금은 은행과 정부가 개설한 중앙은행 계좌에만 존재하고, 이들 사이에서만 유통한다. 준비금은 결코 시중에 흘러나오지 않으므로 비은행 비정부 주체들은 준비금을 소유하지도 사용하지도 못한다.

11   (옮긴이 주) 미국에서 2011년에 정부의 채무 한도 인상을 둘러싼 논란 과정에서 재무부가 1조 달러짜리 동전을 발행하여 정부채무를 모두 변제하자는 주장이 나올 수 있었던 배경이기도 하다. 그러나 한국처럼 중앙은행이 주화 발행권을 가진 경우도 적지 않다.

12   (옮긴이 주) 증표화폐의 발행자가 발행한 돈을 직접 지출(소비나 투자)함으로써 누리는 시뇨리지로서 채무 없는 시뇨리지(debt-free seigniorage)라고도 한다.

13   유로 존에서 동전이 현금에서 차지하는 비중은 2.16%이다.

이처럼 현금은 중앙은행의 대 은행 대출을 통해 유통하기 시작한다. 그리고 은행은 고객이 은행에 개설한 경상계좌에서 현금을 인출하거나 외환을 국내 현금으로 환전하고자 할 때 고객의 이러한 요구에 부응함으로써 경화를 시중에 유통시킨다.

발전된 나라들에서는 지난 수십 년 동안 현금 사용이 감소해왔다. 1960년대를 거치면서 현금을 봉투에 넣어 임금을 지급하던 관행은 거의 사라졌다. 사람들이 더 많은 현금을 보유하고 있는 나라들에서는 가게나 레스토랑에서 이루어지는 지급의 60% 정도가 여전히 현금으로 이루어지고 있지만, 이 경우에도 소액 지급에 한정된다. 스칸디나비아 나라들이나 영국에서는 현금 지급의 비율이 20% 미만이다. 나머지 거래는 모두 무현금 지급으로 이루어지며, 특히 고액 지급의 경우에는 예외가 없다. 무현금 지급의 일반화 경향에는 의심의 여지가 없고, 이 경향은 코비드-19 팬데믹 와중에 더욱 강해졌다. 이 경향은 갈수록 현금 사용이 줄어드는 대신 은행 송금, 자동이체, 온라인 뱅킹, 직불카드나 신용카드의 사용 등이 늘어나는 현상을 말한다. 지금은 여기에 휴대폰에 내장된 카드 지갑 앱을 통한 비접촉 결제도 포함된다.[14]

통계적으로 보면 좀 더 선진적인 나라들에서 현금의 비중은 이제 시중통화공급 M1의 약 15% 이하로 낮아졌다. M1은 현금과 유동적인 은행예금을 포함한다.[15] 스웨덴과 노르웨이에서 현금은 M1의 고작 2~3%를 차지하며, 현금 지급은 지급 거래 전체의 10% 미만이다. 여전히 현금이 주목할 만한 비중을 차지하는 나라들에서는 현금의 약 1/5만 실제로 유통하며, 나머지 현금은 튼튼한 상자 속이나 매트리스 밑에 비상금으로 보관된다. 더욱이

---

[14] ECB(2020, chs. 2~3), Benson et al.(2017), Lalouette & Esselink(2018), 그리고 Dt. Bundesbank(2022).

[15] federalreserve.gov/releases/h6/current/default.htm. ECB, *Statistical Data Warehouse*, Monetary Statistics, Tab. 1.1, 1.4. Dt. Bundesbank, *Monthly Reports*, Tab. II.2.

주요 준비통화—대부분 미국 달러이며, 부차적으로 유로도 사용된다—의 현금은 취약한 국내통화를 가진 나라들에서 병행통화(parallel currency)[16]로 사용되기도 한다.[17]

    통상적으로 중앙은행화폐가 유통에 들어가는 과정의 첫 번째 단계는 은행에 대한 현금 대출이 아니다. 중앙은행은 맨 먼저 준비금 형태로 은행에 대출한다. 준비금은 은행이 중앙은행에 개설한 계좌의 잔고이다. 중앙은행의 대 은행 신용은 국채를 담보로 제공되며, 이는 '화폐'가 아니라 '신용(대출)'을 담보로 삼는다는 것을 의미한다. 중앙은행화폐는 더 이상 과거처럼 은과 금으로 보장될 필요가 없다. 중앙은행화폐는 주권 명령(sovereign fiat)으로 발행되는 본원화폐가 되었기 때문이다.

    19세기 후반 이래 그리고 특히 20세기를 거치면서 계좌에 입력된 신용이 독자적인 화폐형태, 즉 여전히 예금 또는 예금화폐라 불리는 계좌화폐가 되었다. 그러나 이 계좌에 현금이든 무엇이든 먼저 예치되는 것은 아무것도 없다. 실제로는 사태가 정반대의 순서로 진행된다. 현금은 오래전부터 계좌잔고의 교환된 형태로서 실제로 이미 존재하는 계좌잔고에서 인출된다. 물론 현금은 계좌에 입금되기도 하는데 이때는 어떤 의미에서 계좌에 실제로 예치된다. 그러나 현대 은행제도에서 화폐의 원초적인 형태는 비 현금, 즉 은행화폐이거나 중앙은행 준비금이다. 은행이 중앙은행의 본원화폐인 현금을 확보하기 위해서는 그 전액에 해당하는 준비금을 조달해야 하지만, 자신의 재무상태표에서 계좌 기반 은행화폐를 창조하기 위해서는 해당 금액보다 훨씬 적은 소액의 중앙은행 준비금만 조달하면 된다.

---

16 (옮긴이 주) 해당 국가의 주권통화와 나란히 사용되는 외국통화를 말하며, 이 경우 화폐주권의 행사(독자적이고 자율적인 통화정책의 수행)는 사실상 포기하는 것이나 다름없다.

17 Rogoff(1998, 2014, 2016), Keohane(2017), Esselink 및 Hernandez(2017), Dt. Bank(2020, Part I), Dt. Bundesbank(2022) 그리고 ECB(2020).

준비금은 은행 간 용도에만 사용된다. 준비금은 중앙은행을 포함한 은행들 사이에서만 사용되며, 부분적으로 국세청이나 재무부 같은 고위 국가기관과의 지급 거래에도 사용된다. 그러나 나머지 대다수 국가기관은 물론 비 은행 금융기관, 모든 종류의 실물경제 기업 및 민간 가계는 중앙은행 계좌를 개설할 수 없고, 따라서 준비금을 사용할 수 없다. 나라에 따라 극소수의 예외가 있기는 하지만 일반적으로 중앙은행과 비 은행 경제주체 사이에는 어떤 직접적인 거래도 존재하지 않는다. 비 은행 경제주체는 은행에 경상계좌를 개설하는 방법밖에 없다. 왜냐하면 중앙은행 준비금이 비 은행 경제주체의 은행 경상계좌에 직접 이체되거나 비 은행 경제주체의 일람불 예금이 은행의 중앙은행 계좌로 직접 이체되는 일은 구조적으로 있을 수 없기 때문이다. 이처럼 두 개의 회로로 형성된 현행 화폐 및 은행 시스템의 속성은 특별하면서도 중대한 문제점이다. 요컨대 이러한 장부화폐(즉, 은행화폐 및 중앙은행 준비금—옮긴이) 유통의 분할 회로 구조(split-circuit structure)는 한편으로 중앙은행 준비금을 사용하는 중앙은행과 은행이 참여하는 은행 간 회로(interbank circuit) 그리고 다른 한편으로 은행화폐를 사용하는 은행과 비 은행 경제주체가 참여하는 대중 회로(public circuit)로 형성된다.[18]

현재의 상황을 고려할 때 향후 수년 사이에 CBDC가 중앙은행화폐의 또 다른 유형으로 도입될 것임은 거의 확실하다. CBDC 관련 아이디어가 처음으로 제시되었을 때 중앙은행 준비금을 비 은행 경제주체인 대중도 사용할 수 있게 한다는 의도가 있었다.[19] 그러나 CBDC는 새로운 화폐유형인 순수한 디지털화폐가 될 가능성이 더 높아 보인다. 그것은 디지털토큰으로서 전자지갑에 보관 및 관리되며, 이 지갑들 간의 거래는 중앙은행 지급

---

[18] 분할 회로 구조와 은행화폐 및 중앙은행화폐의 상호작용에 대해서는 Huber(2017a, pp. 57; 2017b, pp. 63~84)를 참조하라.

[19] See Niepelt(2015, 2021).

결제 시스템의 컴퓨터 노드들에 의해 확인된다. 최종 설계가 어떻게 될지는 확실치 않지만, 현행 계획에 따르면 CBDC는 현재의 준비금이나 현금과 마찬가지로 대출을 통해 유통에 주입되든가 아니면 준비금이나 현금과 1:1로 교환하는 방식으로 발행될 것이다. CBDC의 다양한 종류와 각각의 장단점에 대해서는 나중에 별도로 논의할 것이다.

중앙은행이 공법(public law)에 의거하여 발행하는 화폐—동전, 지폐, 준비금 및 CBDC—는 국정화폐(chartal money), 주권명령화폐, 본원화폐, 고성능(high-powered) 화폐[20], 제약 없는 법정화폐(unrestricted legal tender)이다. 이 용어들은 동일한 것을 각각 서로 다른 측면이나 맥락에서 지칭할 뿐이다. 이 점은 주권화폐(sovereign money)라는 용어에도 똑같이 적용되지만, 그 의미는 관점에 따라 다르다.

- 주권화폐는 국가기관이 발행한다. 발행기관은 이전에는 각국의 재무부처였지만 현대에는 중앙은행이다. 중앙은행이 국유화되거나 국가 법률에 의거하여 운영하게 된 이후에는 더욱 그러하다.
- 주권화폐는 주권 명령에 의거하여 발행되는 본원화폐이다. 본원화폐의 서로 다른 형태들은 상호 교환될 수는 있지만 다른 화폐유형으로 태환될 수는 없다(즉, 어떤 화폐적 준비금도 필요하지 않다).
- 주권화폐는 채무 없이 발행된다(즉, 이자도 상환도 없다).
- 주권화폐는 대출이 아니라 지출을 통해 유통에 주입된다.

상기 네 가지 특징 중 첫 두 가지는 주권화폐의 최소 요건이다. 세 번

---

20 (옮긴이 주) 은행이 본원화폐를 바탕으로 훨씬 더 많은 신용화폐를 발행한다는 점을 포착한 명칭이다. 그러나 실제에서 신용창조는 본원화폐와 무관하게 이루어지는 것이므로 이 용어는 잘못 지어진 용어라 할 수 있다.

째와 네 번째 특징은 전통적으로 동전과 재무부 지폐가 정부지출을 통해 발행되었다는 사실과 무관하지 않다. 오늘날 중앙은행은 물론 민간은행이 발행하는 신용/채무화폐(credit-and-debt money)가 전면적인 지배력을 행사하게 되면서 채무 없는 화폐의 발행은 폐지되었다. 은행업 관련 위험들에 노출되어 있는 은행화폐, 즉 신용/채무화폐로 인해 화폐 시스템은 금융 시스템에서 나타나는 질환에 극히 취약해졌다. 일반적으로 은행업 관련 위험은 중앙은행업 관련 위험보다 훨씬 더 크다. CBDC 도입으로 화폐공급이 재구성되면 안전한 스톡인 채무 없는 화폐가 신용/채무 화폐와 나란히 유통할 수 있다. 이것이 가능한지 그리고 어느 정도 가능한지는 조만간 밝혀질 것이다. 현재로서는 단정적으로 답변하기 어렵다.

중앙은행 발행 주권화폐(또는 미국의 경우 재무부 발행 주권화폐)는 법정화폐의 지위를 가지는 유일한 화폐형태이다. 이 지위가 의미하는 바는 그 사용이 강제된다는 것이 아니라 법정화폐에 의한 지급은 법정화폐가 취하는 형태에 대한 수령자의 동의 여부와 상관없이 지급자의 채무가 청산된다는 것이다. 적어도 원칙상으로는 그러하다. 그러나 오늘날 대다수 수령자는 현금이 아니라 은행화폐 지급을 선호하는 것이 현실이다. 은행화폐는 본원화폐도 법정화폐도 아니며 중앙은행화폐의 대용물로서 제2층에 위치하는 화폐임에도 그러하다.

중앙은행화폐가 본원화폐라는 사실은 그 위에 제2층의 은행화폐가 구축된다는 것을 의미한다. 이는 새로운 제3층의 화폐 대용물이 은행화폐 위에 구축되는 것과 다를 바 없다. 은행은 자신의 은행화폐를 고객의 요구가 있을 시 중앙은행화폐로 태환해줄 의무가 있다. 이와 꼭 마찬가지로 새로운 제3층 화폐 대용물 발행자는 그 보유자의 요구가 있을 시 은행화폐로 태환해줄 의무가 있다. 이 의무가 실제로 얼마나 이행되고 있는지는 별도로 논의할 문제이다.

사실 명령본원화폐의 태환은 이미 19세기 금본위 시대에도 제대로 실행되지 않았다. 중앙은행 지폐와 그 잔고는 은과 지금(gold bullion)으로 보장되어야 했지만, 실물로 지급되지는 않았다. 게다가 은화와 금화는 19세기 후반 이래 갈수록 합금으로 만든 증표주화(token coins)로 대체되고 있었다. 일반적으로 주화는 (은행을 위한) 중앙은행 지폐와 준비금 그리고 (비은행 주체를 위한) 은행화폐에 비해 중요성을 상실했다. 1930년대 무렵 금본위제 종식 이래 1971년에 이르기까지 모든 화폐는 순수한 증표화폐(token money)였다. '기술적인' 관점에서 증표화폐는 그 형태와는 상관없이 발행자가 수량 제한 없이 원하는 양만큼 얼마든지 생산할 수 있다는 가설이 성립한다. 그러나 중앙은행화폐는 주권 명령으로 발행되는 본원화폐이자 법정화폐가 취하는 유일한 화폐형태이다. 그래서 다른 유형의 화폐에 의해 보장될 필요도, 다른 유형의 화폐로 태환해줄 이유도 없다.[21]

현대 화폐가 허가를 받았거나 사실상 그렇게 할 수 있는 능력을 가진 사람에 의해 '무에서(ex nihilo)', 즉 '허공에서', '자판의 수치를 두들김으로써' 창조된다는 것은 명백한 사실이다. 그러나 허공에서 창조된 화폐가 어떻게 뭔가 가치를 가진 것이 될 수 있는가라는 의문이 제기될 수 있다. 화폐의 가치는 그것이 가진 구매력이며, 이 구매력은 화폐가 실제로 구매할 수 있는 것들에 의해 보장된다. 화폐의 구매력은 무엇보다 먼저 GDP와 같은 실물경제의 산출 계산에 포함되는 상품들의 실물경제적 생산성과 가격을 기반으로 결정된다. 또한 실물경제의 산출은 자산 가격의 산정 기초로도 사용된다. 물론 자산 가격이 현재의 경제적 산출과 맺는 관계는 좀 더 간접적이고, 좀 더 장기적이며 그리고 좀 더 복잡한 성격을 가질 수는 있다. 그리

---

[21] 이런 의미에서 화폐 국정주의(chartalism)의 창시자인 크나프(G. Fr. Knapp, 1924, pp. 88~96)는 이미 "확정된(definite) 또는 의무적인(obligatory)" 화폐(본원화폐)와 "자의적인(facultative)" 또는 태환 가능한 화폐(2층 및 3층의 지급수단, 즉 은행화폐 및 새로운 화폐 대용물)를 구별했다.

고 화폐의 가치는 또한 국내외에서 해당 국가통화에 부여하는 신뢰의 정도에도 달려 있는데, 이 신뢰는 해당 국가나 다(多)국가 공동체의 정치적 안정과 경제력에 바탕을 둔다.

화폐의 '유효성(validity)'은 화폐의 '가치(value)'와 구별되어야 한다. 국가 통화단위로 표시되는 지급수단의 유효성은 부분적으로는 법률에 의해 또 부분적으로는 일상거래를 통해 확립된다. 그 주요 기준의 하나는 국세청이나 법원 같은 주요 국가기관들이 지급수단으로 수락하고 또 사용하는가 여부이다. 이 관점에서 보면 오늘날 은행화폐는 중앙은행화폐(법정화폐)와 동등한 효력을 가진다. 일반적으로 새로운 제3층의 화폐 대용물과 본원화폐가 되고자 하는 무보장 암호화폐는 정부기관에 의해 수락되지 않으며, 민간 금융의 특수한 영역에서만 수락된다. 이러한 관점에서 좀 더 일반적인 유통 속에서 수락되는 지급수단이라면 반드시 '보편적인' 지급수단은 아닐지라도 유효한 화폐라고 말할 수 있다.

2.3 제2층 : 활성 은행화폐와 비활성 은행화폐

2.3.1 제2층 활성 은행화폐 : 유동적인 은행화폐

화폐의 계층구조에서 제2층에 위치하는 지급수단으로서 유일한 화폐형태는 은행화폐이다. 은행 부문이 창조하는 이 화폐는 예금화폐, 일람불 예금, 요구불 예금, 1일물 예금, 당좌예금 등으로 불려왔다. 우리는 이 화폐를 은행화폐(bank money)라 부를 것이다.

은행화폐는 중앙은행 준비금과 마찬가지로 그 발행을 위해 은이든 금이든 지폐든 그 무엇도 사전에 예치해야 할 필요가 없다. 그리고 은행화폐는 중앙은행화폐의 대용물임에도 불구하고 보편적인 지급수단이 되었다. 이처럼 은행이 장부에 수치를 기장하는 행위가 그러한 화폐유형을 창조하며, 그 수치가 바로 화폐'이다.'²² 그리고 중앙은행 준비금과 거의 마찬가지로 은행화폐도 비 은행 차입자에게 대출 원금의 공급, 즉 신용 확대를 계기로 발행된다. 또한 신용은 구매 형태를 취할 수도 있다. 은행이 비 은행 경제주체에게서 증권 등 뭔가를 구매할 때 그 구매 대금이 은행화폐로 지불되고 구매 대상이 은행의 재무상태표에 자산으로 기입될 수 있다면 그것이 무엇이든 신용 제공의 대상이 될 수 있다.²³

이러한 사실로 인해 은행화폐는 다시금 중앙은행화폐와 꼭 마찬가지로 신용화폐(credit money)나 채무화폐(debt money)로 불리기도 한다. 그러나 이 이름들은 은유적 표현에 지나지 않으며, 문자 그대로 해석하면 오해하기 십상이다. 신용-채무 계약, 즉 채권자-채무자 관계와 화폐는 서로 다른 것이다. 화폐는 신용을 공여하거나 채무를 변제하는 지급수단이다. 이자와 상환 관련 조건을 포함하는 신용 계약은 해당 채권자와 채무자에게만 해당되고, 또 이들만 구속한다. 즉, 신용 계약은 기본적으로 이들에게 결박되어 있다. 이와는 대조적으로 은행화폐는 채무자로부터 그 누구에게든 흘러갈 수 있으며, 나아가 쉼 없이 유통한다. 요컨대 화폐와 신용의 동일시는 잘못된 견해임과 동시에 화폐 시스템과 은행업의 현대화 및 안정화에 심각한 장애물이기도 하다.²⁴

---

22 (옮긴이 주) 컴퓨터 등 IT기술의 도입 이후 은행은 컴퓨터 자판기로 수치를 두들겨 은행화폐를 창조한다. 그래서 혹자는 이 화폐를 '키보드화폐'로 부르자고 제안한다. 어쨌든 수치가 기록되는 장부가 종이에서 컴퓨터 서버로 바뀌었을 뿐 은행화폐는 여전히 장부화폐다. 따라서 은행화폐의 형태가 종이에 기록된 수치에서 디지털 수치로 바뀌었다 해도 후자는 엄밀한 의미의 디지털화폐는 아닌 것이다.

23 (옮긴이 주) 이건 정말 놀라운 사실이 아닐 수 없다. 은행은 대출할 때에만 돈을 창조하는 것이 아니라 자신의 영업상 필요한 것, 즉 재무상태표에 자산으로 기장할 수 있는 것이라면 무엇이든 자신 소유의 돈(자본)이 아니라 스스로 창조한 돈으로 구매할 수 있다는 것이다.

24 (옮긴이 주) 화폐와 신용의 동일시로 인해 신용(채권채무관계)에 내재된 위험(risk)이 화폐에게도 전가됨으로써 화폐가 공동체 구성원 전체를 위한 가장 안정된 지급수단 스톡이 되지 못하도록

유로존 통계에 따르면 유동적인 은행화폐는 시중 통화공급 M1의 87%를 차지하며, 실질 금액(M1에서 잠자고 있는 현금을 공제한 금액) 기준으로는 92%를 차지한다. 공식적인 총통화공급(M2—옮긴이)으로 측정하면 은행화폐의 비중은 97%에 달한다. 총통화공급에는 일반 저축예금과 정기예금뿐만 아니라 만기가 더 긴 은행예금도 포함되기 때문이다.[25] 다른 통화 영역들에서도 이 비율들의 크기는 구조적으로 어슷비슷하다.

기본적으로 은행은 자신의 목적 달성에 적합하다고 판단하는 만큼의 은행화폐를 창조할지 하지 않을지를 결정함에 있어서 자유롭다. 확실히 적어도 단기적으로는 법적 요건과 실행상 제약이 존재하며, 이러한 요건과 제약은 위기 때마다 강화되어왔다. 이 제약들 중에서 가장 중요한 것은 아닐지라도 적어도 최소한 지켜야 하는 것은 은행이 중앙은행화폐를 현금과 유동적인 준비금의 형태로 보유해야 한다는 것이다. 그래서 은행은 보통 은행화폐(예금계좌 잔고—옮긴이)의 아주 작은 부분에 해당하는 만큼의 중앙은행화폐(준비금—옮긴이)를 사용 가능한 상태로 보유한다. 부분 지준금이 은행화폐의 기반이 되는 까닭은 그것이 은행의 지급 거래를 위한 유동성을 대변한다는 데에 있다. 고객의 은행화폐를 관리하기 위해 은행은 중앙은행화폐를 항상 충분히 사용 가능한 상태로 가지고 있을 필요가 있는 것이다. 나아가 이 점은 현금에도 적용되는데, 고객이 은행화폐의 일부를 현금으로 인출하기도 하기 때문이다. 그래서 은행은 창구나 ATM을 통한 고객의 현금 인출에 대비해 충분한 시재금을 확보하고 있어야 한다.

계좌잔고를 이체하는 경우에도 사정은 비슷하다. 은행은 중앙은행 계좌에 유동적인 준비금(초과 준비금)을 항상 충분히 가지고 있어야 한다. 그러

만들기 때문이다.

25 ECB, *Statistical Data Warehouse*, Monetary Statistics, Tab. 1.1, 1.4. Dt. Bundesbank, *Monthly Reports*, Tab. II.2.

나 어떤 은행 X의 고객 A가 동일 은행의 고객 B에게 송금할 때는 그럴 필요가 없다. 이때 은행 X는 중앙은행 준비금이 필요하지 않으며, 장부상 교환(booking swap)으로 처리하는 것으로 충분하다. 즉, A의 경상계좌에서 은행화폐의 일정액을 삭제하고 B의 경상계좌에 동액을 기입하는 것이다. 그러나 만약 은행 X의 고객 A가 은행 Y의 고객 B에게 무현금 지급을 하는 경우, 은행 X는 은행 Y에게 해당 금액의 준비금을 이체함과 동시에 A의 경상계좌에서 동액의 은행화폐를 삭제하고, 은행 Y는 B의 경상계좌에 동액의 은행화폐를 장부에 입금하는 것으로 재창조한다.[26]

이렇게 해서 준비금은 언제나 은행 간 회로에 남아 있고, 고객은 항상 은행화폐를 수령할 뿐이다. 제2층의 은행화폐와 은행업 시스템(은행과 중앙은행)은 바로 이러한 방식으로 무현금 거래를 증가시켜왔다. 은행은 비은행 주체에게 은행화폐(대중이 사용하는 화폐)를 제공하는 반면, 중앙은행은 은행에 준비금을 공급한다. 이러한 이층 구조는 분할된 두 개의 회로로 형성된다. 그 하나는 비 은행 주체들 사이에서 은행화폐가 유통하는 '대중 회로(public circuit)'이고, 다른 하나는 중앙은행 준비금이 유통하는 '은행 간 회로(interbank circuit)'이다. 대중 회로는 은행 간 회로의 뒷받침을 받지만 은행 간 회로와는 독립적으로 존재한다.

중앙은행이 실시간총액결제(RTGS)[27] 지급 시스템을 도입하기 이전에도 은행 간 이전은 즉각 시행되는 것이 아니라 먼저 은행 상호 간 줄 돈과 받을 돈을 청산한 뒤 남는 잔액만 결제되었다. 이러한 준비금의 결제는 일정한 기간마다 또는 결제액이 사전에 합의한 한도에 도달할 때 한꺼번에 시

---

26 현행 은행화폐 제도가 어떻게 작동하는지에 관한 자세한 설명은 Ryan-Collins et al.(2012, pp. 28~88), Huber(2017a, pp. 97~97), McLeay et al.(2014) 및 Dt. Bundesbank(2017)를 참조하라.

27 중앙은행과 금융기관을 온라인으로 연결하고 금융기관 간 자금거래내역을 중앙은행에 개설된 지급준비금 계정을 통해 건별 즉시 이체하는 방식(출처:한국예탁결제원).

행되었다. 오늘날의 실시간총액결제 시스템에서 준비금의 이전은 그때그때 즉시 시행되거나 영업일 마감 시 정산 후 시행된다. 한 은행의 중앙은행 계좌에 충분한 준비금이 없을 경우에는 시스템이 해당 은행에 1일물 당좌대월(intraday overdraft)을 제공한다.[28]

즉시 결제 또는 일일 결제에도 불구하고—그리고 다수의 은행가를 비롯한 많은 사람이 믿을 수 없다며 깜짝 놀란다 하더라도—이 모든 지급을 실행하기 위해 은행이 필요로 하는 준비금 액수는 은행화폐 액수에 비하면 극히 작은 일부에 지나지 않는다. 여기서 '부분 지준금 은행업'이라는 용어가 나왔다. 2008년 위기 이전까지 사실상 지준금 시장인 은행 간 화폐시장은 적절하게 작동했다. 이 덕분에 은행은 지급 의무 전부를 이행하기 위해 운영상 필요한 유동적인 지준금 잔고를 최소화할 수 있었다. 은행은 그 규모에 따라 고객들의 경상계좌 잔고 총액의 2~6%에 불과한 지준금으로 사업을 영위해왔다. 은행의 규모가 클수록 그리고 시장 집중도가 높을수록(즉, 은행의 수가 적을수록—옮긴이) 은행 부문이 필요로 하는 지준금 규모는 감소한다.

좀 더 엄밀히 말해서 무엇이 필요 지준금(reserves base)을 최소화할 수 있게 해주는 것일까? 여기에는 다음과 같은 네 가지 메커니즘 또는 조건이 있다. 첫째, 은행 부문 내부에서 보면 준비금 유출은 곧 준비금 유입이다. 은행들 간의 지급이 연속적으로 일어나므로 어느 은행이든 지급에 따르는 유출액과 유입액은 거의 같아지는 경향이 있다.

---

[28] (옮긴이 주) 한 은행은 자신의 지준금 잔고가 최소지준금보다 적어지게 되면 초과 지준금을 가진 타 은행에서 1일물로 준비금을 차입할 수 있다. 이 준비금 거래시장을 '콜 시장' 그리고 콜 시장에서 형성되는 금리를 '콜금리'라 한다. 그런데 만약 은행들 전체 차원에서 지준금 부족이 발생하면 중앙은행이 은행들에게 준비금을 대출(1일물 당좌대월)해준다. 이때 중앙은행은 이러한 은행들의 지준금 수요를 구조적인 이유로 수용할 수밖에 없다. 이른바 중앙은행의 수용주의란 이 점을 포착한 것이다.

둘째, 개별 고객의 관점에서 보면 개개의 지급이 이루어지는 시점과 금액은 불균등하게 분포한다. 모든 고객이 동시에 지급을 시행하는 일은 없고, 지급도 대개 계좌잔고 전액을 한 번에 이체하는 것이 아니라 그중 작은 일부만 이체하는 방식으로 이루어진다. 그래서 은행은 어떤 시점에서든 은행화폐 총액 대비 상당히 작은 비중의 지준금만 있어도 되는 것이다. 무현금 지급이 더 널리 확산되고, 기술적으로 더 효율적으로 이루어질수록 그리고 은행 부문의 시장 집중도가 높아질수록—은행의 수는 줄어들지만 그 규모가 커질수록 단순히 장부상 기록으로 결제되는 같은 은행 고객들 간의 내부 지급이 전체 지급에서 차지하는 비중은 높아진다—상기 메커니즘의 효과는 더 커진다.

세 번째 조건은 고객의 은행화폐와 은행의 중앙은행 준비금의 비분리성이다. 즉, 고객의 화폐와 은행의 화폐는 서로 독립적으로 존재하지 않으며, 서로 분리될 수도 없다. 은행의 모든 대외 지급 거래는 하나의 동일한 중앙은행 계좌를 통해 이루어진다. 현행 시스템의 틀 내에서는 은행의 지급수단(현금과 준비금)이 고객의 계좌잔고에 들어가 존재하는 일은 있을 수 없다.[29] 은행화폐는 고객에 대한 은행의 부채로서 거의 대부분 보장되지 않는다.

끝으로 넷째, 화폐공급이 증가하고 있는 한, 상기 메커니즘 전체는 더욱 원활하게 작동하며, 은행의 신용 제공도 확대된다. 이에 따라 은행의 재

---

[29] (옮긴이 주) 먼저, 현금의 경우를 보자. 고객이 현금을 계좌에 입금하면 이 현금은 즉각 은행화폐로 바뀌어 해당 고객의 예금잔고를 증가시킨다. 은행의 소유가 된 이 현금은 은행의 (현금)자산이 된다. 반대로 고객이 계좌에서 현금을 인출하면 계좌잔고가 감소하고, 은행의 현금자산(시재금)이 감소한다. 따라서 현금은 고객의 예금잔고에 존재하지 않는다. 다음, 중앙은행 준비금의 경우를 보자. 서로 다른 은행에 계좌를 가진 고객들 사이에 은행화폐의 송금이 이루어지면 해당 은행들은 각자의 고객 계좌에 입금 또는 출금을 시행함과 동시에 해당 금액만큼의 중앙은행 준비금을 주고받는다. 즉 고객의 계좌 잔고에 있는 은행화폐는 은행들 사이에 직접 이체되지 않으며, 중앙은행 준비금은 언제나 은행의 중앙은행 계좌들 사이에서만 이전되고 고객들의 은행계좌에 들어오는 경우는 구조적으로 있을 수 없다는 것이다.

무상태표 규모와 은행화폐 공급은 거의 동일한 속도로 늘어난다. 이리하여 ―화폐, 신용 및 채무가 크게 증가하더라도― 은행 부문 내부에서 지급이 이루어져야 할 적자 또는 흑자는 일정한 한도 내에 머물게 되고, 이것들은 준비금의 은행 간 대출을 통해 그리고 궁극적으로는 중앙은행의 추가 대출을 통해 관리될 수 있다.

2.3.2 제2층 비활성 은행화폐

은행화폐 스톡 총액은 은행화폐의 유동적인 부분인 요구불 예금보다 훨씬 더 큰데, 이는 은행화폐 스톡의 상당한 부분을 다양한 종류의 저축예금과 정기예금이 차지하고 있기 때문이다. 유로존의 경우 이 부분은 합계 20조 유로로 유동적인 은행화폐의 9.5조 유로보다 두 배 이상 더 크다.[30] 은행화폐의 이 부분은 공식적으로 추후 통지가 있을 때까지 또는 만기까지, 실제로는 더 먼 장기까지 비활성 상태에 놓이며 유통하지 않는다. 총통화(monetary aggregate)(M2―옮긴이)에서 저축예금과 정기예금이 차지하는 비중은 주기적으로 등락하지만, 스톡 총액은 안정적인 추세를 보여준다. 이처럼 일시적으로 비활성화된 은행화폐를 지칭하는 기술적인 용어는 준-화폐(near-money)이다. 이 예금은 언제든지 사용 가능하다는 점에서 그런 식으로 충분히 기록되지는 않는다 해도 사실상 유동적인 예금이다.

    은행화폐의 '유동적인' 부분은 고객인 비 은행 주체만 사용할 수 있으며, 은행은 고객의 요구에 따라 은행화폐의 이체를 실행할 뿐 고객의 계좌 잔고를 자기명의거래(proprietary transactions)[31]를 위해 이용할 수 없다. 은행화폐의 '비활성' 부분은 고객'도' 사용할 수 없을 뿐만 아니라 널리 알려져

---

30   ECB, *Statistical Data Warehouse*, Monetary aggregates.
31   (옮긴이 주) 영리를 위해 자신의 명의로 하는 거래로서 타인들의 거래를 중개하고 수수료를 취하는 중개적(intermediary) 거래에 대응한다.

있는 바와는 달리 은행'도' 사용할 수 없다. 이 예금은 해당 은행의 대출 가능 자금(loanable funds)으로 사용될 수 '없기' 때문이다. 은행은 비 은행 주체를 위해 은행화폐를 창조한다. 은행은 은행 간 거래를 위해 고객 소유의 은행화폐를 사용하지 않으며 사용할 수도 없다.[32] 은행 간 지급을 위해 은행은 중앙은행 지준금을 조달해야 한다. 은행은 고객 예금을 통해서는 기껏해야 준비금을 확보할 수 있을 뿐이다. 예를 들어 은행이 외부로부터 신규 고객과 그의 신용 잔고를 유치하는 데 성공하면, 이 고객의 이전 은행으로부터 그만큼 추가적인 준비금을 수령할 수 있는 것이다. 그렇지만 비활성 은행화폐가 아무런 쓸모도 없는 것은 아니다. 예를 들어 그것은 고객에게는 저축과 자기자본으로서 비상금 역할을 할 수 있고, 은행에게는 중앙은행 준비금 소요분을 줄여줌으로써 은행화폐의 추가 확대, 즉 추가 창조를 용이하게 만들어줄 수 있는 것이다.[33]

2.4 제3층 : 새로운 화폐 대용물(MMF 지분, e-머니, 스테이블코인, 보완통화)

지금까지 화폐 시스템은 중앙은행과 은행 부문 또는 중앙은행화폐와 은행화폐로 구성되는 이층 시스템(two-tier system)으로 묘사되어왔다. 그러나 1980년 무렵부터 새로운 지급수단들이 추가되었다. 그중 특히 주목할 만한

---

[32] (옮긴이 주) 어떤 이유로든 고객이 은행에 예치한 모든 예금은 은행에게는 고객에 대한 부채이기 때문에 은행은 예금을 직접 자신을 위해 사용할 수 없다. 그 대신 은행은 대출이나 구매를 위해 필요한 돈(은행화폐)은 언제든지 신용창조 기법으로 창조해서 확보할 수 있으며, 자산으로 보유하는 현금, 준비금, 대출채권은 대출을 위한 담보로 활용할 수 있다.

[33] (옮긴이 주) 은행의 경우 비활성 예금에 적용되는 지급준비율은 활성 예금의 경우보다 더 낮다. 그래서 은행의 의무 준비금은 그만큼 줄어들며, 이는 역으로 은행이 그만큼 더 많은 대출을 통해 은행화폐를 창조할 수 있음을 의미한다.

것은 단기금융펀드(MMF) 지분, e-머니, 보완통화 그리고 가장 최근에 출현한 스테이블코인이다. 이 새로운 화폐 대용물들은 주로 은행화폐에 기반을 두고 있기 때문에 이층 시스템이 삼층 시스템으로 변모한 것이다. 새로운 화폐 대용물들은 은행화폐 및 부분적으로는 새로운 화폐유형들과 1:1 교환을 기반으로 다양한 방식으로 발행된다. 이렇게 교환된 화폐는 새로운 화폐 대용물을 보장하기 위해 보관되어 있어야 하는 것이 아니라 투자 등 다른 거래를 위해 사용될 수 있다. 이는 화폐공급이 그만큼 늘어난다는 것을 의미한다.

새로운 지급수단의 발행자로는 핀테크(fintechs)[34], 빅테크(bigtechs)[35], IT 기업, 웹 기업, 지급 서비스 및 금융 브로커 등이 있다. 이들은 전통적인 은행이 아니며, MMF처럼 은행법인 산하의 독립 사업체인 경우에도 마찬가지이다. 그러나 새로운 지급수단의 발행자는 사실상 새로운 종류의 화폐적 금융기관으로서 은행과 같다. 이 점에서 그들은 비화폐적 또는 비 은행 금융기관과는 다르다. 그래서 새로운 화폐 대용물 발행자를 그림자은행(shadow bank)으로 분류하는 것은 굳이 말하자면 정확한 것도 틀린 것도 아니다. 한편으로, 새로운 화폐 대용물 발행자는 나름의 방식으로 예금을 수취하고 또 화폐 서비스를 제공한다는 점에서 이를 그림자은행으로 보는 것을 틀렸다고 할 수는 없다. 그러나 다른 한편으로 대다수 그림자은행은 금융 중개자(대부업체, 신용 및 투자 브로커, 기관투자자)로서 자체 지급수단을 발행하지 '않으며' 항상 은행화폐로 사업을 한다는 점에서 그림자은행으로 보는 것은 적절하지 않다. 그래서 예를 들어 미국 통화감독청(US Office of the

---

[34] (옮긴이 주) 금융(finance)과 기술(technology)의 합성어로, 모바일, 빅 데이터, SNS 등의 첨단 정보기술을 기반으로 한 금융 서비스 및 산업의 변화와 금융과 IT의 융합을 지칭한다.

[35] (옮긴이 주) 구글, 아마존, 메타, 애플 같은 대형 IT 기업을 뜻하는 말. 국내 금융산업에서는 네이버와 카카오 등 온라인 플랫폼 제공 사업을 하다가 금융시장에 진출한 업체를 지칭하는 말로 주로 쓰인다.

Comptroller of the Currency)은 새로운 화폐유형의 발행자를 관련 법규의 부재를 이유로 잠정적으로 특수목적 은행(special-purpose banks)으로 간주한다.[36]

이 화폐 대용물들 전체에 대해 제기되는 핵심 문제는 발행자의 제도적 지위와 발행되는 화폐단위의 보장에 관한 것이다. 이 점에서 MMF와 e-머니는 이미 규제를 받고 있다. 스테이블코인은 아직 규제를 받고 있지 않거나 규제를 받고 있다 해도 여전히 불충분하다. 제3층 화폐 대용물의 보장 문제가 제기되는 이유는 제2층 부분 지준금 은행 제도에서 은행화폐의 보장 문제가 제기되는 이유와 동일하다. 이러한 화폐들은 그 총액(quantity)이 그보다 낮은 층이나 그와 동일한 층의 화폐로 보장되어야 한다. 이러한 보장이 필요한 까닭은 이 화폐들의 태환(convertible or redeemable) 요청에 반드시 부응할 수 있어야 한다는 데 있을 뿐만 아니라 통화정책의 유효성과 화폐 시스템의 관리 가능성을 유지해야 한다는 데 있다.

여기서 제기되는 논쟁점은 새로운 화폐 대용물은 100% 보장되어야 하는가 아니면 이보다 낮은 수준이어도 되는가, 그리고 그 보장용 담보가 은행화폐로 보유되어야 하는가 아니면 오히려 중앙은행화폐나 준-화폐 또는 현금 등가물이나 심지어는 장기 공채(long-term debentures), 채권(bonds) 및 여타의 자본자산(capital assets)[37]으로 보유되어야 하는가이다.

보장의 규모가 클수록 그리고 그 담보가 유동적인 것일수록 통화정책의 자극이 전달되는 효과는 커지고, 각 화폐 대용물의 화폐적 안전성은 높아지는 대신 그것이 가져다줄 수 있는 이득은 작아질 것이다. 역으로 보장의 규모가 작을수록 그리고 그 담보가 유동성이 낮은 것일수록 화폐적 통제

---

36 Gorton and Zhang (2021, pp. 18~19).
37 (옮긴이 주) 세법상 오랜 기간에 걸쳐 금전적인 가치 상승(자본이득)을 기대할 수 있으며 비즈니스 목적으로 사용되지 않는 자산을 의미한다. 땅이나 건물 그리고 장비 등이 포함될 수 있다.

는 약화되고 화폐 대용물의 화폐적 안전성은 감소하는 반면 그 발행이 가져다줄 잠재적 이윤은 커질 것이다.[38]

2.4.1 단기금융펀드 지분

단기금융펀드(MMF)는 투자자의 은행화폐를 단기 국채와 여타 상급 증권에 운용하는 투자 트러스트이다. 투자은행과 비화폐적 금융기관은 MMF 지분을 대안적인 예금인 것처럼 하나의 지급수단으로 사용한다.[39] MMF는 1970년대에 미국에서 등장했다. 그 등장 배경은 당시의 고 인플레이션 하에서 예금금리에 공식적으로 낮은 수준의 금리 상한제가 적용되었는데, MMF는 이 제도의 적용을 받지 않아 더 높은 이자를 지급할 수 있었다는 데에 있다. 유럽에서는 MMF가 1990년대에 들어서야 확산되었다.

MMF의 잔고 총액은 상당한 규모에 달한다. 미국에서 2008년 위기 때 그 규모는 3.8조 달러였는데, 이 액수는 M1의 120%에 해당하며, 현금과 유동적인 은행화폐의 합계액보다 더 많다.[40] 그 후 MMF의 규모는 다소 감소했다가 2007년부터 다시 확장세로 돌아섰고, 지금은 4.5조 달러로 정점을 찍고 있다. 이 금액은 사용 가능한 은행화폐(당좌예금) 4.8조 달러와 맞먹을 정도이다.[41] 유럽연합에서 MMF 총액은 2008년에 M1의 1/3 정도였는

---

[38] (옮긴이 주) 이러한 관계가 성립하는 까닭은 보장을 위한 담보가 무엇이냐에 따라 리스크와 비용이 달라진다는 데 있다.

[39] 단기금융펀드 지분(MMFs)에 대해서는 Baba et al.(2009), Hilton(2004) 및 Mai(2015)를 참조하라.

[40] FRED Economic Data Series(경제 데이터 시계열): MMF 합계, 소매 MMF, M1, 요구불예금. 미국의 경우 M1에서 현금 비중은 매우 높고, 요구불예금의 비중은 다른 나라들보다 낮다. 이는 미국 달러 현금의 대부분이 해외에서 유통되고 전 세계의 금고들에 보관되어 있기 때문이다.

[41] FRED Economic Data Series: MMF 합계, 소매 MMF, M1, 요구불예금, 당좌예금 합계. 그 이후 은행화폐와 M1이 훨씬 더 많이 늘어나 현재 MMF는 M1의 4분의 1에 지나지 않는다. 이는 양적완화의 확장적 통화정책에 기인한 것이므로 일반적인 상황과 같은 방식으로 해석하면 안 된다.

데, 현재는 약 1조 유로에 달한다.[42] MMF 지분 중 어느 정도가 규칙적으로 또는 간헐적으로 지급수단으로 사용되고 있는지는 공식 통계로는 알 수 없지만, 그 비중이 1/2에 못 미친다 해도 여전히 시스템에 영향을 줄 수 있을 정도의 화폐량일 것이다.

MMF는 그 투자 가치가 투자된 금액의 99.5% 아래로 떨어지지 않도록 관리된다. 기본적으로 1펀드단위는 1통화단위이어야 한다. 그러나 위기에서는 이 규정이 항상 지켜지지는 않는다. 은행화폐와 달리 MMF 지분은 거의 전액 보장되어 있다 해도 보장용 기금과 증권의 가치는 등락하게 마련이고 위기 발생 시에는 폭락할 수도 있기 때문이다. MMF에 대한 태환 쇄도가 2008년과 2020년에 발생한 적이 있다. 예를 들어 리저브 프라이머리 펀드(Reserve Primary Fund)[43]는 리먼(Lehman) 투자은행의 파산 직전에 붕괴했다. 미 연준과 재무부는 위기와 같은 사건이 발생하면 MMF도 은행처럼 지원을 해야 한다는 의견을 가지고 있다.[44] 이는 제2층 은행화폐의 불안정성에 대한 대응책을 새로운 제3층 화폐 대용물에도 적용하자는 것이나 마찬가지이다.

MMF 지분은 화폐(money)가 아니라 증권(securities)으로 설계되었다. 그러나 MMF 지분은 예금처럼 쉽게 이전될 수 있어 화폐처럼 널리 사용된다. 그럼에도 불구하고 그것이 (화폐가 아니라―옮긴이) 수익 증권이라는 사실에는 변함이 없다. 이러한 의미에서 MMF 지분은 이자부(interest-bearing) 지급수단이며, 이 점에서 e-머니, 스테이블코인, 여타 암호통화 및 보완통화와는 다르다.

---

[42] www.consilium.europa.eu/en/infographics/money-market-funds, September 28, 2022 기준. Baba et al.(2009), Hilton(2004), 및 Mai(2015).

[43] (옮긴이 주) 1970년에 창설된 최초의 단기금융펀드이다.

[44] Gorton 및 Zhang (2021, pp. 22~25).

MMF 지분은 그림자 화폐(shadow money)라는 별칭을 가지고 있다.[45] 어떤 논자들은 MMF 지분을 그림자 화폐로 간주할 뿐만 아니라 자산 담보부(asset-backed) 증권과 1일물 레포(overnight repos)로 간주하기도 한다.[46] 그러나 이 금융 도구들은 지급수단으로 사용되지는 않는다. 그것들은 담보나 저당용으로 봉사함으로써 최종 만기 도래 이전에 자본을 동원함으로써 유동성을 제공하는 데 도움을 준다. 이는 화폐의 추가 창조가 아니라 화폐 유통의 가속화를 통해 이루어진다.

2.4.2 e-머니

e-머니는 1990년대에 출현했고, 2000년경부터 법적 규제를 받고 있다. e-머니는 은행과 허가받은 e-머니 기관(institute)에 의해 발행되며, 다른 행위자들에 의해 지급수단으로 수락되고 있다. e-머니 단위(units)의 최초 운반 수단은 e-머니 단위의 충전이라는 부가 기능을 가진 은행 직불카드(debit card)였다. 나중에 선불 신용카드 잔고와 모바일 e-머니 앱이 운반수단으로 추가되었다. 은행을 제외하고 보면, 현재 e-머니 기관은 주로 지급결제 서비스 제공기관(PSP)과 페이팔(PayPal)이나 아마존 페이먼츠(Amazon Payments) 같은 웹 기업이다. 2000년 이후 유럽연합에서 e-머니 거래가 해마다 기하급수적으로 늘어나 2021년에는 거래액이 6조 유로를 넘어섰다.[47]

비 은행 e-머니 기관은 은행화폐와 1:1 교환을 기반으로 e-머니를 발행해야 한다. 이때 은행화폐는 제삼자의 에스크로 계좌(escrow accounts)에

---

[45] Cf. Murau (2017).

[46] McMillan (2014, pp. 65~80).

[47] Statista.com/statistics/443399/electronic-money-payment-in-european-union. 2022년 10월 3일 기준. e-머니와 전자적 지불 방법에 관한 규정은 통화지역마다 다르거나 규정이 아예 없는 통화지역도 있다. 이 규정들은 나라에 따라 비 은행 지급 서비스 부분만 다루거나 은행 중개 지급 부분만 다루고 있어 의미 있는 국제 비교가 어려운 상황이다. 참조: Ehrentraud et al. (2021).

보관되어야 한다.[48] 그중 작은 일부는 준-화폐나 현금 등가물에 투자될 수도 있다. 또 다른 선택지는 e-머니 발행액을 보험에 들어두는 것이다. 은행의 경우에는 예를 들어 선불카드에 e-머니를 발행할 때 발행액과 동액의 고객 예금 풀을 창조한다. e-머니 규제는 100% 보장을 요구하기 때문이다. 특히 이 보장은 은행화폐로 이루어져야 하므로, e-머니를 통한 화폐공급 확대는 제한된다.

개도국들에서 은행계좌 보유 인구의 비율은 15%에서 70%까지 나라별 편차가 크다. 계좌 보유자의 대다수는 동아시아에 거주하며, 아프리카 나라들의 비중이 가장 작다. 평균적으로 보면 개도국 가계들의 고작 절반 정도가 은행계좌를 가지고 있다.[49] 그러나 개도국 국민은 대부분 현금을 사용하지만, 지금은 휴대폰을 가지고 있어 이 나라들에서도 e-머니의 확산은 가능하다.

그 선도적인 사례는 엠페사(M-Pesa)이다. 2007년 케냐에 처음 설립된 후 다른 나라들로 확산했다. 엠페사라는 명칭은 '모바일 현금'을 의미하며, 사실상 모바일 e-머니 단위는 주로 교환된 현금(swapping cash)에 기반을 둔다. 수천 개에 달하는 엠페사 대리점은 대부분 소매상으로서 고객이 불입한 현금을 휴대폰 운영사의 회계단위로 전환해준다. 불입된 돈은 통신사가 상업은행 계좌에(따라서 은행화폐로) 보관한다. 회계단위는 에어타임 단위(airtime units)이며, 그 가치는 해당국의 화폐단위 가치와 같다. 사용 가능한 에어타임 잔고는 특수한 전자지갑 앱을 사용하는 지급자로부터 수령자에게 실시간 직접(P2P) 이체될 수 있다. 이 서비스의 이용료는 싼 편은 아니지만

---

[48] 관련 정보를 제공해 준 Simon Hess에게 감사드린다. (옮긴이 주) 에스크로 계좌는 미래의 지불을 위해 또는 특정 조건의 충족 시까지 일정한 금액을 보관하기 위해 제3자 명의로 개설된 특별한 유형의 계좌이다.

[49] Oliveros and Pacheco(2016).

은행의 유사한 서비스보다는 덜 비싸다.[50] 그동안 엠페사의 유통은 확고하게 정착했다. 현금은 엠페사로 계속 교환되고 있는 반면, 엠페사가 다시 현금으로 태환되는 규모는 이보다 훨씬 적기 때문이다.

 e-머니는 특히 짐바브웨, 우간다, 케냐, 잠비아 및 르완다는 물론 캄보디아에도 확산되었다.[51] 라틴아메리카와 아프리카의 여러 나라에서 제공되고 있는 유사한 시스템은 티고 캐시(Tigo Cash)인데, 여기서는 에어타임이 아니라 바로 법정통화단위로 이체된다.[52] 개도국과 신흥공업국에서 e-머니는 금융 포용의 실천을 용이하게 해주는 혁신의 한 사례이다. 그리고 이로부터 이 나라들이 특히 범용 소매용 중앙은행 디지털화폐(CBDC)의 조속한 도입에 큰 관심을 갖는 이유를 알 수도 있다.[53]

2.4.3 스테이블코인

스테이블코인은 암호화폐의 특수한 형태의 하나이다. 이 역시 은행화폐 그리고 주로 비트코인 같은 다른 디지털토큰과 교환으로 발행되기도 한다. 스테이블코인은 코인 공개발행(ICO) 방식으로 발행되는데, 이 용어는 주식 공개발행(IPO)에서 차용한 것이다. 스테이블코인 1단위는 은행화폐 또는 1달러 가치를 가진 비트코인으로 판매되며, 발행자는 양자의 1:1 평가(parity)가 약간의 편차 내에서 유지되도록 관리한다. MMF와 꼭 마찬가지로 이

---

[50] Groppa and Curi(2019, pp. 5~6, 16).

[51] Garrido 및 Nolte(2021).

[52] tigomoney.com/py/home-py, https://ayuda.tigo.com.py/hc/es/articles/360047861053-Funcionalidades-de-la-billetera-Tigo-Money, 2022. 5. 11 기준.

[53] (옮긴이 주) e-머니는 은행 계좌 없이 지급이 시행될 수 있으므로 은행이라는 중개기관이 필요 없다는 점에서 혁신적이며, 소매용 CBDC 역시 P2P 거래가 가능하므로 이와 동일한 효과를 거둘 수 있기 때문이다.

러한 가치 유지가 항상 보장될 수 있는 것은 아니다.

달러 환율은 변할 수 있지만, 스테이블코인의 미국 달러에 대한 가치 고정(peg)은 변하지 않는다. 즉, 스테이블코인은 일정한 가치(구매력)를 약속하는 것이 아니라 특정한 국가통화를 닻으로 삼아 이에 대한 가치의 안정적인 고정(peg)을 약속한다. 이 점에서 가치의 급등락을 보이는 비트코인이나 이더 같은 무담보 암호화폐와 대비된다.

유럽연합에서 유로 표시 스테이블코인은 e-머니 토큰으로 간주되며, 그래서 e-머니에 준하는 규제를 받는다. 그러나 대다수 암호화폐와 마찬가지로 대다수 스테이블코인은 미국달러로 표시되며, 나머지 소수의 스테이블코인만 유로, 파운드 및 엔으로 표시된다. 미국에서 암호토큰은 아직은 특별한 규제를 받지 않는다. 스테이블코인은 발행자의 자체 규제(self-obligation)에 따라 태환될 수 있다.[54]

이리하여 스테이블코인은 부분적으로는 e-머니와 유사하고 또 부분적으로는 MMF 지분과 유사하다.[55] 하지만 기술적인 면에서 스테이블코인은 디지털토큰(digital token) 형태를 취한다. 지급은 한 전자지갑에서 다른 전자지갑으로 토큰의 직접 이전으로 실행되고, 이 이전은 컴퓨터 네트워크상의 분산원장에서 확인되고, 최종적으로 이 거래는 블록체인에 문서로 기록된다.

현재 시가총액(market capitalisation)[56] 기준으로 3대 스테이블코인은 테더(Tether), 유에스디 코인(USD Coin) 및 바이낸스 유에스디(Binance USD)이다. 2022년 5월 스테이블코인의 스톡 총액은 1,800억 달러에 달한

---

54 Gorton and Zhang(2021, pp. 10-24).
55 Cf. Hess(2019) 및 Gorton and Zhang(2021, pp. 10-24).
56 (옮긴이 주) 주식 총수에 현재 주가를 곱한 금액. 상장기업의 가치를 측정하는 지표의 하나이다.

다.⁵⁷ 이 금액은 같은 시점에 2조 4천억 달러에 달하는 암호화폐 전체의 시가총액 합계에 비하면 여전히 작아 보인다.⁵⁸ 그러나 2020~2021년에 스테이블코인은 눈부신 도약을 했다. 게다가 시장을 결정하는 것은 더 이상 컴퓨터 전문가들(nerds)이 아니라 대형 기관투자자와 여타 전문 트레이더들이다. 이들이 거래액의 95%를 차지하기 때문이다.⁵⁹ 이처럼 대기업의 수적 증가는 대기업들이 암호화폐, 특히 스테이블코인을 사용할 의도가 있음을 보여준다.⁶⁰ 이와 더불어 2021년에 미국의 성인 중 22%가 암호화폐를 보유하고 있으며, 51%가 때때로 암호화폐 거래를 한 적이 있다는 조사결과에서 암호화폐 사용자 기반이 확대되고 있음도 알 수 있다.⁶¹

여태까지 스테이블코인은 대개 암호화폐 거래소들(crypto exchanges) 간의 이체를 위해 사용되어왔다. 스테이블코인은 변동성이 심한 무보장 암호화폐의 가격이 급락 위험을 보일 때 안전한 피난처로 활용되기 때문이다. 그러나 다른 금융 및 상업 거래도 스테이블코인에 기반을 두는 경우가 점차 늘어나고 있다. 비트코인의 대부분은 스테이블코인 테더(Tether)와 미국달러 표시 은행화폐와 거래되며, 이 두 거래의 비중은 거의 비슷하다.⁶² 스테이블코인과 무보장 암호화폐의 교환 거래는 위험을 동반하는데 스테이블코인은 아직까지 이 위험에서 자유롭지 못하다.

2020년 페이스북이 출시한 리브라는 일종의 스테이블코인으로 구상되었다. 리브라는 은행화폐 및 현금 등가물과 1:1교환이 보장되고, 그 가치는 국제 통화 바스켓으로 표현되었다. 공지된 바에 따르면 리브라 통화 바

---

57 Coinmarketcap.com/en/view/stablecoin, 2022. 6. 6 기준.

58 Coinmarketcap.com/en/charts, coingecko.com/en, 2022. 6. 6 기준.

59 Chainanalysis, repr. *The Economist*(2021. 8. 7., p. 53, 2022. 2. 5., p. 36).

60 Birch(2022).

61 Howarth(2022).

62 *The Economist*(October 12, 2019, p. 68).

스켓의 50%는 미국달러로, 나머지는 유로, 파운드, 엔, 싱가폴달러 및 스위스프랑으로 구성되었다. 수많은 글로벌 금융 및 상업 기업들로 구성된 신디케이트가 이 계획에 참여했고, 고객 수는 수억 명에 달할 것으로 추정되었다.[63]

이처럼 초국가적인 통화 바스켓에 기반을 둔 스테이블코인은 곧 시스템적 관련성을 확보하고 개별 국가통화보다 훨씬 우월한 잠재력을 가질 것이다. 이는 바로 그 초국가적인 성격과 전 세계에 산재한 고객 군 덕분일 것이다. 이로 인해 리브라 구상은 범세계적으로 강력한 정치적 반대에 부닥쳤다. 논란의 쟁점은 리브라가 스테이블코인이라는 점에 있는 것이 아니라 초국가적인 통화 바스켓에 기반을 둔다는 점에 있었다.

이 프로젝트에 대한 강력한 정치적 반대 때문에 페이스북은 2020년에 리브라를 디엠으로 이름을 바꾸는 등 상당히 수정된 프로젝트를 재출시했다. 수정의 핵심은 디엠을 미국달러 표시 화폐 및 현금 등가물에 의해서만 보장되도록 한 데 있다.[64] 디엠 본부도 스위스에서 미국으로 옮겼다. 나중에 이 수정 프로젝트는 미국 정계와 당국의 환영을 받았다. 그러나 이 와중에 신디케이트 회원사들이 대거 빠져나갔다. 그중 몇몇 회원사는 스테이블코인과 은행화폐 간의 이해 상충을 명확하게 인식했고, 또 다른 몇몇 회사는 예상되는 엄격한 보장 요건 때문에 프로젝트의 수익성이 사라졌다고 판단했다. 결국 이 프로젝트는 2022년 초에 포기되었다.[65] 페이스북[지금은 메타(Meta)]은 새로운 암호코인을 사용하고 있다. 이 에피소드의 결말과는 상관없이 스테이블코인은 이제 막 그 발전을 시작했을 뿐이다.

---

63   Libra Whitepaper(2019).

64   Diem Association(2020), Dalton(2020), 및 De(2020).

65   cnbctv18.com/cryptocurrency/adieu-diem-how-metas-short-lived-stablecoin-dream-ended-12351742.htm, 2022. 2. 4 기준.

민간 암호화폐의 화폐적 성격(moneyness)에 관한 문제는 아직 해결되지 않았다. 문제는 스테이블코인을 비롯한 암호코인을 화폐로 분류할 것인가 아니면 새로운 유형의 증권으로 분류할 것이냐에 있다.[66] MMF 지분에 대해서도 이 문제는 명확하게 해결되지 않고 있다. MMF 지분은 하나의 증권이지만 광범하게 그리고 규칙적으로 지급수단, 즉 화폐로 사용되고 있다. 유로존에서 MMF 지분과 e-머니는 특별한 규제를 받고 있다. 스테이블코인은 e-머니로 취급된다. 스테이블코인 발행자는 e-머니 발행 허가를 받아야 하고, 다른 유형의 화폐나 현금 등가물로 100%에 가까운 담보를 유지해야 한다. 미국에서는 스테이블코인이 오히려 증권으로 간주되지만, 상황은 부분적으로 유럽과 유사하다. 미국 e-머니 기관들은 송금업자(Money Transmitter) 허가를 받아야 하지만, 담보의 종류와는 상관없이 100% 보장 약속을 해야 하는 것은 아니다. 높은 보장을 약속만 하고 실제로는 이행하지 않는 스테이블코인 발행자도 있다. 테더(Tether) 등 또 다른 스테이블코인 발행자들은 그러한 보장을 약속하지 않는 대신 달러와 1:1 고정(peg) 유지를 약속하고 있어 금융 감독을 받고 있다. 이 점은 역으로 다른 유형의 화폐와 현금 등가물로 신뢰할 수 있을 정도로 높은 보장이 제공되고 있음을 의미한다.[67]

테더는 2021년에 약속을 어겼다. 감사를 받던 날 유동성 보장율(liquid coverage)은 발행된 디지털토큰의 고작 5%에 불과했고, 유동성은 달러 은행화폐와 미 재무부 단기채권(bills)으로 구성되어 있었다. 이 달러들은 오전 동안에만 예치되어 있었고, 그중 일부는 곧 어딘가로 이체되었다. 수억 달러의 행방이 묘연했다. 준비금의 나머지는 대부분 좀 더 위험한 상업어음과 회사채로 구성되었고, 그 나머지는 대부분 비트코인이었다. 약간의 가치

---

66 Gorton 및 Zhang(2021, pp. 6~17).

67 Clifford Chance & R3(2019).

손실만 발생해도 테더는 자신의 토큰을 태환해줄 수 없었을 것이다. 테더의 보장 기금 구성은 사기로 판정되어 1,850만 달러의 벌금이 부과되었고, 그 보장 기금에 관한 부정확한 정보 제공을 이유로 4,100만 달러의 또 다른 벌금이 부과되었다.[68]

MMF 지분과 스테이블코인을 새로운 유형의 증권으로 간주한다 해도 이것들은 지급수단으로 광범하게 유통하고 있다는 점에서 새로운 화폐유형이기도 하다는 사실을 부정하기는 어렵다. 게다가 이것들이 공식 국가통화로 표시된 다른 화폐와 현금 등가물로 거의 100% 보장되는 화폐 대용물이라는 점에서 더욱 그러하다. 이와는 대조적으로—수많은 회사가 비트코인을 지급수단으로 수락한다고 홍보하고 있지만—비트코인 거래는 주로 투기적인 금융 투자이며, 올바르게도 그렇게 분류되고 있다. 비트코인은 규칙적인 지급수단으로는 물론 심지어 합리적인 예측이 가능한 증권으로도 간주되지 않는다. 비트코인은 화폐나 준-화폐 자산에 의해 보장되지 않으며, 그 가치가 국가통화에 고정되어 있지도 않다는 점에서 더욱 그러하다. 이 점은 모든 무담보 및 무보증 암호화폐에 대해 기본적으로 타당할 것이다.

2.4.4 보완통화

보완통화(complementary currency)는 세계 전역의 많은 곳에서 등장했다. 보완통화는 심각한 경제위기 속에서 비상화폐(emergency money), 사회적 실험의 즐거움, 근린지역 재활성화를 위한 사회사업, 지역발전 등을 목적으로 발행되었다.[69] 보완화폐는 대부분 비영리 공동체나 지자체가 단순한 가증권(假證券; paper scrip)의 형태로 지역화폐 또는 특수목적 화폐로 발행한

---

[68] Dilmegani(2021). *The Economist*(2021. 2. 27, p. 11, 58).

[69] Overviews on CC in Greco(2001), Belgin and Lietaer(2011), Hallsmith and Lietaer(2011), Kennedy et al.(2012), 및 Lietaer et al.(2012).

다. 보완화폐가 은행화폐와 1:1 교환을 바탕으로 발행되는 경우에는 제3층의 화폐 대용물로 볼 수 있다. 보완화폐는 규제를 받지 않으며, 그래서 그 발행자는 자신이 원하는 방식의 보장을 시행할 수 있다. 대다수의 경우 보장용 담보는 현지의 저축은행이나 협동조합은행에 예치된다.

많은 보완화폐 발행자가 실비오 게젤(S. Gesell)의 감가화폐(shrinking money) 개념을 신봉한다. 이 개념은 1916년으로 거슬러 올라가며, 오늘날에는 체선료(demurrage)로 언급된다.[70] 이것은 주기적으로 강제로 적용되는 일정한 감가율로 인해 발생하는 화폐적 손실을 의미한다. 이 개념은 2010년대의 제로 금리 환경에서 유럽중앙은행, 스웨덴 릭스방크 및 다른 중앙은행은 물론 많은 상업은행이 강제했던 마이너스 이자율(negative interest) 개념과 유사하다. 이 조치는 지출 증가와 이에 따른 경제 활성화를 가져다줄 것으로 기대되었다. 게젤은 과소소비 경기변동 이론(under-consumption theory of the business cycle)을 지지했다. 유로존에서 시행된 마이너스 금리는 통화 도피와 불안정한 지출 그리고 지출 대신 소득 보충을 위한 저축 증가 등의 행동을 조장해 기대와는 다른 결과를 초래했다. 감가화폐 개념은 인간의 행태에 관한 비현실적인 가정에서 그리고 부분적으로는 케인스의 유동성 선호 개념의 과장에서 비롯된 것임이 분명하다.

2.5 본원 수준 도전자 : 무담보 및 무보증 암호화폐 및 보완화폐

무담보 및 무보증 암호화폐는 물론 무보장 보완화폐는 앞선 화폐 분류학에

---

[70] Gesell (1958 [1916]). (옮긴이 주) 체선료는 선박 이용자가 화물 양륙이 늦어져 발생하는 비용과 손실에 대해 지불하는 일종의 위약금 또는 배를 빌려 쓰는 사람이 화물 선적이나 양륙이 늦어져 약정한 정박 기간을 경과하여 선주에게 추가로 지불하는 일종의 위약금을 말한다.

서 제4층을 형성하는 것이 아니라 전혀 다른 부류(class)의 화폐이다. 이것들은 오히려 일종의 민간 본원화폐로서 마치 그 자체가 명령화폐(fiat money)[71]인 것처럼 다른 어떤 화폐에도 의존하지 않기 때문이다. 그래서 무보장 암호화폐 및 보완화폐는 엄격히 말하자면 본원화폐가 되고자 하는 화폐로서 중앙은행과 재무부의 주권 본원화폐와 경쟁하는 민간 화폐라 할 수 있다.

1930년대의 위기 속에서 중앙은행과 정부들이 보완화폐를 금지하고 그럼으로써 위기의 심화까지 감수했던 까닭이 바로 여기에 있다. 오늘날에는 사정이 달라졌다. 보완화폐는 보장이 있든 없든 상관없이 그 유통 범위가 발행지 주변에 한정되어 더 넓은 범위로 전혀 확산하지 못하고 있다. 현재 유통 중인 보완화폐는 규모가 너무 작고 유통 범위도 너무 좁아 이를 하나의 도전으로 간주할 수는 없다. 1998~2002년의 아르헨티나 위기에서 그리고 일시적으로 라틴아메리카의 다른 나라들에서 무보장 보완화폐가 지역 경제의 정체와 어려움을 완화하기 위해 환영받았던 적은 있다.

현재 유통 중인 무보장 암호화폐로서 고전적이면서도 가장 중요한 사례는 비트코인이다. 비트코인은 '채굴' 알고리즘이 공급한다. 이 알고리즘은 '채굴자'에게 보상을 제공하는 비트코인 거래의 확인 과정 안에 구축되어 있다. 비트코인 채굴량은 시간이 흐를수록 알고리즘 속에 구축되어 있는 최대량에 접근하고 있다. 이 점에서 비트코인은 수익성이 있고 채굴 가능한 매장량이라는 지질학적 한도를 가진 금본위제와 유사하다. 비트코인은 이러한 인위적인 희소성 덕분에 자유롭게 화폐 생성이 가능한 다른 모든 암호화폐 유형을 위한 가치 강화 기반(value-enhancing anchor) 역할을 할 것으로 생각된다. 2008년 비트코인이 출현한 이래 그 교환가격이 전반적으로

---

71 (옮긴이 주) 라틴어 fiat(명령, 있어라)에서 유래했다. 증표화폐(또는 명목화폐)의 경우 정부나 중앙은행에 의한 가치 보장으로 화폐가 될 수 있고, 이런 화폐는 일종의 명령에 의해 창조된다는 것을 지칭한다.

상승해왔다는 사실이 이러한 기대를 재확인해주는 것으로 보이지만, 그 와중에 비트코인이 보여준 극단적인 가격 변동성은 오히려 이러한 기대를 무색하게 만든다.

비트코인의 뒤를 이어 출현한 수많은 암호화폐는 대부분 발행 수량의 한도를 없애버렸다. 이것들은 시장수요가 있는 만큼 코인 공개발행(ICO)을 통해 공급된다. 수량적 한도의 유무와는 별도로 암호화폐는 가치 보장을 위한 화폐적 또는 금융적 준비금이 아예 없다. 이 코인들이 은행화폐 또는 코인베이스(Coinbase)나 바이넌스(Binance) 같은 특수한 플랫폼상의 다른 암호코인과 교환될 수 있음은 확실하다. 그러나 이 교환은 플랫폼 운영자가 그러한 거래의 중개자 역할을 할 때만 가능하다. 비트코인은 태환 불가능한 것으로 설계된다. 또한 일반적으로 다른 무보장 토큰의 발행자 역시 코인의 회수 요청을 있는 대로 다 받아주어야 할 의무가 없다. 그것은 코인공개발행(ICO) 각각의 내용과 조건에 달려 있다.

무담보 암호화폐가 본원 수준에서 공식 국가화폐와 경쟁을 벌인다 해도 중앙은행과 정부들은 지금까지 암호화폐를 공식 통화에 대한 위협으로 간주하기를 주저하거나 미심쩍어했다. 2022년 초에 8,000개가 넘는 암호화폐가 존재하고, 그 총재고의 시장가치가 2.3조 달러에 달했음에도 불구하고, 2021년까지는 수없이 많은 소규모 암호화폐를 보완화폐보다 더 심각한 위협으로 간주해야 할 이유가 없다고 생각했음이 분명하다.[72] 상기 금액이 일시적인 강세장(bull market)의 고점에 해당하는 것이라 해도 그 정도 금액이라면 결코 무시할만한 수준은 아니다. 현재 유통 중인 암호화폐들은 대부분 향후의 경쟁과 집중 과정에서 사라질 운명에 처해 있다. 이 과정에서 소수의 암호화폐만 살아남아 훨씬 더 높은 비중을 차지할 것이다.

---

72 coingecko.com, 2021. 12. 9 기준. coinmarketcap.com/all/views/all, 2021. 12. 9 기준.

• • • •

제3장

지배 화폐. 은행화폐 체제

> **핵심 용어**
> 지배 화폐로서의 은행화폐, 은행화폐 체제, 중앙은행의 수용주의, 부분 지준금 은행업, 통화정책 효과 감소, 화폐적 신용과 중개적 신용, GDP 금융과 비 GDP 금융

3.1 지배 통화와 지배 화폐

'지배 통화(dominant currency) 패러다임'은 국가통화의 국제적 지배에 관한 이론으로서 오늘날 국가통화들의 국제적 편제에서 미국달러가 차지하는 지배적인 지위를 다룬다.[73] 이와는 달리 지배 화폐(dominant money) 이론은 지급수단의 흥망성쇠를 다룬다.

통화(currency)와 화폐(money)라는 두 용어는 의미가 부분적으로 중첩된다. 특히 통화와 현금은 종종 바꿔 사용되기도 한다. 이 책에서는 통화

---

[73] Gopinath et. al(2016), Gopinath and Stein(2018), Eichengreen(2011, pp. 39~68) 그리고 이들보다 앞서 나온 Hudson(2003 [1972], 2012, pp. 367~383)을 참고하라.

를 일국의 화폐적 회계단위를 지칭하는 것으로, 화폐는 특정 통화로 표시된 지급수단을 가리키는 것으로 사용한다. 그러나 이 두 용어가 우연히 혼용되는 것까지 완벽하게 피할 수는 없을 것이다.

고피나스(Gopinath) 외에 따르면, 지배 통화 패러다임은 수출입 가격이 지배 통화로 표시되고 환율의 쌍방성(bilateral exchange rates)[74]에도 불구하고 변하지 않는 경향이 있다고 본다.[75] 이 점에서 지배 통화 패러다임은 국제 가격의 설정이 지배 통화로 이루어지는 현상에 관한 것이다.[76] 좀 더 일반적으로 말하자면, 지배 통화는 국제 가격을 표시하고 송장 작성에 사용되는 통화이다(미국이 국제무역에서 차지하는 비중은 15%밖에 안 되지만 국제무역의 85%는 미국달러로 표시된다). 이와 마찬가지로 대부분의 국제 금융 거래도 지배 통화로 체결된다. 현재 비 은행 경제주체들의 국제 채무 중 2/3는 미국달러로 표시된다(유로의 비중은 1/5이다).[77] 게다가 미국의 연방준비제도이사회(이하 연준—옮긴이)와 은행 부문은 달러 기반 국제 지급결제 채널을 통제한다.

또한 지배 통화는 준비통화(reserve currency)로도 선호된다. 현재 국제 통화 준비금(즉, 외환 보유고—옮긴이)에서 미국달러는 64%, 유로는 20%, 엔

---

74 (옮긴이 주) 환율의 쌍방성이란 환율을 표현하는 두 개의 국가통화 중 어느 하나의 가치 변동으로도 변할 수 있음을 말한다. 그럼에도 국제 거래의 가격은 지배통화로 표시되므로 비 지배 통화의 가치 변동에 의해 국제가격이 변하는 일은 거의 없다는 것이다.

75 Gopinath Casas et. al(2016). Gopinath and Stein(2018).

76 Carney(2019).

77 바젤 소재 국제결제은행(Bank for International Settlements, BIS)의 데이터에 따름. 2008년에 미국달러 표시 국제채무의 비중은 50%였다. Eichengreen(2011, p. 2, 68, 123) 참조. (옮긴이 주) 국제결제은행은 애초 제1차 세계대전 후 독일 배상금 문제를 처리하기 위해 만들어졌지만, 이 문제가 마무리된 이후 각국 중앙은행들의 국제 협력 기관으로 재탄생했다. 스위스 바젤에 본부가 있으며, 중앙은행을 회원으로 하고 있어 '중앙은행들의 중앙은행'이라고도 불린다. 은행 감독 및 규제 조치들을 만들어내며, 대표적으로 은행의 자기자본 비율인 바젤 I, II, III이 있다.

과 파운드는 각각 4%를 차지한다. 중국 엔의 비중은 현재 1.2%이지만, 향후 수십 년 동안 상당히 증가할 것으로 보인다.[78] 각국은 자국 통화의 가치를 지배 통화에 고정(peg)함으로써 환율 리스크를 피할 수 있다. 그러나 이 경우 화폐 주권의 행사는 사실상 중단될 수밖에 없다. 그럼에도 소규모 또는 약성 통화를 가진 나라의 관점에서 보면 화폐 주권은 상대적인 것이다.

지배 '화폐'는 지배 통화 개념에서 단순한 유추를 통해 규정될 수 있는 개념이 아니다. 예를 들어 종종 인용되는 화폐의 가치저장(store-of-value) 기능은 기축 통화(lead currencies)의 준비금 기능과 유사해 보인다. 그러나 오늘날의 현실에서 '화폐'의 가치저장 기능은 단기 지출을 위한 충분한 유동성의 확보라는 의미로 축소되었고, 유동적인 화폐의 장기 보유는 화폐 축장(hoarding money)으로 지칭된다. 화폐 축장은 현대에서처럼 자유롭게 창조될 수 있는 명령화폐라는 조건 하에서도 문제를 일으킬 수 있다. 그러나 중세와 근대 초기에 실재했던 화폐 축장 문제는 이젠 통상적인 비즈니스 여건 하에서는 더 이상 존재하지 않는다. 축장 문제와 관련하여 케인스를 계승한 접근방식―유동성 선호 이론―은 화폐의 전반적인 부족이 아니라 지출, 대부 및 투자에 관한 행위자 의도의 변동을 다룬다. 오늘날 가치 저장용 자산은 보통 장단기 투자 '자본'의 형태를 취한다.

한 통화 영역 내에서 지배 화폐는 주어진 역사적 시기에 어떤 화폐형태가 시스템을 결정하는가, 즉 화폐 시스템과 통화정책의 작동방식을 결정하고 또 화폐의 창조와 화폐 스톡의 조정을 주도하는가라는 문제와 관련이 있다. 화폐가 지배력을 발휘하려면 통화량이라는 지렛대가 필요하기 때문에 해당 시기에 사용 가능한 화폐 형태들 중 가장 큰 규모의 화폐 스톡을 가진 화폐 형태가 지배 화폐가 되는 것은 당연한 일이다. 오늘날 이 지위를 차

---

[78] 국제통화기금(IMF; International Monetary Fund) 데이터, 공식 외환 보유고의 통화 구성, http://data.imf.org.

지하고 있는 것은 은행화폐이다.

3.2 지배 화폐로서의 은행화폐. 화폐적 통제의 실질적인 상실

3.2.1 지배적인 은행화폐. 종속적인 지준금으로서의 중앙은행화폐

은행화폐는 시중(public) 화폐공급의 85~98%를 차지하며, 이 비중은 통화영역 설정과 통계 집계방식에 따라 달라진다. 화폐공급에 제2층의 화폐와 은행업 시스템에 새로 등장한 제3층 화폐 대용물까지 포함시키면, 은행화폐의 비중은 더욱 감소할 것이다. 그럼에도 불구하고 중앙은행 지원을 받는 은행화폐는 시스템에 대해 여전히 압도적인 지배력을 가지고 있다. 게다가 MMF 지분과 e-머니는 그 준비금으로 제2층 은행화폐에 기반을 두고 있으며, 스테이블코인 역시 어느 정도까지는 그러하다.

경험적으로 볼 때 화폐적 지배라는 현상은 지급 거래수와 거래액에서 차지하는 최대의 비중으로 포착될 수도 있다. 이 시각에서 보면 그림의 모습은 다양해질 수 있지만 골조는 거의 변하지 않는다. 예를 들어 수많은 가계의 일상거래는 여전히 소액의 현금으로 이루어지고, 기업과 공공기관이 시행하는 좀 더 큰 금액의 거래를 비롯한 거의 모든 지급은 오래전부터 거의 무현금으로, 즉 은행화폐로 이루어져 왔다. 1980~1990년대 이래 MMF 지분은 금융 거래에서는 그 비중을 상당히 늘려왔지만, 실물경제의 재화 및 서비스 관련 지급에서는 여전히 한계적인 상태에 머물러 있다.

화폐 시스템의 계층 구조라는 관점에서 보면 중앙은행화폐가 은행화폐보다 더 중요하고 또 결정적인 역할을 한다고 생각할 수 있다. 중앙은행화폐를 지칭하는 본원화폐, 법정화폐, 고성능 화폐 같은 용어—은행화폐는 이 모든 용어와 무관하다—도 중앙은행화폐가 은행화폐보다 우월한 것으로 가정하게 만든다. 이러한 생각이나 가정이 참인 경우가 없지는 않지만 동시에 많은 오해를 야기하기도 했다. 그것이 참인 이유는 준비금이 서열상 맨 앞에 오는 화폐이며, 강성 통화를 가진 나라의 경우에는 가장 안전한 화폐유형이기도 하다는 점에 있다. 그래서 준비금은 은행화폐 잔고가 내재적인 불안정성이라는 위험을 피할 수 있도록, 심지어는 붕괴하지 않도록 도와줄 수도 있다. 이 진술은 은행화폐의 불안정성과 위기 경향성을 강조하는 것이긴 하지만, 오늘날 실제로는 은행화폐가 지배력을 행사한다는 사실을 모호하게 만든다는 점에서 여전히 오해를 조장할 뿐이다.

분할 회로 준비금 은행제도라는 현행 시스템에서 은행의 신용 확대는 은행화폐의 창조를 의미한다. 은행은 맨 먼저 화폐를 창조할 뿐만 아니라 그가 창조하는 은행화폐는 통화량에서 압도적인 비중을 차지한다. 이 사실은 은행이 화폐 시스템 전체와 그 동학을 주도한다고 말하는 것이나 다름없다. 화폐 창조를 주도하는 것은 흔히 중앙은행이라고 가정되지만 사실은 은행이다. 중앙은행은 은행에 '재융자(refinance)'를 제공한다고들 하는데, 이는 말 그대로 진실이다. 즉, 중앙은행은 은행이 먼저 만들어낸 상태에 또는 사후적으로 반응하며, 준비금 포지션 설정을 통해 먼저 자금을 공급하지 않는다는 것이다. 실제의 인과관계는 역방향으로 작동하며, 중앙은행은 중앙은행화폐(준비금과 현금)에 대한 은행의 수요를 수용할 뿐이다. 이 사실을 포스트케인스주의의 수용주의 분파가 화폐경제학에 도입한 바 있다.[79] 중앙은행은 항상 은행의 수요에 따라 은행 부문에 재융자를 제공한다는 점에서 일방적으로 '은행들의 은행'이 되었다. 게다가 중앙은행은 이러한 재융자

---

[79] Moore(1988a, pp. 162~63, 1988b). 포스트 케인스주의의 수평주의(horizontal) 또는 수용주의(accommodationist) 접근은 구조주의(structuralist) 접근으로 수정되었다. 참조: Palley(2013). 이러한 입장은 중앙은행 신용이 먼저 나온다고 보는 수직주의(verticalist) 관점과 대조된다. 또한 Bindseil and König(2013), Rochon(1999a, pp. 155~201, 1999b), Keen(2011, p. 309) 및 Kydland/Prescott(1990)는 화폐 창조의 주도권이 중앙은행이 아니라 은행에 있으며, 승수모델은 하나의 신화에 지나지 않음을 보여주었다.

기능을 화폐 주권자로서 수행하는 것이 아니라 은행 부문의 보조기관으로서 수행한다.

3.2.2 현금의 쇠락과 시스템 운영에 불가결한 준비금

은행 부문은 일차적인 신용 확장과 은행화폐 창조를 선도함으로써 중앙은행이 은행의 수요를 수용해 제공하는 준비금과 현금을 포함한 공식 화폐공급 전체를 결정한다. 은행화폐는 어떤 방식으로든 중앙은행화폐를 증식해 만들어지는 것이 아니다. 이와는 정반대로 중앙은행화폐 스톡의 크기는 먼저 정해지는 은행화폐 스톡의 크기를 뒤따라 결정되며, 중앙은행화폐 스톡은 은행화폐 스톡에 대해 일종의 하위집합에 해당한다고 볼 수 있다. 따라서 은행화폐의 창조를 통제하는 것은 중앙은행 지준금이나 초과 지준금은 물론 최소 지준금도 아니다. 중앙은행은 은행들이 먼저 시행하는 신용 확대와 은행화폐 창조에 반응한다. 이 명제는 통상적인 사업 여건에서 타당할 뿐만 아니라 고도의 불확실성 및 위기의 조건에서는 더 더욱 타당하다. 수십 년에 걸쳐 시행되어온 '준비금 포지션'의 사전 결정을 통한 화폐공급 통제 시도는 실패로 끝났다. 이 실패는 '중앙은행 금리'—줄여서 '대 은행금리(bank rate)'[80] 또는 '재할인률(rediscount rate)'이라 불리며, 이 금리를 예를 들어 미국에서 은행 간 1일물 준비금 대출에 적용되는 중앙은행의 정책 목표금리인 연준기금금리(Fedral Funds rate)와 혼동하면 안 된다—를 통한 화폐공급 통제 시도의 실패보다 훨씬 더 뚜렷했다.[81]

은행 부문이 충분히 큰 규모의 현금 및 준비금을 필요로 했던 시기에

---

[80] (옮긴이 주) 중앙은행 금리를 bank rates라고도 부르는 것은 미국식 영어의 관행인 것으로 보인다(cf. 위키피디아). 우리말로 '은행금리'는 은행의 대 고객 대출 및 예금 금리를 의미하는 것이 일반적이므로 좀 구차하지만 '대 은행 금리'로 옮겼음을 밝혀둔다. 이 책에서 우리말의 '은행 금리'는 banking rates로 표현된다. [저자의 금리 용어법은 본서 8장 주 2)를 보라].

[81] Bindseil(2004).

는 전통적인 통화량 및 금리 정책이 소기의 정책 목적을 더 잘 달성했다. 왜냐하면 전통적인 통화정책 수단들의 효과를 전달하는 지렛대가 은행화폐 대비 중앙은행화폐의 비율에 달려 있기 때문이다. 중앙은행이 이자를 지급할 수 있는 중앙은행화폐가 많아질수록 통화정책의 전달 효과는 그만큼 더 커진다. 그래서 은행이 필요로 하는 현금과 비 현금인 준비금의 규모가 상대적으로 크다면, 중앙은행화폐에 적용되는 기준금리(base rate)가 은행의 신용 확장과 은행화폐 창조를 전적으로 좌우하지는 못해도 적어도 실효적인 영향은 미칠 수 있다는 가정을 세울 수 있다.[82] 물론 이 수량 지렛대는 역방향으로도 작용한다. 즉, 현금과 시스템 운영상 필요한 준비금이 감소해 온 만큼 전통적인 통화정책의 효과도 줄어들었던 것이다.

오늘날 시중 화폐공급 M1 — 현금과 유동적인 은행화폐 — 에서 현금이 차지하는 비중은 나라에 따라 2~15%로 낮아졌다. 게다가 현금의 대부분이 적극적으로 사용되지 않기 때문에 현금의 쇠락 정도는 통계수치가 보여주는 것보다 훨씬 더 크다.[83]

유통에서 현금의 비중이 감소함에 따라 은행이 은행화폐의 창조 및 유통을 유지하는 데 필요한 은행의 시재금과 중앙은행 준비금의 비중도 감소했다. 2008년 위기 발발 전까지 유로존 은행 부문은 은행화폐 스톡의 고작 2.5~3%밖에 되지 않는 중앙은행화폐를 기반으로 운영해왔다. 이 지준금

---

[82] 이런 의미에서 F. Lutz(1936, p. 92)는 그의 질서자유주의자(ordoliberal) 동료들과 마찬가지로 은행화폐 창출에 대한 중앙은행의 통제가 필수 불가결하지만 이를 달성하기 위해 선택해야 할 도구가 당시 논의된 것처럼 100% 준비금은 아니라는 의견을 가지고 있었다. 중앙은행 금리와 공개시장 정책이 그 역할을 만족스럽게 해낼 것으로 보았기 때문이다. 이 생각은 당시에는 은행화폐가 차지하는 비중이 M1의 절반 남짓에 불과하고 100% 재유통되는 현금이 여전히 상당한 역할을 수행했다는 점에서 그럴듯한 것이었다. 또한 비 현금인 준비금의 비율이 당시까지는 1980년경 이후에서처럼 극히 낮은 수준은 아니었다.

[83] Esselink and Hernández(2017), Krüger and Seitz(2014).

(reserve base)의 구성은 시재금 1.4%와 거의 놀고 있는 최소 준비금 1% 그리고 은행 규모에 따라 달라지는 은행 간 지급을 위한 활성 준비금을 지칭하는 초과 준비금 0.1~0.6%이었다.[84] 미국에서는 100년 전에 부분 초과 준비금(fractional excess reserves)이 은행화폐 스톡의 10~15%였다.[85] 오늘날 이 비중은 크게 하락해 대형은행은 0.1%, 중소은행은 2~3%로 되었다. 이 수치들은 2008년까지의 데이터를 기반으로 산정된 것이며, 그 후에 시행된 중앙은행의 양적완화 정책 결과를 반영하는 은행 보유 준비금 관련 통계는 실제 운영상의 필요라는 측면에서 보면 무의미한 것이다.

대다수 나라에서 은행은 유동적인 준비금(초과 준비금) 외에 거의 사용할 수 없는 최소 준비금도 보유해야 한다. 이 최소 준비금이 갖는 의미는 그것이 종종 가정되는 것처럼 안전판 역할을 한다는 데에 있는 것이 아니라 은행화폐 공급을 통제하는 수단으로 작동한다는 데 있다. 최소 준비금이 클수록 그리고 준비금에 대한 중앙은행 금리가 높을수록, 은행의 신용 공여와 이에 따른 은행화폐 공급 유인은 감소할 것이기 때문이다. 그러나 운영상 필요한 중앙은행화폐의 양적 감소와 더불어 최소 준비금의 효력도 크게 감소했다. 결국 은행이 중앙은행 금리를 지불하는 준비금의 규모와 은행이 1일물 이자를 지급하는 은행 간 대출의 규모는 은행이 은행화폐로 시행하는 대출 및 투자의 규모에 비하면 너무나 작을 뿐이다. 그리고 은행이 대출과 투자를 통해 벌어들이는 은행 금리와 자본시장 금리는 준비금 관련 금리보다 훨씬 더 높다.

이러한 사정을 반영해 영연방(British Commonwealth) 회원국들과 몇몇 다른 나라는 최소 준비금 요건을 폐지했다. 미국과 유로존에서는 지준금 요건이 형식적으로는 계속 유지되고 있다. 유로존에서는 1%, 미국에서는

---

[84] Macfarlane et al.(2017), Huber(2017, pp. 72~74).
[85] Fisher(1935, p. 52).

10%에서 시재금의 비중을 공제한 수치이다. 그러나 미국에서는 지준금 요건에 구속되지 않는 은행이 적지 않다. 일반적으로 도매 정기예금(wholesale time deposits)[86] 같은 포지션(position)은 이 요건에서 면제된다. 은행은 예금을 지준금 요건의 구속을 받지 않는 않는 계좌로 일시적으로 '옮겨두는' 것이 허용된다. 결과적으로 미국의 현행 지준금 요건은 "(시스템적—옮긴이) 관련성을 빠르게 상실해" 왔고 현재 거의 시재금에 근접해 있다.[87]

    운영상 필요한 지준금의 급감 덕분에 19세기 중엽에도 여전히 약 20% 수준에 머물렀던 은행화폐의 비중은 현행의 85~98% 수준으로 상승할 수 있었다.[88] 이 사실로부터 그토록 작은 부분 지준금을 기반으로 어떻게 은행화폐가 지속적으로 창출될 수 있는가라는 의문이 제기된다. 이 의문은 특히 오늘날의 실시간총액결제(RTGS) 지급 시스템에서처럼 고객의 요청이 있을 때마다 은행이 이체를 실행하고 이체 금액 전부를 준비금으로 보유해야 하는 상황에서는 더욱 타당하지 않을까. 이에 대한 답변은 앞서 개략적으로 묘사된 바 있는 2층 구조의 은행 시스템 메커니즘과 분할 화폐 회로에서 찾아져야 한다. 즉, 고객들의 비동시적이고 부분적인 지급 실행 그리고 고객의 자금(customer money)과 은행 소유 자금(proprietary funds)의 분리 불가능성(non-separability) 때문에 준비금의 유통속도가 은행화폐의 그것보다 훨씬 더 빠르다는 사실이다.

    불가피하게 요구되는 준비금의 감소 현상을 고려할 때 외견상 모순적

---

[86] 도매자금은 금융기관이 고객 예탁금이 아니라 타 금융기관, 기업, 연기금, 보험사 등 외부로부터 조달하는 자금을 말한다.

[87] Bennett and Perestiani(2002, p. 53, 65).

[88] Schularick and Taylor(2009), Friedman and Schwartz(1963), Stevens(1971), Swiss National Bank, *Historical Time Series*(역사적 시계열), No.1, 2007. 2, Tab. 1.3, 2.3., Dt. Bundesbank, *Monthly Reports*(월간 보고서), Tables on bank statistics total accounts 1954-2017 등에 있는 데이터에 의거하여 편집되었음.

인 것으로 보이는 예외적으로 높은 준비금 수준이 2008년부터 최근까지 계속되었고, 이에 따라 2021~2022년에 저금리가 지속되었다. 이러한 준비금 범람은 중앙은행이 취한 양적완화라는 위기 대응책의 산물이라는 점에서 뉴노멀(new normal)이 아니라 비정상적인 현상이다. 양적완화의 목적은 국채와 금융시장의 안정에 있었다. 은행에 대한 유동성 제공이라는 또 다른 목적도 있었지만, 이 목적은 위기 발발 초기에 은행 간 화폐시장이 일시적인 작동 불능 상태에 빠졌을 때에만 추구되었을 뿐이다. 그 후 중앙은행들은 그림자은행과 여타 비 은행 금융기관들로부터도 많은 국채를 매입했기 때문에 준비금은 이를 원치 않았던(unsolicited) 은행들로도 흘러들어갔다. 이 과정에서 중앙은행들이 채권 구입에 지급한 준비금이 은행들에 누적되는 동안 채권을 매각한 비 은행 주체들은 은행화폐를 획득했다. 그래서 방대한 액수의 준비금이 경제에 자극을 준 것으로 재해석되었다. 그러나 이런 재해석은 오해에 기인한 것인바, 그 이유는 준비금은 은행 간 회로를 벗어날 수 없다는 사실에 있다. 그래서 다수를 위한 양적완화가 금융을 위한 양적완화에 그칠 수밖에 없었다. 그리고 만약 은행들이 실제로 수요에 부응하여 더 많은 은행 신용을 확대하고자 했다면 그들은 그토록 방대한 준비금 없이도 그렇게 할 수 있었을 것이다.

중앙은행화폐 소요량이 연속적으로 감소하고 은행화폐가 최대한 팽창함에 따라 전통적인 통화정책의 수량 지렛대의 길이는 짧아졌다. 이에 따라 중앙은행 금리가 은행의 신용 확대와 은행화폐 창조 그리고 전반적인 금리 수준에 미치는 영향력도 감소했다. 전통적인 통화정책의 실효성은 격감했고, 화폐적 통제는 거의 사라지기에 이르렀다. 여기에 새로운 화폐 대용물과 무보장 암호화폐의 확산도 가세했다. 중앙은행가들이 이런 사정을 공개적으로 시인할 것이라고는 기대하기조차 어렵고 내심 그렇게 생각할지도 의문스럽긴 하지만, 현재 조성된 상황을 고려하면 화폐 시스템의 관리 가능성은 의문시될 수밖에 없다.

3.3 화폐적 신용과 중개적 신용. 지급 프로세싱과 금융 중개

은행화폐 체제의 발전과 현재 3개 층으로 이루어진 화폐의 위계구조 덕분에 과거에는 동일한 방식으로 또는 동일한 정도로 존재하지 않던 거시부문들의 구별(macro-sectoral differentiations)이 가능하게 되었다. 민간(private) 부문과 공공(public) 부문 그리고 민간 금융과 공공 금융이라는 거시부문들의 구별은 고대부터 존재해온 반면, 뒤에서 논의될 'GDP 기여 금융(GDP-contributing finance)'과 '비 GDP 기여 금융(non-GDP-contributing finance)'의 구별은 좀 더 최근에야 나타났다.

마찬가지로 명령화폐의 발전과 은행화폐 체제의 정착과 더불어 화폐적 금융기관과 비화폐적 금융기관의 구별 그리고 은행과 그림자금융의 구별이 나왔고, 나아가 이 장에서 다룰 화폐적 신용과 중개적 신용의 구별도 나오게 되었다. 일반적으로 말해서 화폐적 신용은 이미 존재하는 동액의 화폐 스톡에 100% 기반을 두지 않은 모든 지급수단의 발행자에 의해 확대된다. 이와는 달리 중개적 신용은 화폐 창조를 동반하지 않으며 이미 존재하는 지급수단의 완전한 불입에 기반을 둔다.

첫 번째 단계에서 신용은 은행화폐를 창조하는 은행 부문에 의해 확대된다. 최근 몇 십 년 동안 은행 신용의 대부분은 비 GDP 금융으로 갔다. 이로 인해 투자은행업이 활성화되었다. 게다가 새로운 제3층의 화폐 대용물들이 출현했는데, 이것들은 대부분 은행화폐와 본원화폐로 완전히 보장되지는 않지만 화폐적으로는 은행화폐에 기반을 두고 있다. 이제 은행화폐와 새로운 화폐 대용물들이 금융 중개를 촉진하고 있다.[89]

금융 중개 기관은 은행이 아니라 비화폐적인 금융기관이다. 은행이 은행화폐를 창출해 신용을 제공하는 것과는 달리 금융 중개 기관은 자체 지급

---

[89] Cf. Turner(2012, pp. 35~65).

수단을 창출하지 않는다. 금융 중개 기관은 은행화폐와 여타 화폐 대용물을 기반으로 대출, 투자 및 여타 융자를 제공하거나 중개한다. 그 예외 중 하나는 단기금융펀드(MMF)인데, 이는 그 지분이 새로운 화폐 대용물로 사용되기 때문이다. 그러나 MMF가 운영하는 자금은 모든 그림자은행과 마찬가지로 비 은행 주체들의 저축, 유보자금(set-asides) 및 잉여자금이며, 이들 자금은 모두 은행화폐이다. 비화폐적인 신용 및 투자 기관 — 그림자은행 — 으로는 모든 종류(지분, 채권, 부동산, 외환)의 투자펀드, 사모펀드(private equity) 중개기관, 주택금융조합(building societies), 특수목적 금융법인, 파생상품(옵션, 선물, 스왑) 발행기관 그리고 화폐를 투자하고 대부하거나 자체 투자펀드를 운영하는 보험회사 등이 있다.

상업은행 자체는 여분의 돈을 가진 고객(customers upstream)에게서 빌린 은행화폐를 돈이 필요한 다른 고객(customers downstream)에게 대출하는 '금융' 중개 기관이 '아니다.' 은행은 이런 업무를 할 수 없다. 은행은 은행화폐를 중개하는 기관이 아니라 비 은행 주체에게 대출하거나 비 은행 주체에게서 증권이나 여타 가치물을 구입할 때마다 은행화폐를 창조하는 기관이기 때문이다.[90] 그러나 은행은 고객을 위해 경상계좌를 관리하고 은행화폐의 이체를 시행한다. 이러한 의미에서 은행은 '지급' 중개 기관, 즉 은행화폐 지급 서비스 제공자로 간주할 수 있다. 따라서 이 서비스는 금융 중개가 아니라 지급 프로세싱 관련 서비스이다.[91]

두 번째 단계에서는 신용으로 창조된 은행화폐가 비화폐적 금융기관인 그림자은행의 금융 중개 행위를 위한 이차적인(secondary) 기반으로 기능한다. 현재 금융 중개 규모는 은행 신용에 의한 자금조달 규모보다 훨씬

---

[90] Cf. Jakab and Kumhof(2015). Werner(2014a, b). Keen(2014). Lavoie(2014). Huber(2017, p. 59).

[91] 화폐와 지급에 대해서는 Rossi(2003, 2007)를 참조하라.

더 크다. 2013년과 2017년 사이에 그림자은행은 채권, 주식 및 뮤추얼펀드에 대한 금융 투자를 위해 실물경제 기업들의 차입액보다 두 배나 더 많은 은행화폐를 차입했다. 오늘날 그림자은행 부문의 대출과 금융 투자 규모는 예금을 창조하는 은행 부문의 그것보다 더 크다. 전체적으로 그림자은행 부문은 2020년에 이미 227조 달러의 금융자산을 보유했는데, 이 금액은 은행 부문의 금융자산 180조 달러를 상회한다. 그림자은행의 평균 성장률은 은행의 그것보다 상당히 더 높다.[92] CBDC의 도입 및 확산과 더불어 금융 중개 지향 추세는 강화될 것으로 보인다.

그림자은행이 어떻게 재무상태표 총량 면에서뿐만 아니라 시스템에 대한 지배력 면에서도 전통적인 은행보다 더 막중한 것으로 되었는가라는 의문이 남는다. 지금까지 은행화폐는 그림자은행 덕분에 그 지배력을 계속 증가시켜왔는데, 이는 그림자은행이 주로 은행화폐로 운영하기 때문이다. 그림자은행이 이런 사정을 바꾸고 싶다면 지급수단을 다른 것으로 변경해야 할 것이다. 다른 지급수단으로는 특별히 CBDC가 될 가능성이 높지만, 스테이블코인과 여타 암호화폐도 될 수 있다.

상기 어떤 경우든 비 은행 금융기관임에도 은행 기능들 중 하나 또는 심지어는 여럿 수행하는 금융기관이 늘어나고 있음을 알 수 있다. 예를 들어 새로운 유형의 화폐를 발행하는 기관은 새로운 종류의 '화폐적' 금융기관이다. 비 은행 지급 서비스 제공업체(PSP)는 통화 교환이나 지급 대행과 같은 은행의 화폐 서비스 기능을 갈수록 확대하고 있다. 무엇보다 대출자와 투자자로서 그림자은행은 전통적인 신용 기업에 속한다. 미국과 영국에는 중앙은행에 계좌를 유지하면서 더 이상 은행을 거치지 않고 중앙은행 준비금으로 지급 서비스를 제공할 수 있는 그림자은행도 생겼다. 화폐적 금융기관과 비화폐적 금융기관 사이에 그리고 은행과 그림자은행 사이에 존재하

---

[92] Financial Stability Board(금융안정위원회)(2020).

던 기존의 경계선이 흐려지고, 은행과 비 은행 금융기관은 갈수록 서로 더 닮아가고 있는 것이다.

화폐적 '금융기관'과 비화폐적 '금융기관'의 구별은 우리가 말하는 화폐적 '신용'과 중개적 '신용'의 구별에 조응한다.[93] '화폐적' 신용은 은행과 중앙은행에 의해 제공되며, 발행방식에 따라서는 새로운 화폐유형의 발행자에 의해 제공되는 일도 점차 늘어나고 있다. 이와는 반대로 비화폐적 금융기관이나 그림자은행은 '중개적' 신용을 제공한다. '화폐적' 신용은 그 제공자의 재무상태표를 확대시킨다. 추가적인 신용 청구권을 자산으로 기입함과 동시에 해당 신용액을 지급 또는 태환해주어야 할 추가적인 부채로 기입하기 때문이다. 이와는 달리 '중개적' 신용은 자산 교환(asset switch)을 내포한다. 여기서는 이자를 지불하고 원금을 상환해야 하는 채무자에 대한 신용 청구권과의 교환으로 화폐가 지급된다.[94]

은행과 중앙은행이 제공하는 '화폐적' 신용과 관련하여 경제학 교과서가 오래 전부터 가르쳐온 신용 승수(credit multiplier) 모델은 사람들을 오도한다. 은행은 현금과 준비금의 기존 포지션을 배가시키는 것이 아니라 먼저 은행화폐의 일정 금액을 창조한 뒤 꼭 필요하다면 중앙은행 본원화폐로 부분적인 재융자를 받기 때문이다. 그러나 승수 모델은 '중개적' 신용, 즉 그림자은행에 의한 비화폐적 금융 중개에는 정확하게 적용된다. 중개적 신용은 화폐의 유통 속도(회전율 또는 사용빈도)에 의해 주어지는 한도 내에서만

---

[93] 때로는 '신용(credit)'과 '대출(loan)'이라는 용어가 순서대로 화폐적 신용과 중개적 신용이라는 의미로 사용되기도 한다. 그러나 일반적인 용법에서는 '신용'과 '대출'은 자유롭게 또는 준 동의어로 사용되는 경향이 있다.

[94] (옮긴이 주) 회계적으로 보면, 화폐적 신용 제공자는 '신용청구권(자산) 증가 / 고객예금(부채) 증가'로 분개하지만, 중개적 신용 제공자는 '신용청구권(자산) 증가 / 화폐(자산) 감소'로 분개한다. 일반적으로 비 은행 경제주체들 간의 대차거래에서 대부분은 중개적 신용 제공자이다. 이는 자신이 번 돈이든 아니면 빌린 돈이든 자기 소유의 돈(화폐자산) 없이는 다른 주체에게 빌려줄 수 없다는 것을 의미한다. 이 점은 화폐적 신용 제공자, 즉 은행은 자신은 물론 다른 어느 누구의 돈을 빌려주는 것이 아니라 직전까지 존재하지 않던 새 돈을 만들어 빌려준다는 사실과 극명한 대조를 이룬다.

증가할 수 있다. 이러한 연관 덕분에 통화정책은 실효성을 가질 수 있다. 그러나 이 점은 '화폐적' 신용이 통화정책의 통제를 크게 벗어나 있는 오늘날의 은행화폐 체제에는 전혀 타당하지 않다.

3.4 금융 영역 : GDP 금융과 비 GDP 금융. 소비자 물가 인플레이션과 자산 인플레이션

1980년경에서 2010년 후반에 이르는 시기의 특징은 저금리가 조장한 은행 신용 및 화폐공급의 확장 과정에서 신용이 GDP 대비 불비례적으로 증가했다는 데에 있다. 1980년경 이전의 공업국들에서는 은행 신용과 이에 따른 화폐공급이 명목 GDP와 거의 동일한 비율로 증가했지만, 그 후 화폐 및 신용 증가율이 GDP 증가율을 크게 상회했다. 대체로 화폐공급 증가율이 GDP 성장률보다 3.5~4.5배 더 높았다.[95] 이에 따라 M1/GDP 비율(마샬의 k)이 상승했다. 이 비율은 수십 년 동안 0.2보다 낮은 수준에 안정되어 있었지만, 1980년 무렵부터 급등해 미국에서는 0.86, 유럽연합에서는 1.1이 되었다.[96]

  그 결과 저축자와 비 은행 금융기관이 빌려줄 수 있는 돈은 지속적으로 늘어났고, 예금 및 대출 금리는 계속 하락하는 일종의 피드백 과정이 등장했다. 이로 인해 투자자 선호가 바뀌기 시작했다. 저축자의 입장에서 보면 은행화폐를 저축 및 정기 계좌에 예금해두거나 채권이나 MMF 또는 연기금을 구입하는 등 화폐를 차입자본(borrowed capital)으로 빌려주는 것은

---

[95] 유럽중앙은행, 독일연방은행, 스위스국립은행, 영란은행, 영국 국립통계청이 정기적으로 발표하는 통계와 세인트루이스 연방준비은행이 제공하는 FRED 데이터에 의거하여 계산되었다. 화폐 수량 및 불비례적인 신용 확장에 관한 더 많은 수치가 Huber(2017, pp. 109~124)에 있다.

[96] fred.stlouisfed.org/series/GNP, …/WM1NS, Bundesbank Monthly Bulletins, Tab. II.2, XI.1.

갈수록 덜 매력적인 것으로 되었다. 반대로, 자기 돈이나 더 싼 신용으로 빌린 돈을 특히 주식과 부동산 같은 소유적 자본(proprietary capital)의 구입에 운용하는 것이 갈수록 더 유리하게 되었다. 이에 따라 주식과 부동산의 시장가치가 상승했다. 게다가 이러한 소유적 자본은 배당금, 임대료 및 리스료 같은 수익을 가져다줄 수도 있다.[97] 이 과정에서 신규 신용 중 일부만 실물경제로 갔고, 나머지는 대부분 실물경제 산출을 위한 자금조달에 공헌하지 않는 금융시장 거래에 지출되었다. 한마디로 돈은 비 GDP 금융으로 갔던 것이다(〈상자글 3.1〉을 보라).

〈상자글 3.1〉 금융의 영역 : GDP 금융과 비 GDP 금융

오늘날 금융시장을 비판하는 초점 중 하나는 화폐가 금융시장 거래가 아니라 실물경제에 봉사해야 한다는 데 있다. 그러나 이런 식의 비판이 적절치 않은 이유는 실물경제는 자금조달 문제를 벗어날 수 없다는 데 있다. 현대 경제는 신용과 금융에 기반을 둔다. 실물경제 투자와 여타의 자본지출을 위한 자금은 그중 일부만 현재 소득(current revenues)과 비축금(reserves)으로 조달되고, 나머지는 다양한 형태의 신용 그리고 지분 투자(equity investment)를 통해 '사전에' 조달된다. 실물경제와 이와 연관된 금융경제는 확실히 각각 서로 다른 기능을 수행하지만, 이 두 경제는 하나의 일관된 총체를 형성한다.

그러나 실물경제와 금융경제의 단순한 병치에는 다음과 같은 사실도 내포되어 있지만, 이 점은 간과되기 일쑤이다. 그것은 금융경제를 구성하는 큰 영역들이 더 이상 실물경제를 위한 자금조달과 밀접한 관

97　McKinsey Global Institute(2021).

계가 없거나 아예 아무 관계도 갖지 않는다는 사실이다. 이 점을 고려하면 금융경제를 구성하는 하위부문들 사이에 실제로 적절한 구획선을 그을 수 있다. 이 구획선은 실물경제 산출을 위한 자금조달에 공헌하는 하위부문과 그렇지 않은 하위부문 사이에, 간단히 말해서 'GDP 금융'과 '비 GDP 금융' 사이에 그어진다.[98]

이 두 개의 하위부문이 우연히 서로 중첩될 수는 있지만, 양자의 기능적 차이는 분명하다. 실물경제 산출을 위한 자금조달에 공헌하는 금융 거래는 예를 들면 다음과 같은 것들이다.

- 기업, 가계 및 공공기관에 의한 모든 종류의 실물경제 투자 및 지출(예를 들어 노동, 재화, 서비스, 인프라, 용익권(use rights) 및 여타 무형자산을 위한 신용 확대.
- 세금과 벌과금을 통한 정부지출 자금조달 또는 후원, 기증 등을 통한 자의적인 화폐 이전.
- 주식과 채권의 신규 발행뿐만 아니라 실물경제 활동과 정부지출 자금을 조달하기 위한 레포(Repo) 거래.
- 실물경제에서 연구개발과 마케팅에 종사하는 벤처 캐피털.
- 생생한 실체를 가지고는 있지만 정밀검사가 필요한 회사의 '백기사(white knight)'[99]식 자본 확충을 위한 민간 지분 거래.

반면, 비 GDP 금융 거래 사례로는 다음과 같은 것들이 있다.

---

[98] Werner(2011, p. 29)는 이와 유사한 GDP 기반 거래와 비 GDP 기반 거래의 구별을 제시했다.
[99] (옮긴이 주) 매수당할 위기에 처한 회사를 구제하기 위해 개입하는 제3의 기업을 말한다.

- 기 발행된 주식, 채권 및 여타 증권의 거래(이차 거래).
- 비 GDP 사업의 자금조달을 위한 레포 거래.
- 실물경제를 위한 화폐 사용을 목적으로 하지 않는 외환 거래.
- 실물경제적인 리스크 포지션의 위험 회피(hedging)를 목적으로 하지 않는 파생상품 거래.
- 비 GDP 자산에 투자되는 모든 종류의 투자펀드 지분의 거래.
- 일반적으로 비 GDP 금융의 일부를 이루는 자산 관리.
- 이 점은 비활성화된 이자 낳는 은행예금(저축 및 정기예금)에도 적용됨. 차입금에 의한 회사 매수(leveraged buy-out)와 우호적 및 적대적 인수합병을 위한 자금조달(이로 인해 회사의 시장 포지션에 변화가 초래되어 장기적으로 실물경제에 효과를 가져다줄 수는 있음).
- 회사를 여러 부분으로 쪼갠 뒤 여전히 수익성 있는 부분들을 즉시 매각하는 '탐욕적인' 행위로서의 민간 지분 거래.
- 보험회사가 비 GDP 투자를 통해 자본 구축을 하는 경우. 관련 부동산의 사용가치 증가에 실질적으로 공헌하지 않는 단순한 자본투자로서의 부동산 거래.
- 이와 마찬가지로 순수한 금융투자로서의 일차산품(commodities)[100] 거래.
- 마지막으로 중요한 것으로 비 GDP 금융 거래를 위한 차입자본 활용(leverage).

---

[100] (옮긴이 주) 원자재와 일차산업의 생산물을 지칭한다. 그리고 영어 commodities는 대개 상품의 의미로 사용된다.

특히 부동산과 일차산품의 거래에서는 이것들이 실물 자산과 금융 자산이라는 이중의 용도로 이용될 수 있다는 점이 지적될 수 있다.

비 GDP 금융은 저축, 예비금(reserves), 자기자본 및 여타 자본의 구축에 기여한다. 기본적으로 이것은 유용하고 또 바람직한 것이다. 그래서 초점은 비 GDP 금융에 일방적인 비난을 가하는 데 있는 것이 아니라 실제로 문제를 일으키는 것에 제약을 가하는 데 있다. 예를 들어 비 GDP 금융의 과도한 동학을 억제하는 것, 식품, 일차산품 및 에너지의 인위적인 부족 상태의 조장과 같은 남용 행위를 예방하는 것, 그리고 은행, 그림자은행 및 여타 금융기관의 규제받는 사업에서 순수한 도박성 거래(실물 기반이 없는 파생상품 거래 등)를 배제하는 것 등이 그러하다.

실물경제에 유입되지 않은 돈은 실물경제에 영향을 주지 않으며 소비자 물가(CPI)에 어떤 직접적인 영향을 미치지도 않는다. 금융경제로 유입하는 돈은 자산 가격을 부추기고 금융시장에 공급을 확대한다(자산 인플레이션과 인플레이션 유발 금융). 1980년경부터 2020~2022년 사이에 증가된 화폐공급의 일부가 소비자 물가 상승에 공헌했음은 확실하다. 그러나 그만큼 이 돈은 실물경제 성장을 위한 자금조달에 기여했고, 이는 이미 명목 GDP 증가에 반영되었다. 이처럼 GDP 불비례적인 화폐공급 증가는 일차적으로 자기준거적인 비 GDP 금융의 확장을 가져온다. 이는 자산 인플레이션을 유발하고 거품을 형성하지만 소비자 물가를 상승시키지는 않는다. 이것이 바로 세계화의 이면, 즉 금융화(financialisation)로서 비 GDP 금융의 GDP 불비례적인 대규모 확장이다.[101]

GDP 불비례적인 신용 확장은 금융 사이클의 과열과 거품 형성 그리

---

[101] (옮긴이 주) '금융화'는 일반적으로 경제 전체의 소득과 부에서 금융활동에 의한 부와 소득이 차지하는 비중이 커지는 현상을 지칭한다. 여기서는 GDP 증가에 기여하지 않는 금융거래가 GDP 증가보다 훨씬 더 빠르게 늘어나는 현상에 주목하고 있다.

고 이에 따라 잠복된 은행 및 금융 위기를 보여주는 믿을만한 지표이다.[102] 금융 위기는 그 심각성이 클수록 그만큼 더 심각한 실물경제 위기를 동반한다. 그러나 금융 사이클 이론의 발전은 아직 초기 단계에 머물러 있다.[103] 총자산 인플레이션과 금융 사이클을 표현할 수 있는 수단의 단초를 경기변동과 GDP 관련 측정수단에서는 찾을 수가 없다. 그래서 다양한 개별 지표들을 가지고 어떻게든 해볼 수밖에 없다.

예를 들어 영국의 경우 대출 총액에서 GDP 기여 대출의 비중은 고작 15% 수준으로 감소했고, 나머지 85%는 비 GDP 금융으로 흘러갔다.[104] 금융시장 거래액은 1990년에 GDP의 15배였는데 2007년에는 70배로 증가했다.[105] 17대 공업국에서 주식시장 시가총액은 1870년(!)부터 1980년경까지는 GDP와 거의 나란히 증가했다. 그러나 그 후 GDP 대비 총주식의 시장가치 비율은 세 배 정도 급등했는데, 이는 1980년경에 시작된 주가 인플레이션에 기인한 것이다.[106]

미국에서도 부동산을 제외한 주식, 채권, 여타 증권 같은 모든 금융자산이 1870년에서 1975~1980년 사이에 GDP 증가와 거의 나란히 증가했다. 그 증가 폭은 GDP 대비 4.5배 정도였다. 그 후 1980년과 2007년 사이에 금융자산은 GDP의 10배를 상회하는 규모로 증가했다.[107] 미국의 자산

---

102 Shiller(2015). Minsky(1982, 1982b, 1986). Jordà et. al(2010, 2014). Schularick and Taylor(2009). Aliber and Kindleberger(2015 [1978]). Kindleberger and Laffargue (Eds.) (1982). Kindleberger(1993).

103 Borio(2012, 2017). Rogoff(2017).

104 Van Lerven et. al(2015, p. 26).

105 Dt. Bundestag(2020, pp. 7~8). Sigl-Glöckner(2018).

106 Kuvshinov and Zimmermann(2021).

107 Thomson Datastream. Federal Reserve(연방준비은행). Trader's Narrative, 2009년 11월 7일. 예를 들어 Bhatia(2011, p. 8)에서처럼 다른 분류(delimitations)를 사용해도 수준은 이보

관리자들이 보유하고 있는 금융 자산은 1946년에 GDP의 50%에 지나지 않았는데 2014년에는 240%로 급증했다.[108] 1980년과 2014년 사이에 채권, 주식 및 주택의 평균 가격은 15개 공업국에서 네 배 증가한 반면, 명목 GDP는 고작 2배밖에 증가하지 않았다.[109] 유로존에서는 모든 종류의 금융 자산 또는 부(wealth)가 2008년 이후 약 두 배 증가했다.[110]

2014년에서 2019년에 이르는 짧은 기간에 유럽의 소비자 물가상승률은 평균 5% 정도 상승했지만, 자산 가격 상승률은 이보다 네 배 더 높은 20%였다. 이 수치는 금융 투자로서의 토지와 부동산을 포함한 것이다. 이 자산들의 사용가치는 당연히 없으면 안 되는 것임에도 경시되는 경향이 있었다[이러한 경향은 부동산 에퀴티(real-economic equity)에 대해 오래전부터 존재해왔다]. 미국에서 부동산 가격은 1890년에서 1997년에 이르는 한 세기가 넘는 기간 동안 고작 7% 상승했지만, 1997년에서 2007년에 이르는 고작 10년 사이에는 85%나 상승했다.[111] 모든 개발국에서 주택 가격은 1970년대 후반 이후로 평균 14배 상승했고, 호주에서는 심지어 21배나 상승했다.[112]

2008년 이래 양적완화라는 위기 대응책―준비금 범람과 저금리 지

다 낮지만 비율들은 동일하다는 결과를 보여준다.

108 영란은행(Bank of England) 수석 이코노미스트 A. Haldane이 대형 기관투자자들을 대상으로 한 연설. 이 연설은 2014년 4월 8일자 FAZ(p. 25)에 실려 있다. FRED 경제 데이터 세인트루이스 연방준비은행, GDP 대비 금융 사업 총 금융 자산 1952~2018.

109 Dt. Bank Markets Research(2017, pp. 8–33).
OECD data https://data.oecd.org/gdp/gross-domestic-product-gdp.htm.

110 www.flossbachvonstorch-researchinstitute.com/en/fvs-wealth-price-series-for-the-euro-area.

111 Shiller(2015, p. 20).

112 Jordà et al.(2014). Ryan-Collins et al.(2017).
www.imf.org/external/research/housing/index.htm.

속—이 금융화와 자산 인플레이션을 강화시켰다. 이것은 더 많은 불을 질러 화재를 진압하려는 긴급대응 전략을 상기시킨다. 양적완화를 통해 은행 부문과 금융경제에 대해서뿐만 아니라 포괄적인 정부지출 프로그램에 대해서도 (재)융자 서비스를 공공연하게 그리고 거의 즉각적으로 제공한 것은 2020년 코비드19 팬데믹 이전에는 없었던 일이다.

그 이전에 있었던 한 가지 예외는 유럽중앙은행(ECB)의 장기대출프로그램(TLTRO)이었다. 2014년에 시작해 점차 확대되어온 이 프로그램은 실물경제 기업 및 사업에 대한 은행의 장기 대출 자금에 대해 우호적인 조건으로 제공하는 재융자 프로그램이다.[113] 먼저, 이 기금들은 모두 결국 실물경제 관련 지출을 증가시킴으로써 비 GDP 금융과는 달리 인플레이션에 직접 영향을 미친다. 2021년 이후로 이 영향은 처음으로 소비자 물가 급등에 다시 반영되긴 했지만, 사실 이 인플레이션은 팬데믹으로 유발된 공급 부족과 전쟁으로 인한 에너지 가격 급등으로 격발된 것이었다. 이로부터 이 자금 중 어느 정도가 실물경제에서 계속 유통할 것인지 그리고 어느 정도가 비 GDP 금융으로 점진적으로 유출될 것인지는 의문으로 남아 있다.

비 GDP 금융을 위한 자금의 대규모 확대가 반드시 실물경제를 희생시키는 것은 아니다. 이는 국가 차입이 반드시 민간 부문을 희생시키는(구축 가설) 것은 아닌 것과 같다. 현대 명령화폐는 은행과 중앙은행에 의해 일정한 조건과 규칙에 따라 그러나 기본적으로는 양적 제한 없이 자유롭게 창조될 수 있다. 따라서 문제는 비 GDP 금융이 너무 많다거나 GDP 금융이 너무 적다는 데 있지 않다.[114] 일단 비 GDP 금융에 투하된 돈은 대부분 이 영역에 머무는 경향이 있다. 애초 GDP 금융에 사용된 돈도 일부는 실물경제에서만 계속 유통하지만 또 다른 일부는 비 GDP 영역으로 유출된다.

---

113 TLTRO=Targeted Longer-Term Refinancing Operations.

114 Arcand et al.(2012).

화폐적 신용의 과다발행과 비 GDP 금융의 GDP 불비례적인 확장은 필연적으로 계속해서 다음과 같은 결과를 초래할 것이다. 그것은 중앙은행이 은행과 금융부문의 행위를 수용하는 부속물로 전락하는 것, 통화정책의 효율성 상실 증대, 금융 및 화폐 불안정성 증대, 이에 따른 위기 경향성 증대, 금융소득의 급증과 근로소득의 비중 감소에 따른 소득 및 부의 분배 불평등 심화 그리고 궁극적으로 새로운 사회적 갈등과 정치적 양극화 조장 등이다.[115] 이 문제들 못지않게 중요한 것은 1960~1970년대 이래 생태적으로 잘못 조정된 산업적 신진대사의 약화가 항구적인 도전과제로 되었다는 사실이다.

3.5 금융시장 실패의 반복 재생

금융시장은 왜 스스로 제한적인 균형을 찾아내지 못하고 과열상태를 반복하는 경향이 있을까? 지배적인 교리에 따르면 시장은 균형에 도달할 수밖에 없다. 여기에는 다음과 같은 가정이 전제되어 있다. 그것은 시장에서는 만약 공급 가격이 상승하면 수요가 감소하는데, 이 과정은 공급 증가 또는 공급 가격 상승이 중단되고 수요가 안정되는 시점까지 계속된다는 것이다. 그리고 이 시점에서 공급과 수요는 균형을 이루게 되며, 이때 성립하는 가격이 균형가격이고, 이로써 시장은 청산된다[116]는 것이다. 그러나 수요가 실제로 충족되었는지 그리고 공급의 잠재력이 실제로 소진되었는지는 그 누구도 알 수 없다. 균형이라는 가정은 경험의 객관화가 아니라 언어적 합

---

[115] McKinsey Global Institute(2010, 2021), Kuvshinow and Zimmermann(2021), Fullbrook and Morgan(2020), Atkinson(2015, pp. 16~44, 180), Atkinson et al.(2011), Chansel et al.(2022)을 참고하라.

[116] (옮긴이 주) 시장이 청산된다는 것은 시장에서 수요와 공급이 일치함으로써 수급상의 과부족이 사라진다는 것을 말한다.

의에 따른 것이기 때문이다. 그렇지만 방금 묘사한 것과 같은 메커니즘이 실재한다는 데는 의심의 여지가 없다. 자율제어학(cybernetic)의 용어로 말하면, 그것은 네거티브 피드백(negative feedback) 과정이며, 이 과정은 가격 상승과 지불의사의 감소 사이에서 또는 역으로 가격 하락과 구매의사의 증대 사이에서 나타난다.

그러나 이것은 진실의 반쪽일 뿐이다. 시장에는 포지티브 피드백(positive feedback) 과정도 존재하기 때문이다. 그것은 말하자면 높은 또는 상승하는 가격이 안정된 또는 심지어 증가하는 지불의사를 동반하는 현상이다. 이 현상은 예를 들어 사치성 클럽재와 과시 소비에서 그리고 특히 금융시장에서 나타난다. 금융시장에서도 가격은 아마 수요 측 불안이 임계치에 도달할 때까지만 상승하겠지만, 임계치에 도달하기 전까지는 공급, 가격 및 수요가 모두 증가하는 포지티브 피드백 과정이 작동한다. 그 이유는 해당 재화에 대한 수요가 처음부터 그 정도로 충분히 존재하고 있거나 혹은 수요자들이 가격이 계속 상승할 것으로 예상한다는 데 있다. 후자의 경우 더 늦게 구매할수록 더 비싸게 사야 할 것이다. 특히 금융자산의 경우에는 해당 자산의 수익률이나 시장가치가 상승할 것이라는 예상 자체가 포지티브 피드백 동학을 추동한다.

이러한 포지티브 피드백 과정에는 어떤 특정한 한계도 없다. 사람들은 지불의사 또는 위험 감수 의도가 언제 사라질지 알 수 없고, 이는 자산 가격의 상승이 예상되는 경우에는 더욱 그러하다. 금융시장 활황이 결국 언젠가는 종식될 수밖에 없다는 사실은 누구나 알고 있지만, 이 활황이 어느 시점에 어떤 가격 수준에서 종식될 것인지에 관한 믿을만한 지식을 가진 사람은 아무도 없다. 금융시장 활황은 그것이 실제로 종식될 때까지 지속할 뿐이다. 그러나 사람들은 그때가 오면 무슨 일이 벌어질지는 잘 안다. 시장가격이 하락하거나 심지어는 폭락하고, 금융 자본은 제한된 범위이지만 파괴되고, 향후 대규모 붕괴로 이어져 경제위기가 발발할 수도 있다. 이런 사태를 일으키는 주원인은 언제나 과잉투자와 과잉차입을 유발하는 과잉신용에서 찾을 수밖에 없다. 과잉신용은 화폐적 신용의 과다 주입에 의해 일어나지만, 이에 못지않게 중개적인 증권화 기법[예를 들어 자산담보부증권(ABS), 주택저당증권(MBS) 등—옮긴이]의 과도한 활용에 의해서도 일어난다.

그럼에도 금융시장에는 네거티브 피드백 요소가 제동을 가하고 있음을 부정할 수는 없다. 행위자들이 가격 및 위험 노출의 적절한 수준에 대해 제대로 유의하고 있기 때문이다. 그러나 만약 당신이 사업가이고 사업계에 계속 머물고 싶다면 수익이 뻔히 보이는 거래를 그냥 지나칠 수는 없을 것이다. 전 시티그룹 CEO 프린스(Ch. Prince)는 이를 두고 "음악이 연주되고 있는 한 일어나 춤을 출 수밖에 없다"고 말한 바 있다. 이처럼 이성은 무한한 포지티브 피드백 회로에 반복해 사로잡힌다. 이런 상태는 각자의 자금 동원 능력이 한계에 부닥쳐 금융 위기가 격발될 때까지 지속된다. 스스로를 추동하는 과욕의 동학으로 인한 금융시장 실패는 민스키(Minsky)의 금융 불안정 가설로, 그리고 특히 최종의 폰지 단계(Ponzi stage; 기하급수적으로 증대하는 눈덩이 효과)로 묘사된 바 있다.[117] 실러(Shiller)는 피드백 금융위기 이론에서 이를 시장의 비이성적인 과열(irrational exuberance)로 표현했다.[118] 자본주의에는 이런 메커니즘이 상존한다.[119] 현실의 시장들은 군중의 지성(crowd intelligence)에 의해 움직이는 게 확실하지만 군중의 어리석음과 광기로 움직일 때도 있다. 경제가 수용할 수 있는 통화량 그리고 경제가 실질 생산성과 근로소득을 손상시키지 않고 소화할 수 있는 금융적 청구권의 양에는 한도가 있다[120]는 사실에 대한 무지는 적어도 통화정책과 금융시장 규제에 관한 중요한 지식 격차(knowledge gap)를 보여준다.

---

[117] Minsky(1982a, 1986).

[118] Shiller(2015, p. 225).

[119] Laeven and Valencia(2008), Dt. Bank Markets Research(2014, 2017).

[120] (옮긴이 주) 후버, 『주권화폐』, p. 188 참조.

• • • •

제4장

화폐 주권. 준–주권 명령화폐로서의 은행화폐

> **핵심 용어**
> 화폐 주권, 지급수단들 간의 경쟁, 주권화폐와 민간화폐 간의 투쟁, 준–주권 지위를 누리는 은행화폐, 헌법적 중요성을 갖는 화폐 특권

고대 및 근대 초기의 상인 자본주의에서 희소성을 벗어날 수 없었던 전통적인 상품화폐(commodity money)로부터 자의적인 창조가 가능한 현대의 증표화폐(token money)로의 이행은 불가피한 것이었다.[121] 만약 이 이행이 없었더라면 현대적인 경제, 생산적인 산업, 인구 증가 및 생활수준의 전반적인 상승도 없었을 것이다. 그러나 이와 동시에 화폐 창조가 장기적인 균형을 달성하면서 이루어진 적도 거의 없었다. 이 점은 화폐 창조가 국가(국가 법에 의거해 관장되는 재무부와 중앙은행)에 의해 이루어지는가 아니면 은행(그리고 사법에 의거해 관장되는 중앙은행)에 의해 이루어지는가 하는 문제와는 무

---

[121] Simmel(2004 [1900], p. 173)은 화폐 증표(tokens)의 상징적 형태가 실물 화폐와 점진적으로 중첩되는 현상에 주목해 이로부터 화폐의 점진적인 "탈물질화" 테제를 제시했다. 그는 이미 이러한 이행이 진행 중임을 알고 있었던 것이다.

관했다. 게다가 현대 화폐의 발전과 더불어 한편으로는 국가 그리고 다른 한편으로는 은행은 물론 지금은 여타 민간화폐 발행자들 사이에 (화폐 발행권을 둘러싼—옮긴이) 줄기찬 투쟁이 지금까지 계속되고 있다. 이 투쟁 과정에서 국가는 자신의 화폐 주권자 지위를 유지하고자 한다면, 은행은 이 지위를 찬탈해 자신이 화폐 권력을 행사하고자 한다.[122]

1800년 이후 고전파 경제학계는 이 문제를 두고 이미 분열한 바 있었다. 은행학파(banking school)는 은행이 민간 은행권을 자의적으로 유통에 주입하는 방식을 옹호했다. 그들은 공급과 수요의 자유로운 상호작용이 '진성어음(real bills)'을 담보로 이루어지기 때문에 지폐가 '실질' 면에서 필요한 금액 이상으로 발행되는 일은 결코 있을 수 없다고 확신했다. 통화학파(currency school)는 이 주장을 반박하는 논거로 실물 인플레이션 현상, 수용 문제 및 은행 위기를 들었다. 그래서 통화학파는 은행권 발행을 합법적으로 독점하는 하나의 기관—여기서는 영란은행(Bank of England)—이 존재해야 하고, 이 독점은 당시의 맥락에서 금본위제에 결박되어야 한다고 주장했다.[123]

1930~1960년대의 신자유주의(neoliberalism)에서도 이와 유사한 분열이 나타났다. 신오스트리아(neo-Austrian) 학파의 하이에크 분파(Hayekian strand)는 급진적인 자유 은행업과 제약 없는 통화 그리고 법정통화 없는 화폐 경쟁(화폐의 탈국유화)을 교리로 삼았고, 이들의 주장은 몇 십 년 후 금융시장 해방으로 이어졌다.[124] 이들은 중앙은행을 비롯한 국가 관

---

[122] 또한 Galbraith(1995 [1975]), Goodhart(1998), Goodhart and Jensen(2015), Graeber(2012, pp. 46~71)을 보라. (옮긴이 주) 마틴의 『돈』(2019, 문학동네)은 영국의 화폐 대타협 과정을, 그리고 쑹훙빈의 『화폐전쟁』(2007, 랜덤하우스코리아(주))은 유럽과 미국에서 화폐 발행권과 민간 중앙은행 창립을 둘러싼 피비린내 나는 투쟁의 전개과정을 잘 보여준다.

[123] Vgl. Lutz(1936, pp. 8~18). Goodhart and Jensen(2015). O'Brien(1994, 2007).

[124] Rothbard(1962), Hayek(1976), Huerta de Soto(2009, Chapter. 8).

료기구가 추정된 지식(presumption of knowledge)[125]에 지배된다고 말한다. 시장의 집단 지능(crowd intelligence)이 더 우수한 탐색과 학습 과정을 가져다줄 것으로 가정하는 것이다. 물론 이러한 가정 자체가 일종의 추정된 지식이며, 특히 군중의 어리석음(crowd foolishness)이 반복해서 나타나는 부정할 수 없는 현실 앞에서는 더욱 그러하다.

이러한 신자유주의의 하이에키언 극단에 상반되는 입장을 취한 것이 질서자유주의(ordoliberalism) 그리고 통화정책 면에서는 초기 시카고학파(Chicago school)와 피셔(I. Fisher) 같은 개별 선각자들이었다. 화폐 문제에 관한 한 질서자유주의는 통화주의 전통 그리고 크나프(Knapp)가 맨 먼저 주장하고 케인스도 옹호했던, 이른바 국정화폐(chartalism) 이론의 전통을 계승한다. 이에 따르면, 화폐가 진정 사법(private law)이 아니라 국가법(state law)의 창조물이라 하더라도 그것은 모든 시장경제의 중추를 이루는 일반 목적을 가진 도구이다.[126] 화폐의 '사용(uses)이 아니라' 화폐의 '창조'에 대한 통제권은 헌법적 중요성을 지닌 특권으로 간주된다. 그래서 질서자유주의는 국가통화와 이 통화로 표시된 화폐를 다른 모든 재화와 서비스처럼 경쟁 상태에 방치하는 것에 반대했다.[127]

이러한 맥락에서 1929년 월스트리트의 주가 대폭락 이후 초기 시카고학파와 피셔는 은행화폐의 과다발행 반복을 종식하기 위해 요구불 예금에 100% 지준금 제도를 적용하자고 주장했다.[128] 미국의 수많은 경제학자와 정치인들도 이 계획을 지지했다.[129] 은행업 이해관계자들은 세력상의 우월

---

[125] (옮긴이 주) 진실한 것으로 인정하여 사실로 받아들이는 것을 말한다.
[126] Knapp(1924 [1905]). Lutz(1936). Henry(2004). Hudson(2004). Graeber(2012).
[127] Lutz(1936, p. 14), Eucken(1959, p. 161).
[128] Soddy(1934), Hart(1935), Fisher(1935), Simons(1948), Friedman(1959).
[129] Cf. Douglas et al.(1939).

함에도 불구하고 1933년에 분할 은행업 시스템(글래스-스티걀 법, Glass-Steagall Act)의 도입을 수락할 수밖에 없었다. 이 법에 의거하여 은행들은 연준에서 차입할 수 있고 은행화폐를 창조할 수 있는 상업은행(commercial bank)이 될 것인지 아니면 비화폐적인 투자은행(investment bank)이 될 것인지 둘 중 하나를 선택해야 했다. 그러나 무엇보다 상업은행이 투자은행에 활동 자금을 제공하는 데에 어떤 제한도 가해지지 않았기 때문에 이 조치는 실효성이 없었다. 분할 은행업 시스템은 점차 약화했고, 투자은행이 상업은행처럼 영업하는 것이 다시 허용되었다. 이처럼 법률상로만 남아 있던 관련 조항들이 모두 폐지된 것은 1999년이었다.

근대 이전에 그리고 화폐가 기원한 고대에도 이미 삶의 공공 영역과 민간 영역 간의 구별은 이루어지고 있었지만, 민간 화폐는 쟁점의 대상이 되지 않았다. 알려진 바에 따르면, 회계용 화폐단위는 고대 메소포타미아와 이집트에서 통치자의 행정부서에 의해 개발되었다. 그 후 지금부터 약 2,700년 전에 (메소포타미아의—옮긴이) 리디아(Lydia) 왕국의 크로이소스(Croesus) 왕(?~BC 546)이 최초로 주화 형태의 화폐를 도입했다. 이후 주화 발행은 통치자의 권한이 되었고, 화폐는 사법이나 민법과 구별되는 공법이나 국가법의 한 요소로 계속 존재해왔다.

화폐 창조 권한 또는 민간 화폐 발행의 허가 및 통제 권한은 고대와 중세의 통치자와 이를 뒤이은 근대 국민국가의 특권이 되었다. 예외는 민간 '주조소(monetarii)'가 주화 제조 특권을 장악했던 서로마제국 몰락 이후의 시기이다. 이러한 상황은 18세기 후반 피핀 3세(Pippin III)와 그의 아들 샤를마뉴(Charlemagne)가 화폐 주권을 회복할 때까지 지속되었다. 그 배후에는 통치권을 가진 왕조들의 권력 및 이득 추구 노력뿐만 아니라 국가 조직과 공공 기반시설의 관리를 위한 소요 자금의 조달이라는 기능적인 필요가 놓여 있었다.

화폐 주권은 다음 세 가지 요소로 구성된다.

1. 일국의 회계용 화폐단위로서 통화의 결정,
2. 이 통화로 표시되는 화폐 또는 여러 화폐유형의 창조 및 발행,
3. 시뇨리지(seigniorage)[130], 즉 통화 창조에서 얻는 이득의 향유.

화폐 특권은 입법, 사법, 영토 관리, 과세 및 무력 사용처럼 헌법상의 중요한 특권들과 동등한 지위를 가진다. 제대로 운영되는 국가라면 어떤 국가도 이 특권들을 외국이나 민간 세력에게 고의로 넘겨주지는 않을 것이다. 예를 들어 어떤 국가도 부분적으로나마 과세 독점권을 민간 주체에게 양도하거나 혹은 무력 사용을 독점하지 않고 자칭 시민군이나 민간 군사세력과 공유하거나 혹은 교회법을 국가법과 경쟁하는 일종의 병행 법률(parallel law)로, 예를 들어 샤리아(Sharia)를 국가 사법부와 경쟁하는 병행 사법부(parallel justice)로 허용하는 것은 생각조차 할 수 없을 것이다.

그러나 많은 이해관계자 집단이 국가법의 창조물로서의 화폐를 폐지하고 화폐를 민법과 사적 계약의 산물로 재규정할 것을 바라고 있다. 주권 화폐라는 특권은 이익과 권력 그리고 자부심 등의 측면에서 너무나 유혹적인 것임이 확실하기 때문이다. 그래서 누구나 이 특권을 최대한 많이 차지하려고 애쓰는 것은 당연한 일이다. 화폐화되고 금융화된 현대 사회에서 돈에 대한 통제권—그 창조와 최초 사용 그리고 배분—의 행사는 명령과 지침을 내릴 수 있는 합법적인 권한 다음가는 최고의 권력을 휘두르는 것이다.

20세기를 거치면서 은행화폐가 시스템 지배력을 가질 정도로 부상한 결과 화폐 주권의 세 가지 구성요소 중 단 한 가지—공식 통화단위의 결정—만 아직 손을 타지 않았다. 그러나 화폐의 창조와 이와 연관된 시뇨리지

---

130 (옮긴이 주) 화폐발행차익, 즉 명목(액면)가치에서 발행비용을 공제한 부분을 말한다. 어원상 프랑스어 영주(seigneur)에서 기원한 것으로 알려져 있다. 모든 증표화폐의 발행은 시뇨리지를 동반한다. 지금은 일반적으로 화폐 발행과 관련하여 누릴 수 있는 다양한 형태의 이익을 통칭한다.

이익(자금조달 비용의 상당한 절약)은 은행 부문에 양도되었다. 원래 '국가의 은행'으로 시작했던 중앙은행은 '은행들의 은행'으로 변신했다. 오늘날 시스템적 관련성을 지닌 은행은 모두 중앙은행이라는 사실상의 지원 보증인을 갖고 있다. 중앙은행이 '최종 대부자(lender of last resort)' 역할은 물론 국채시장과 부분적으로는 회사채 시장에서 '최종 시장 조성자(market maker of last resort)' 역할을 대폭 확대해왔기 때문이다.

그리고 정부들은 나름대로 은행화폐 및 은행의 존재를 위한 '최종 보증인(guarantor of last resort)' 역할을 수행해왔다. 1930년대 이래 은행화폐는 은행 자체가 (다소 소규모로) 그리고 정부가 (대규모로) 제공하는 예금보험에 의해 법적으로 보장되고 있다. 정부들은 필요하다면 구제금융까지 제공할 준비가 되어 있다. 예를 들어 정부는 파산 위험에 처한 대형은행을 일시적으로 국유화하거나 국가 자금을 동원해 어떤 방법으로든 파산 은행의 자본을 확충해주기도 한다. 지금은 은행을 파산에서 구하기 위해 심지어 고객 예금까지 합법적으로 동원하는 이른바 베일-인(bail-in)[131]까지 도입되었다.

민간 지급수단인 은행화폐가 각국의 중앙은행이나 재무부 또는 정부의 보증을 통해 갈수록 더 많은 지원을 받지 않았더라면 이미 1930년대 말과 대공황 기간에 소멸했을지도 모른다. 아니 좀 더 정확히 말하면 당시의 순수한 민간 지급수단으로서의 은행화폐는 실제로 '소멸했다.' 왜냐하면 중앙은행과 정부가 은행 부문 전체는 물론 특히 현재 시스템적 관련성을 지닌 은행이라고 불리는 것들까지 책임을 지기 시작했기 때문이다. 은행화폐와 중앙은행 준비금은, 그리고 이에 따라 상업은행과 중앙은행도, 서로 밀접하게 얽히고 또 상호의존적인 것으로 되었다. 이러한 상태를 혼합(mixed) 화폐 시스템으로 보는 것은 틀렸다고 단정하기는 어렵다 해도 실상을 혼란스

---

[131] (옮긴이 주) 은행의 손실을 메우기 위해 고객 예금을 은행의 자본(지분)으로 강제 전환하는 것으로 외부에서 구제자금이 제공되는 베일-아웃(bail-out)과 대비된다.

럽게 또 모호하게 만드는 것도 사실이다. 우리가 지금 다루고 있는 것은 각국 중앙은행의 지원을 받으며 정부에 의해 보증되는 진짜 민간 은행화폐 체제이기 때문이다. 이 체제에서는 중앙은행과 정부가 은행 부문과 그림자은행이 공동으로 선도하는 길을 뒤따라가며, 순수한 민간 은행화폐가 준-주권적 지위—헌법에 없는 기형아—를 누린다.

　이러한 발전의 배후에는 심각한 은행 및 금융 위기의 반복이라는 경험적인 이유가 있다. 이 경험 때문에 국가화폐—사실은 은행화폐—의 공급 차질을 우려하게 되었고, 또 경제가 계속 굴러가기 위해서는 은행화폐의 지속적인 유통이 불가피하다는 생각을 하게 되었던 것이다. 정치인과 중앙은행가들은 위기가 발생할 때마다 현행 화폐 및 은행 시스템의 작동방식을 재검토하는 것이 아니라 오히려 민간 은행화폐의 특권을 강화하는 것을 선택했다. 그들은 형식적인 규제강화(red tape)로 은행을 더 안전하게 만들 수 있다는 환상에 빠져 있었던 것이다. 규제강화의 가장 최근 사례는 2010년의 도드-프랭크 법안(Dodd-Frank Act)[132]일 것이다. 무려 1천 페이지에 달하는 이 법안에 포함된 수많은 조치들 중에 링펜싱(ring fencing)과 정리의향서(living wills) 조항이 있다.[133] 또 다른 사례는 은행의 유동성과 채무상환 능력에 관한 바젤(Basel) 규칙인데, 이 규칙은 새로움은 없고 기존 사고방식에 갇혀 있어 향후의 심각한 위기를 예방하는 데에 큰 도움이 되지 않을 것이다.

　높은 유동성 위험은 부분 지준금 은행 제도가 피해갈 수 없는 숙명이다. 아무리 치밀한 계산을 한다 해도 예기치 못한 사고나 계약 위반이 발

132　(옮긴이 주) 미국이 글로벌 금융위기로 나타난 문제점들을 해결하기 위해 지난 2010년 7월 제정한 금융개혁법. 2008년 금융위기를 부른 주범으로 꼽히는 파생상품의 거래 투명성을 높여 위험 수준을 줄이고 자산 500억 달러가 넘는 대형은행에 자본 확충을 강제하는 내용을 담고 있다.

133　(옮긴이 주) 링펜싱은 개인이나 회사의 금융자산 일부를 나머지와 분리하는 가상의 장벽을 말하며, 정리의향서는 파산 위기 직면 시 회사정리절차를 사전에 작성한 문서이다.

생할 수 있고, 이에 따른 은행 재무상태표의 불일치를 피할 방법이 없다는 점에서 은행의 위기와 파산 가능성을 완벽하게 통제할 수는 없기 때문이다.[134] 은행에서 위험을 제거하고, 이를 통해 은행화폐를 안전한 것으로 만들고자 하는 노력은 성공할 수 없다. 1800년대 초중반에 유럽 은행들의 자기자본 비율(equity ratios)은 30~40%였고, 미국 은행들은 40~50%였다.[135] 이토록 높은 비율로도 은행들은 위기, 대개는 채무불이행 상태를 모면할 수 없었다. 2008년에 은행의 자기자본 비율은 고작 8%에 지나지 않았지만, 지금은 새로운 요건(바젤 III)에 의해 15%로 강화되었다. 이 역시 향후 부분 지준금 은행 제도가 맞이할 위기를 예방하지는 못할 것이다. 위기 상황에서는 미수금 부도율이 높아지고 여타 금융자산의 가치도 감소한다. 심각한 위기에서는 아무리 많은 자기자본도 은행의 생존을 보장할 수 있는 안전판이 되지 못한다. 파산(bankruptcy)이라는 용어가 괜히 은행업(banking)이라는 단어에서 나온 것이 아니다.

    은행화폐는 중앙은행의 선도와 통제 하에 있고, 그래서 시스템 전체로 볼 때 은행 주도 준-주권 은행화폐 체제가 아니라 주권통화 시스템으로 볼 수 있다는 억지 주장이 널리 퍼져 있다. 그러나 이 주장에는 뭔가 희비극적인 요소가 있다. 이처럼 은행화폐가 불안전성을 내재하고 있으며, 위기에 처할 때마다 중앙은행과 정부의 개입으로 구조해줄 수밖에 없는 것이라면, 당연히 다음과 같은 의문이 제기될 수밖에 없다. 그것은 은행이 자신의 민간 부채를 떠안고 가도록 놔둠과 동시에 비 은행 대중에게 안전한 스톡으로서의 중앙은행 주권화폐를 제공하면—한때 주권 현금이 화폐공급을 지배

---

[134] (옮긴이 주) 재무상태표의 차변(자산) 합계와 대변(부채와 자본) 합계가 일치하지 않는 현상. 복식부기의 원리상 양변의 합계는 반드시 일치해야 한다. 불일치의 이유가 기장 오류가 아니라 위험의 현실화에 따른 자산 손실에 있다면, 이는 결국 자본 감소로 귀착한다. 자본 잠식은 물론 심각한 자본 감소는 은행에 대한 불신을 조장하고 심지어는 은행 파산으로 이어질 수 있다.

[135] Benink and Bentson(2005), Benink(2016, p. 31), *The Economist*, 2008. 12. 20, p. 58.

했던 것처럼 그리고 앞으로 CBDC가 적절하게 도입된다면 그렇게 될 수 있 듯이—쉽게 해결할 수 있을 문제를 두고 왜 이토록 엉망진창인 상황을 반복해서 받아들여야 하는가라는 의문이다. 헌법 규정의 준수를 위해서는 물론 통화정책의 실효성 회복을 위해서라도 화폐 시스템에 당장 억제와 균형의 원칙(checks and balances, 미국 정치의 기본원칙—옮긴이)을 다시 도입해야 할 적기가 왔다.

제5장
화폐공급의 구성에서 나타났던 역사적 전환기들

> **핵심 용어**
> 문제점과 위기들로 추동된 역사상의 화폐 전환기들, 주화에서 지폐로, 지폐에서 장부화폐로, 장부화폐에서 디지털토큰으로

5.1 화폐형태들의 획기적인 발흥과 몰락

현대의 화폐공급 구성은 지난 몇 세기를 거치면서 구조적인 변화를 겪어왔다.[136] 특정 화폐형태가 발흥했다가 몰락하는 현상은 밀물과 썰물의 반복에 비유할 만하다. 근대 이후 화폐의 발전 과정에는 세 차례의 조류 변화가 있었고, 현재 네 번째 조류 변화가 출현 중이다.

---

136 이 장 전체에서의 화폐의 역사에 관한 기술의 출처는 다음과 같다. Aluber and Kindleberger, Davies(2013), Ferguson(2008), Galbraith(1995 [1975]), Graeber(2012), Hixson(1993), Huerta de Soto(2009), Kindleberger and Laffargue(Eds.)(1982), O'Brien(1994, 2007), Siekmann(2016), Simmel(2004 [1900]), Skidelsky(2018), Zarlenga(2002).

(1) 1660년대에서 1840년대까지 :
　　↗ 규제 없는 지폐의 부상
　　↘ 주권주화의 시스템 관련 중요성 퇴조 시작
(2) 1840년대에서 1910년경까지 :
　　↗ 유럽에서 중앙은행 법정지폐의 부상
　　↘ 민간 은행권 및 여러 유형의 재무부 지폐(미국 재무부 지폐는 제외) 형태를 취하는 규제 없는 지폐의 퇴조
(3) 19세기 말에서 2010년경까지 :
　　↗ 은행화폐의 부상
　　↘ 중앙은행의 지폐와 준비금 퇴조
(4) 2020년대 이후 :
　　↗ 디지털 토큰, 특히 CBDC의 부상
　　↘ 장부화폐, 특히 은행화폐의 퇴조 시작.

물론 실제 세계에서 나타나는 화폐공급 구조의 재편 과정은 상기와 같은 추상적인 그림이 암시하는 것처럼 직선적인 모습을 띠는 것은 결코 아니다. 이와 마찬가지로 화폐공급 상의 조류 변화에서 중세의 엄대(tally stick)[137]는 물론 규제 없는 지폐가 그랬던 것처럼 특정 화폐유형의 절대적인 양적 감소 현상이 반드시 나타나지는 않는다. 실제로 총량으로 보면 재무부 동전, 재무부 및 중앙은행 지폐, 은행화폐, 중앙은행 준비금 등의 스톡

---

[137] (옮긴이 주) 영국 절대왕정이 물품을 구입한 뒤 지급수단으로 사용한 길고 가는 막대를 말한다. 막대에 가로로 거래의 내용을 표식한 뒤 세로로 두 조각으로 쪼개어 한쪽을 판매자에게 주었고 이를 나중에 조세로 납부하면 받아준다고 약속했다. 이에 따라 민간은 조세 납부 수단으로 사용하기 위해 엄대가 필요했기에 민간끼리의 거래에서 지급수단으로 사용될 수 있었다. 거래의 증명은 쪼개진 엄대의 두 쪽을 맞춰보는 것으로 확인이 가능했고 위조가 불가능했기에 안전한 지급수단으로 간주되어 널리 사용될 수 있었다.

은 아주 최근까지도 증가세를 멈춘 적이 없다. 이 현상은 지난 수 세기에 걸쳐 인구와 경제가 기하급수적으로 증가해왔다는 사실을 반영하는 것이기도 하다. 그러나 화폐공급의 구성에서 특정 화폐유형이 차지하는 '비중,' 즉 총량에 대한 비율이 특정한 역사적 시기에 낮은 수준에서 높은 수준까지 계속 상승했다가 바로 뒤이은 시기에는 이렇게 높아진 수준에서 계속해서 하락했다는 것은 사실이다.

한 지급수단의 부상과 뒤이은 퇴조는 마크 트웨인(Mark Twain)의 "역사는 반복하는 것이 아니라 종종 리듬을 탄다"라는 경구를 연상시킨다. 현대의 화폐공급 구성에서 나타났던 특징적인 전환기들은 구조적으로 유사한 문제점들과 위기가 유발한 변화들로 인해 발생했다. 뒤이어 전개될 화폐 전환기들에 관한 논의로부터 화폐공급 구성상의 유의미한 변화는 다음과 같은 경우에 일어난다고 가정할 수 있다.

(1) 각 화폐 시스템 또는 현재의 지배 화폐가 기존의 틀 속에서는 해결될 수 없는 문제점들을 야기할 때, 그리고
(2a) 이 문제점들에 대한 어떤 해법을 제공하며, 그리고/또는
(2b) 생산, 축장 및 처리 관련 비용 감소, 사용 편의 제고 및 화폐의 이체 속도 증가 등 더 높은 효율성을 제공하는 새로운 화폐유형이 등장할 때,

기존 화폐들은 새로운 경쟁 화폐들에 비해 편의성이 감소하고, 사용빈도가 줄고, 생산 및 처리 비용이 증가한다는 것이다.

간단히 핵심만 말하자면, 지금까지 마치 시계추의 왕복 운동처럼 이루어져 온 화폐공급 및 화폐 시스템의 구조재편은 화폐의 너무 적은 과소공급 시기가 화폐의 너무 많은 과다공급 시기로 교체되었음을 보여준다는 것이다. 근대 초기 여전히 주화가 지배하던 시기에 간간이 나타났던 은화 인

플레이션에도 불구하고 돈은 매우 희소했다. 이를 뒤이어 등장한 규제 없는 지폐 시대에는 돈이 너무 많이 창출되었다. 이어서 금본위 또는 복본위(금·은본위—옮긴이)에 기반을 둔 중앙은행의 지폐 독점 발행 시기가 등장했고, 화폐는 인위적으로 희소해졌다. 그러나 이러한 돈의 희소성은 그 자체로 지속하기 어려웠을 뿐만 아니라 은행 장부화폐의 확산으로 사라져갔다. 은행화폐 체제가 정착하면서 화폐 창조에는 사실상 한도가 없어졌다. 브레턴우즈 체제가 화폐 창조에 어느 정도 제한을 가하기는 했지만, 수명이 짧았던 이 체제가 점차 약화하자 화폐공급은 전례 없는 해방을 맞았다.

이와 유사하게 갈브레이스(J. K. Galbraith)는 이미 "부족한(tight) 화폐"의 시기와 "풍부한(loose) 화폐"의 시기의 교체 현상을 거론하면서 의견과 정책이 시계추처럼 이 두 시기 사이를 왕복했다고 말한 바 있다.[138] 마찬가지로 스키델스키(Skidelsky)도 "강성(hard) 화폐 이론과 연성(soft) 화폐 이론"을 비교하면서 역사적으로 나타났던 한 이론에서 다른 이론으로의 이행의 다양성에 관한 논지를 펼쳤다.[139] 화폐공급의 긴축 및 완화가 통화정책의 근본적인 관심사임에는 틀림없다. 그러나 이 책에서 말하는 화폐 전환기에 관한 논의의 일차적인 관심은 의견과 입장의 변화가 아니라 특정한 지급수단이 지배 화폐로 부상한 뒤 상대적으로 쇠퇴하거나 완전히 소멸한다는 실제 현상에 두어진다.

5.2 1660년대에서 1840년대까지 : 규제 없는 지폐의 상승기, 주권주화의 시스템적 중요성 퇴조 시작

근대 이전의 통화들은 주화통화(coin currencies)였다. 주화통화의 부족을

---

[138] Galbraith(1995 [1975], chs. 7, 8, 19).

[139] Skidelsky(2018, p. 39).

초래한 전형적인 요인은 은과 금의 주기적인 부족이었다. 스페인의 은 인플레이션을 초래한 원인으로 알려진 라틴아메리카로부터의 은과 금의 유입으로 주화 부족 상태가 실제로 완화되었던 것은 아니다. 은 인플레이션은 1550년대에 시작되어 약 100년 동안 지속한 뒤 사라졌다. 스페인에서 그리고 그 영향을 받았던 다른 지역들에서 물가가 상승하긴 했지만, 그 정도는 20세기의 인플레이션 파도에 비하면 미약하기 그지없는 것이었다. 그 과정에서 화폐의 전반적인 부족 상태가 해소된 것은 아니었던 것이다.

주화의 전반적인 부족 상태는 귀금속 주화의 비축 행태로 인해 더욱 악화했다. 주화는 종종 세금 징수인의 눈을 피해 은밀한 곳에 숨기는 방식으로 비축되기도 했다. 게다가 주화의 부족과 비축으로 말미암아 주화 변조(coin debasement) 국면이 반복해서 나타났다. 그중 한 방식은 기존의 은화를 가지고 액면은 그대로이지만 은 함유량은 더 낮은 주화로 다시 주조해서 재발행하는 짓을 수차례 반복하는 것이었다. 이러한 주화 변조는 은밀하고 부정한 방식으로 이루어지기도 했다. 활발한 주화 변조가 일어났던 마지막 시기는 '30년 전쟁' 기간인 1630년대였다. 역으로 주화 변조로 인해 지급수단으로 수락하기 어려운 주화가 늘어났고, 이에 따라 '양화(good money)'와 '악화(bad money)'의 등가를 유지하기도 어려워졌다.

이러한 사정을 배경으로 1660~1840년 시기에 새로운 화폐유형, 즉 지폐가 부상하기 시작했다. 은과 금이 여전히 지배적인 지위를 차지하고는 있었지만 그 시스템적 중요성은 수십 년에 걸쳐 상대적인 감소를 보였다. 지폐는 은과 금의 자연적인 희소성, 주화의 비축 및 반복적인 변조 등의 문제에 대한 해법을 제공했다. 지폐는 희소해질 이유가 없다. 필경이나 인쇄를 통해 수량과 관계없이 얼마든지 발행할 수 있기 때문이다.

은행권은 은과 지금(地金)에 의해 부분적으로 보장될 수 있지만 그 자체는 상품 가치를 갖지 않는다. 그럼에도 은행권은 주화 대신 수락되는 한 완벽한 구매력을 가진다. 지폐는 전통적인 상품화폐를 순전히 상징적인 또는 정보적인 가치를 갖는 증표(token)로 대체함으로써 현대 화폐로 이행하는 문을 열어주었다. 이 사실 때문에 왕의 스탬프가 찍힌 은화는 언제나 증표화폐였다는 케인스의 견해가 부정되는 것은 아니다. 그러나 지폐와 더불어 비로소 그 전통적인 상품으로서의 성격을 벗어던진 현대 화폐가 출현하기 시작했음은 확실하다.

채굴, 용해 및 처리가 까다롭고 비용도 많이 드는 주화나 지금(地金)과는 달리 지폐는 생산비가 훨씬 더 적게 들고 다루기도 훨씬 더 편리하다. 따라서 지폐 발행자가 누리는 시뇨리지도 훨씬 더 크다. 그리고 지갑으로 운반할 수 있는 은행권으로 더 큰 금액을 지급하는 것이 벨트 가방과 튼튼한 상자로 운반해야 하는 주화로 지급하는 것보다 훨씬 더 편리하다.

그러나 지폐는 위조될 수 있다. 지폐 위조는 그 이전의 사기적인 주화 변조를 계승한 것이다. 지폐 위조는 심지어 전쟁에서 또 다른 무기로 활용되기도 했다. 그것은 위조지폐를 만들어 적국의 통화를 교란하는 것이다. 예를 들어 영국은 미국독립전쟁 시기에 미국이 발행했던 '대륙달러지폐(continental dollar notes)'는 물론 프랑스 대혁명 시기에 혁명군이 발행한 '아씨냐 지폐(assignats)'를 위조해 유통시킴으로써 통화 난파를 도모했다. 독일 나치는 1943~1944년에 고도로 숙련된 수용소 죄수들에게 영국 파운드화 위조지폐를 만들게 함으로써 유사한 목적을 달성하고자 했다. 그러나 고액 거래의 대부분은 이미 오래전부터 무현금으로 이루어져 왔기 때문에 실제 효과는 기대만큼 크지는 않았다.

지폐는 왕이나 지자체로부터 특권을 부여받은 민간은행에 의해 주로 발행되었고, 일부는 은행권 발행 은행의 공동 운영자와 귀족에 의해 발행되기도 했다. 그러한 은행은 정부나 의회의 허가를 받아야 했지만, 여전히 민간에 의해 운영되었고 거의 규제를 받지 않았다. 그 전형적인 사례는 1656~1661년의 스톡홀름은행(Stockholms Banco), 1694년의 영란은행(Bank of England), 1705년의 콜로뉴 방코 디 지로 다프란카티오네(Cologne

Banco di Gyro d'Affrancatione), 존 로(John Law)가 운영한 1715년의 파리 소재 방크 제네랄(Banque Generale) 등이다.

　게다가 이 시기 내내 왕정과 군주정의 재무부서도 일시적으로 순수한 명령화폐를 자체 지폐로 사용했는데, 이들 재무부 지폐는 공공구매 및 공공사업, 대민 봉사 그리고 군대 유지를 위한 정부지출을 위해 채무 없이 발행되었다. 이것은 은행권처럼 사용되고, 세금 납부도 가능해 국내에서 좀 더 널리 수락될 수 있었다. 그러나 규칙상 이 재무부 지폐는 다른 나라로부터의 수입 대금 지급에는 사용할 수 없었다.

　같은 시기에 아메리카에서도 주화의 부족 때문에 나중에 미합중국의 주(州)로 될 지역들이 무보장 식민지 지폐(colonial bills) 또는 가증권(scrip)을 발행해 모든 납세자에게 채무 없이, 즉 이자 불입과 원금 상환 의무 없이 나누어주었다. 이로 인해 대부분의 지역에서는 인플레이션이 초래되지 않았고, 소수의 지역에서만 그것도 소규모 인플레이션이 나타났을 뿐이었다. 그 대신 이 식민지 지폐는 거대한 번영을 가져다주었다. 이 화폐 발행은 1751년과 1773년 사이에 영국통화법(British Currency Acts)에 의해 금지되었다. 영국 본국이 내린 이 금지 조치로 아메리카 식민지 지역은 막대한 경제적 피해를 입었고, 이 조치가 초래한 미국 거주자들의 증오심은 엄청난 것이어서 1775년 발발한 독립전쟁의 배후요인의 하나로 간주될 정도였다. 같은 해에 창설된 대륙의회(Continental Congress)는 '대륙달러'로 불리던 채무 없는 무보장 지폐를 발행했고, 이 덕분에 1775~1783년의 독립전쟁의 전비를 원활하게 조달할 수 있었던 것이다.

　전체적으로 볼 때, 당시에는 국가 발행 지폐와 국가로부터 특권을 부여받은 민간 은행 지폐 그리고 순수 민간 은행권이 혼용되고 있었다. 이 여러 지폐들의 구성비는 나라와 시기에 따라 달랐지만, 공통점은 그것들이 규제를 거의 받지 않았다는 것이다. 재무부 발행 지폐조차 '법정화폐'가 아니었다. 법정화폐라는 관념은 19세기에 들어서야 등장하기 때문이다. 과다발행이 일어나면 안 된다는 사실을 모두가 알고 있었음에도 지폐 발행 허가제를 제외하면 은행권 중심 화폐 체제에 관한 어떤 일관된 아이디어도 존재하지 않았다. 당시 식민지 미국의 주지사들은 과소발행과 과다발행 사이에서 균형을 잡는 데 대체로 성공했던 것으로 보인다. 그러나 존 로(John Law)와 그의 카드놀이 친구 뒤크 도를레앙(Duc d'Orléan)의 방크제네랄은 물론 프랑스 대혁명 시기 혁명정부가 발행했던 '아씨냐 지폐(assignats)'의 경우는 그렇지 못했다.

지폐는 더 많은 화폐공급을 가능케 함으로써 중상주의 시대에 재화 생산과 무역 증대를 지원할 수 있었다. 그러나 헤아릴 수 없을 정도로 많은 개인 은행과 지자체가 지폐를 발행했고, 그 대부분은 해당 지역 내에서만 통용됐다. 그리고 이 지폐들의 신뢰도는 불균등했고, 이는 은행권의 수용이 가변적이며 또 전반적으로 제한적임을 의미했다. 이와 관련해 지폐의 은화 태환 가능성이 문제가 되었다. 이 태환은 약속된 것이긴 했지만, 지폐 발행액의 아주 작은 일부에 대해서만 은화와 지금이 보유되고 있었기 때문에 이 약속은 항상 지켜질 수는 없는 상황이었다. 보편적 수용의 결여라는 문제는 18세기 내내 그리고 19세기 상당한 기간 동안 규제 없는 지폐의 아킬레스건이었다. 수용성이 천차만별인 지폐들이 국내 시장의 통합과 국제무역의 발전을 저해하고 있었다.

게다가 지폐 발행의 용이성 때문에 일부 은행가와 재무부는 처음부터 지폐의 과다발행이라는 유혹에 빠져들었다. 그 결과 통화의 구매력과 통화 간 교환비율이 불안정해졌을 뿐만 아니라 은행 위기의 발생과 당시까지는 존재조차 하지 않던 과잉투자와 수요부족에 기인하는 거품의 형성-폭발(boom-burst)이라는 사이클까지 나타났다. 나중에 경기변동이라 불리게 될 이런 사이클은 나폴레옹 전쟁과 1830~1840년대 이후 널리 진행된 공업화와 더불어 정착했다.

5.3 1840년대에서 1910년경까지 : 국가 중앙은행 지폐의 상승기, 규제 없는 지폐의 쇠퇴기

유럽에서 두 번째 화폐 전환점은 1833~1844년(영국)에 시작되었고 1914년(제1차 세계대전)까지 계속되었다. 이 시기에 각국에서 중앙은행 지폐가 부상하고 모든 종류의 규제 없는 지폐가 쇠락했다. 이 과정에서 결국 중앙은행 지폐가 법정지폐(legal-tender note)로서 독점을 확립했고, 이러한 상황이 오늘날까지 이어지고 있다. 규제 없는 지폐로부터 법정지폐로의 이행에는 수십 년이 소요되었지만, 결국 유럽에는 민간 은행권이 모두 사라졌고 재무부 지폐는 소규모로 남게 되었다.

이 시기에 중앙은행 지폐는 지배적인 화폐유형이 되었다. 중앙은행 지폐에는 부분적인 수용성과 불안정한 평가(平價, parity) 그리고 규제 없는 지폐의 구매력 등의 문제가 없다. 중앙은행 지폐는 모든 곳에서 모든 사람이 모든 것의 지급수단으로 수락함으로써 유용하고 보편적인 지급수단임이 증명된 것이다. 국가 발행 은행권은 통합된 국민경제의 구축을 위해 선택된 수단이었다.

1830~1840년대에 영국의 통화학파는 중앙은행권의 독점적인 유통의 확립에 결정적인 역할을 했다. 당시에 그들은 민간화폐를 옹호한 은행학파와 대치하고 있었다. 중앙은행권의 법적 기반은 1833년 영란은행법과 1844년 은행허가법(Bank Charter Act)에 의해 갖추어졌다. 이 법들은 1867년 파리회의(Paris Meeting)에서 대다수 유럽 나라들의 준거점이 되었다. 중앙은행 지폐는 여전히 지폐이긴 하지만, 화폐적으로는 다른 유형의 화폐, 즉 법정화폐(legal tender)이다. 법정화폐는 국민국가의 화폐 주권을 반영하며, 법적 사명을 기반으로 하는 국가의 중앙은행에 의해 발행된다.

그런데 함정이 하나 있었고, 그것은 바로 금본위제였다. 민간은행의 지폐 과다발행을 비난해왔던 영국의 지금주의자들(bullionists)과 통화학파

지지자들은 나중에 영란은행에 대해서도 동일한 비난을 가했다. 이들의 고집 때문에 금본위제는 곧장 중앙은행 지폐 체제의 토대가 되었다. 금본위제의 노림은 보유 금 스톡으로 중앙은행 지폐 발행을 제한하는 데 있었다. 이렇게 해서 귀금속 주화의 자연적인 희소성이 인위적으로 재생산되었다. 그들은 금본위제가 화폐의 안정성을 보장할 일종의 닻이 될 것으로 생각했고, 이 생각은 오랫동안 지속했다. 그리하여 1944년 브레턴우즈(Bretton Woods) 협정에서조차 금으로 보장되는 미국달러 체제가 확립되었다. 어떤 금본위제도 케인스가 말한 '야만적인 유물(barbarous relic)'로 간주되지 않았던 것이다.

실제로 금본위제는 당시 화폐공급 확대를 요청하는 요인들(인구 증가, 도시화, 산업화, 국제무역 증대)에 부응하는 것을 방해하는 퇴영적인 장애물임이 드러났다. 금본위제는 디플레이션을 유발하는 잠재적인 걸림돌로서 자금 배분과 소득 분배에 불필요한 애로를 조성함으로써 빈곤과 사회계급 간 적대를 조장했다.

미국에서는 사태의 전개가 처음부터 달랐다. 민간 중앙은행의 설립 승인을 획득하려는 시도가 두 차례 불연속적으로 있은 뒤 링컨 대통령의 재무부는 1862년에 남북전쟁 전비 마련을 위해 무보장 법정지폐를 발행했다. 이것이 지금까지도 유명한 '그린백(greenbacks)'이다. 남부연방(Confederate)도 이를 모방해 '그레이백(greybacks)'을 발행했다. 이후에도 재무부 지폐는 그 발행액은 감소했지만 이 주권화폐의 창조 절차가 1960~1990년대에 종식될 때까지 종종 재발행되곤 했다. 재무부 지폐는 1914년부터 발행되기 시작한 연준 지폐와 나란히 법정화폐로서 지금도 여전히 유효하다. 미국 연준은 당시 '뉴욕 국제 은행가들'로 알려져 있던 한 집단의 주도하에 창설된 뒤 지금도 여전히 민간 법인 지위를 유지하고 있다. 그러나 시간이 흐르면서 연준의 가장 중요한 기능—최고위층 인사, 통화정책 및 시뇨리지 관련—은 공법의 규제를 받으면서 재무부의 적극적인 참여하에 수행된다.

이처럼 아메리카와 유럽에서의 사태 전개가 서로 다름으로써 무시할 수 없는 제도적 및 법적 차이점이 초래되긴 했지만, 그 지향점은 동일했다.

5.4 19세기 말에서 2010년경까지 : 은행화폐의 상승기, 중앙은행 지폐 및 준비금의 쇠퇴기

화폐 전환의 세 번째 물결은 1900년 전후 몇 십 년 사이에 시작해 지금까지 이어지고 있다. 그러나 현재 이 시기는 종식을 향해가고 있다. 이 시기의 특징은 은행화폐의 부상과 (중앙은행화폐인 — 옮긴이) 현금 및 준비금의 쇠락이다. 은행화폐는 아마 2008년 은행 위기를 계기로 지배 화폐로서의 정점을 이미 지난 것으로 보이며, 현금은 물론 준비금도 2008년 위기 이전까지 쇠락해왔다.

    은행화폐의 부상은 대략 두 단계를 거쳤다. 첫 번째 단계는 여전히 유럽 식민지주의와 국제적 자유무역의 시대에 속하는 1880년대에 시작해 제1차 세계대전과 1929년 대공황 발발과 더불어 끝났다. 두 번째 단계는 제2차 세계대전 이후의 '경제 기적'과 국제무역의 새로운 확대 그리고 자본의 국경 간 이동과 더불어 시작했다. 뒤이은 세계화 시기는 2010년대를 지나면서 정점에 도달한 것으로 보이는데, 이 시기는 냉전의 종식과 중국의 부상을 포함한다.

    유럽과 북미의 경우 은행화폐가 M1에서 차지하는 비중은 애초의 약 20~30%에서 출발해 첫 단계에서 약 55~60%로 상승했고, 두 번째 단계에서는 오늘날의 수준인 85~97%로 상승했다. 이와는 반대로 현금의 비중은 1870년의 약 80%에서 1900년경에는 60%로, 이어서 1920~1960년대에는 40~45%로 그리고 지금은 고작 2~10%로 낮아졌다.[140]

---

140 나라별 데이터들은 범주(number)와 기간 면에서 차이가 있지만, 구조적으로는 미국, 영국,

이처럼 은행화폐에 유리한 조수 변화를 초래한 것은 중앙은행의 지폐 발행 독점이 아니라 금본위제 자체가 지닌 문제였다. 금본위제에 내포된 화폐의 인위적인 희소성이 빠르게 증가하고 있던 인구, 산업 및 교역을 저해하고 있었던 것이다. 그 결과 금본위제는 반복해서 완화되거나 심지어는 일시적으로 중단될 수밖에 없었다. 나아가 일정액의 국채가 금 보장의 일부로 포함되기도 했지만, 이 조치 때문에 큰 소란이 일어나지는 않았다.

이보다 더 중요한 것은 은행 부문이 현금을 대체하는 수단이자 금본위제의 제약을 극복하는 수단으로서 장부화폐가 지닌 가능성을 개척했다는 사실이다. 그것은 비 은행 주체의 계좌잔고의 이체 그리고 은행 간 청구권과 부채의 상호청산을 통한 무현금 지급이다. 은행화폐는 1900년 전후 수십 년을 거치면서 일반적인 지급수단으로 부상했다. 화폐의 은행신용 이론은 1890년대로 거슬러 올라간다.[141] 1920~1930년대에는 무현금 지급이 더욱 광범하게 확산해 수표책 경제(chequebook economy)라 불리기도 했다. 그러나 오래전부터 사용되어온 수표책은 은행화폐의 확산 때문에 대중화되지는 않았다.

독일, 스위스의 중앙은행과 통계청에서 제공하는 통계 시계열 자료가 보여주는 경로를 따르고 있다. 미국은 현재 현금 비중이 M1의 절반, 즉 은행화폐의 비중과 같다는 점에서 다른 나라들과는 상황이 다른 것처럼 보이지만, 이에 현혹되어서는 안 된다. 1950~1960년대에 미국에서 현금의 비중은 M1의 20%에 불과했다. 그러나 그 후로 미국 달러가 지배적인 세계 통화로 부상하면서 이 비중이 꾸준히 상승했다. 그 결과 달러 지폐의 대부분은 미국에서 유통되는 것이 아니라 해외에서 병행통화(parallel currency)로 그리고 전 세계적으로 지하통화(underground currency)로 유통한다. 2015년경부터 지하통화 부분은 비트코인과 여타 암호화폐에 의해 점점 더 많이 잠식되었고, 달러 지폐의 스톡도 감소했다. 이와 동시에, 미국에서 비현금 화폐의 비중은 보이는 것보다 훨씬 더 높다. 한편으로, M2 잔고의 사용 가능성으로 인해 M1과 M2(저축 및 정기예금) 간의 경계가 흐릿해졌으며, 그래서 이자만 낳아준다면 후자가 선호된다. 다른 한편으로, M1에서 요구불예금은 M1의 2.4배에 달할 정도로 증가한 단기금융펀드(MMF) 지분에 의해 부분적으로 대체되고 또 대개는 중첩되었다.

141 Vgl. Ingham(2004), Foundations in Macleod(1889), Withers(1909), Hawtrey(1919), Schumpeter(1934 [1911], p. 110)를 참조하라.

계좌잔고의 청산은 중세 말 르네상스(Rinascimento) 시대의 이탈리아 은행들까지 거슬러 올라간다. 그러나 당시 그 실천은 은행과 상인집단에 한정되어 있었다. 19세기 후반에 이르러 그 실행 기반이 확장함에 따라 은행화폐의 역할도 강화했다. 19세기 초의 지폐 개혁에서는 지급방식으로서 유동적인 예금의 이체가 고려되지 않았던 것이다. 이리하여 고객 계좌잔고의 은행 간 청산이 일반적인 지급방식으로 확립될 수 있었고, 은행화폐를 사용하는 기업과 민간 및 공공 행위자가 끊임없이 늘어남으로써 결국 거의 모든 사람이 사용하는 새로운 화폐 대용물로 부상할 수 있었다. 중앙은행은 은행들이 자신에게 개설한 계좌들 간의 청산이라는 방식으로 은행 간 무현금(즉, 준비금—옮긴이) 지급을 시행함으로써 이러한 발전에 공헌했다.

무현금 지급의 실행은 19세기와 20세기 전체를 통해 텔레커뮤니케이션(telecommunications)과 데이터 프로세싱(data processing) 분야의 지속적인 혁신의 지원을 받았다. 이 혁신은 우편 서비스, 전신과 전화에서 시작해 계산용 및 표 작성 기계와 텔렉스(telex)를 거쳐 컴퓨터와 인터넷까지 포괄한다. 무현금 지급은 현금 지급보다 더 편리하고 비용이 덜 든다. 어쨌든 도매 은행업의 수많은 지급이나 거액 지급의 경우에는 특히 그러하다. 또한 은행화폐—즉, 고객 계좌에 입금액과 인출액의 기입—는 은행권보다 제공과 처리가 더 용이하고 비용도 더 적게 든다. 화폐 사용자도 편의성 이점을 누린다. 은행화폐는 저장과 처리 면에서 지폐나 동전보다 더 안전하다. 계좌잔고는 지폐와 같은 방식으로는 위조될 수 없기 때문이다. 현금은 기술적 및 화폐적 효율성 면에서 기술 기반 무현금 지급과 경쟁상대조차 될 수 없다. 이렇게 해서 1960~1970년대 이후 은행화폐가 곧 시스템을 완전히 지배할 힘을 장악할 수 있는 마지막 길이 닦여졌다.

은행화폐의 확산은 금본위제의 종식에 크게 공헌했다. 1930년대의 경제 활성화 프로그램뿐만 아니라 특히 두 차례의 세계대전 전비 조달을 위해 은행화폐 수요가 증대했고, 이로 인해 금본위제는 더욱 빈번하게 중단되었다. 금본위제는 1944년 브레턴우즈 회의에서 합의된 금 연계 미국달러 본위제로 이어졌다. 이 금-달러 본위제는 채택된 뒤 얼마 지나지 않아 미국이 1950~1953년의 한국전쟁과 1965~1975년의 베트남 전쟁에 개입하면서 약화하기 시작했다. 결국 1971년에 미국 닉슨 대통령은 달러의 금 태환(gold peg)을 폐지했다.

그 후 사실상 '미국 국고채(재무부 채권—옮긴이) 본위'가 그 자리를 대체했다.[142] 이로 인해 1980년경부터 통화량은 훨씬 더 큰 규모로 팽창했고, 이것이 지속적인 경제성장과 생활수준의 꾸준한 향상에 도움을 줬음은 확실하다. 그러나 이 시기의 쇠퇴 국면에서는 금융자산과 채무화(indebteness)의 과도한 역동성이—19세기의 규제 없는 지폐의 과다발행의 경우와 유사하지만 훨씬 더 큰 규모로—나타났다. 은행화폐의 팽창은 1980년경 이전까지는 고 인플레이션을 동반했지만, 이 시점 이후에는 탈 인플레이션과 강한 자산 인플레이션 그리고 이에 따른 금융 취약성을 증대시켰다.

5.5 2020년대 이후 : 디지털토큰, 특히 CBDC의 부상기

현재 은행화폐는 화폐적 지배력을 완전히 장악하고 있을 뿐만 아니라 준-국가화폐의 지위까지 차지했다. 은행화폐 체제와 관련된 몇 가지 문제는 앞선 장들에서 자세히 다룬 바 있다. 현금과 시스템의 작동에 불가결한 준비금의 역할이 감소함에 따라 통화정책은 수량 지렛대가 짧아져 효율성이 감소했다. 이에 따라 화폐 시스템의 관리 가능성에 의문이 제기되었다. 중앙은행이 은행화폐 체제의 역동성이 초래하는 과도한 위기 유발 경향성을 억제할 수 없다는 사실이 명백해졌다. 중앙은행은 오히려 은행 부문의 부속물

---

[142] Hudson(2003 [1972], p. 377).

처럼 행동하며, '어떤' 상황에서든 은행의 부분적인 재융자 수요를 수용할 수밖에 없다. 이 점은 특히 은행이 자초한 위기 상황에서 더 뚜렷이 드러난다. 불운하게도 이러한 상황은 은행화폐 체제가 지속하고 은행화폐가 지배력을 행사하고 있는 한 근본적으로 바뀔 수는 없다.

이와 동시에 새로운 유형의 화폐 대용물들이 등장하고 있다. 이것들은 MMF 지분과 e-머니 그리고 나머지 대부분은 디지털화폐이다. 이 디지털화폐들은 한편으로는 무보장 민간 암호화폐와 가장 최근에 나타난 은행화폐 및 증권으로 보장되는 스테이블코인이며, 그리고 다른 한편으로는 중앙은행 디지털화폐(CBDC)이다. CBDC의 수량이 증가해 일정한 임계치에 도달하면 효과적인 통화정책이 회복될 수 있다. 게다가 디지털화폐는 일반적으로 더 효율적이고, 더 싸고, 더 편리한 지급 거래뿐만 아니라 디지털토큰의 프로그래밍 가능성과 연계해 훨씬 더 장기적인 혁신을 약속한다.

이리하여 화폐공급의 또 다른 역사적인 재구성을 위한 전제조건이 갖춰지고 있으며, 이 과정이 이미 진행 중임을 보여주는 지표들이 있다. 이 과정은 혁명이 아니라 여전히 화폐공급의 구성을 변경시키는 구조적인 경향의 하나이며, 이 경향은 관련된 화폐 및 금융기관들(은행, 그림자은행 및 중앙은행)의 역할 재편을 포함한다. 현재 진행 중인 이 과정은 그 성격과 범위에서 이전의 획기적인 화폐 전환기들에 비견할 만하다.

디지털화폐가 얼마나 빠르게 그리고 얼마나 광범하게 확산할 것인지 그리고 은행화폐가 얼마나 멀리 그리고 얼마나 오랫동안 지속할 것인지는 CBDC 관련 시행 원칙은 물론 정치·경제적 패러다임의 유의미한 변화 등 수많은 조건에 달려 있을 것이다. 인식론자 쿤(Th. Kuhn)에 따르면, 패러다임 이동은 현존 사람들의 신념 변화를 통해 일어나는 경우는 거의 없고 오히려 '생물학적 방식'으로 일어난다. 이는 현재의 전환점에도 이전의 화폐 전환점들과 비견될 만한 시간적 지평이 필요하다는 것을 시사한다.

제6장

현재 진행 중인 화폐공급의 재구성

> **핵심 용어**
> 장부화폐보다 우월한 디지털토큰, 미래의 지배력을 둘러싸고 전개 중인 CBDC와 민간 암호화폐 간의 경쟁, 스테이블코인과 무보장 암호화폐 간의 경쟁, 수세에 처한 은행화폐, 현금과 준비금의 장기적인 종말.

6.1 화폐의 미래는 디지털이다

기술면에서 새로운 시대는 화폐의 디지털화와 관련된다. 디지털화폐는 전자적으로 처리되는 이진법 수치의 형태로 이전 가능한 모든 통화단위를 말한다. 몇 년 전까지 디지털화폐라고 하면 바로 암호화폐를 지칭했다. 암호화폐의 출현으로 뭐든지 '디지털'이라는 이름을 붙이는 과장 경향이 나타났다. 결국 디지털이라는 용어는 계좌 기반 장부화폐뿐만 아니라 e-머니와 모바일 화폐까지 지칭하는 포괄적인 용어가 되었다. 사실 지금은 거의 모든 것이 디지털화되고 전자적으로 처리되고 있기는 하다. 이에 따라 디지털화폐, 전자화폐, e-머니 같은 용어들이 각각 지닌 정확한 의미가 매우 모호해지고, 특히 은행화폐와 중앙은행 준비금도 디지털화폐라고 부르는 등 용어상의 오해가 조장되고 있다.

오해를 피하기 위해 미리 밝혀두고 싶은 것은 우리는 전통적인 준비금을 디지털화폐로 간주하지 않는다는 점이다. 준비금은 중앙은행에 있는 이전 가능한 계좌잔고로서 장부화폐를 대변하기 때문이다. 이와 동일한 논리가 은행화폐에도 적용된다. 은행화폐 역시 은행의 계좌잔고의 형태를 취하는 장부화폐이기 때문이다.[143] 이와는 대조적으로 (엄밀한 의미의—옮긴이) 디지털화폐는 기술적으로 디지털토큰의 형태를 취하는 지급수단으로 이해되어야 한다. 이 토큰들은 e-지갑을 매개로 획득·저장·지급된다. 이 토큰들은 또한 지참인 수단(bearer instrument)이라는 점에서 일종의 디지털 현금으로 이해될 수도 있다. 그 이유는 첫째로 이 토큰은 은행이나 다른 대리인에 의해 소유되거나 이들에게 믿고 맡겨지는 것이 아니라 지참인이 완전히 소유한다는 점이다. 둘째, 그것은 P2P 방식으로, 즉 지급자로부터 수령자에게 직접 이체된다는 점이다. 즉, 디지털토큰을 사용하는 거래는 장부화폐 지급 과정에 개입하는 은행과 여타 PSP가 수행하는 중개 지급 프로세싱(intermediary payment processing)을 우회한다. 이 점은 CBDC의 이체에도 타당하며, 지급 서비스 제공기관(PSP)로서의 중앙은행 및 은행의 지급결제 인프라가 기술적인 기능을 수행할 수 있다 해도 달라지는 건 없다—여기서 주의할 점은 CBDC의 이체는 '중앙은행화폐'의 이체이지 '은행화폐'와는 더 이상 무관하다는 사실이다.

현금과 달리 디지털화폐는 기본적으로 국경과 통화 영역을 가로지르

---

143 (옮긴이 주) 은행화폐(예금화폐)와 중앙은행 준비금은 과거에는 종이 장부(원장, 통장 등)상의 수치 형태를 취하고 있었지만 IT기술의 출현 이후 전자(디지털) 수치 형태로 바뀌었다. 장부가 종이에서 디지털 공간으로 바뀌었을 뿐 그 기술적 속성은 여전히 계좌 기반 장부화폐이다. 그래서 지갑 기반의 암호화폐(주로 코인)와는 기술적 속성이 완전히 다른 것이다. 자세한 것은 이어지는 본문의 설명과 제2장에서 다루고 있는 화폐의 분류학 내지 계층구조를 참조하라.

면서 전 세계 어디에서 어디로든 온라인 이체가 가능하다. 게다가 디지털화폐는 향후 진정 혁신적이며 획기적인 화폐가 될 수 있다. 예를 들어 디지털토큰은 프로그래밍이 가능하고, 이른바 스마트 계약(smart contracts)과 연계될 수도 있기 때문이다.[144]

디지털토큰의 거래 내역은 시스템 데이터베이스에 기록되고 또 문서화된다. CBDC의 경우 중앙은행이 데이터베이스를 포함한 시스템 전체를 마련하고 또 유지한다. 이 시스템은 블록체인 시스템일 수도 있고 여타의 거래 및 저장 시스템일 수도 있다. 자기거래(own transactions)에 관한 한 개인별 e-지갑은 데이터베이스에 접근할 수 있다. 시스템은 단일 중심 또는 복수 중심을 갖는 것으로 설계될 수 있다. 어느 경우든 기밀성은 물론 필요하다면 추적 가능성도 보장되어야 한다.

만약 CBDC 데이터베이스가 블록체인이라면 이 시스템은 은행이나 다른 금융 행위자들과 독립적으로 작동한다. 이와 꼭 마찬가지로 은행과 지급 서비스 제공회사(PSP)는 각자의 CBDC 시스템을 구비해 자기명의거래(proprietary business)를 위해 사용하거나 또는 적용할 수만 있다면 화폐 교환, 고객으로부터의 CBDC 차입, 고객에게 CBDC 대부 또는 고객 투자의 대행과 같은 고객 서비스를 제공할 것이다. 만약 CBDC 시스템이 블록체인 없이 좀 더 전통적이고 준비금에 기반을 두는 것이라면, 은행과 PSP는 이 시스템의 일환을 이루면서 고객의 디지털토큰—이제는 은행화폐가 아니라 중앙은행화폐인—을 이체하는 지급 중개자로 기능할 수 있다.

디지털화폐는 아직은 발전의 초기 단계에 있으므로 그중 몇 가지 측면은 곧 구식으로 전락할 수도 있다. 하지만 화폐의 디지털토큰화는 지속될 것이고, 이미 여러 가지 유형의 토큰이 존재하고 있다. 예를 들어 암호화폐인 비트코인은 분할 불가능한 고정된 금액(a fixed, non-divisible amount)을

---

[144] OMFIF/IBM(2019, pp. 7, 26), Dt. Bundesbank(2020, 2021, p. 65).

가진 토큰을 사용하는데, 이 토큰은 75유로 지폐와 교환될 수 없는 100유로 지폐에 비견될 수 있다. 100유로 토큰으로 75유로 지급이 이루어질 때, 100유로 토큰은 삭제되거나 지출된 것으로 표시되고, 두 개의 새로운 지출되지 않은 토큰이 창조된다. 한편으로 수령자에게는 75유로 토큰이 창조되고, 다른 한편으로 지급자에게는 나머지에 해당하는 25유로 토큰이 창조된다.[145] 이렇게 함으로써 이중 지출, 즉 일정한 금액의 코인이 똑같은 복제 코인으로 두 번 지출될 가능성이 방지되는 것이다.

이더(Ether)와 리플(Ripple) 같은 다른 암호코인은 액면가가 적절하게 부여될 수 있다.[146] 이들 암호코인은 이 목적을 달성하기 위해 계좌 시스템을 사용하며, 이 계좌를 통해 유입액과 유출액이 실시간으로 결제된다. 그래서 비트코인 유형은 토큰 기반(token-based) 솔루션, 이더와 리플은 계좌 기반(account-based) 솔루션이라 불린다. 그러나 비록 계좌 기반 솔루션이 CBDC에 적용된다 하더라도 이 계좌는 전통적인 중앙은행 거래 계좌, 즉 장부화폐 계좌가 아니라 CBDC를 담는 블록체인 계좌이다. 즉, 이 블록체인 계좌 상의 CBDC는 준비금 형태를 취하는 전통적인 중앙은행 장부화폐와는 기술적으로 상이한 것이다.

오늘날 암호화폐들은 블록체인 시스템이다. 블록체인 시스템은 분산 지급 네트워크의 컴퓨터 노드들(nodes)로 구성되며, 이 네트워크는 노드들이 유지하고 동기화하는 시스템 데이터베이스의 똑같은 복제물을 공유한다. 이 데이터베이스는 시행되는 지급 거래의 원장 또는 분개장 역할을 한다(분산원장기술; DLT). 상호 확인이 완료된 또는 유효화된 거래는 시간 순으

---

145 Zellweger-Gutknecht(2021, p. 34).

146 (옮긴이 주) 동전과 지폐의 경우 1, 2, 5, 10, 20, 50, 100, 200, 500 등 고정된 '액면가'를 갖지만, 계좌 잔고는 예를 들어 27.36처럼 자유롭게 '액면가'를 지정할 수 있다. 암호화폐에는 종종 이 두 가지 유형의 '액면가'가 결합되어 있는 경우가 많다. 이더와 리플의 경우 '액면가'는 완전히 자유로우며(예, 27.36) 고정되어 있지 않다.

로 저장되며, 그 결과 생성되는 블록체인에 저장된 거래 기록은 최종결제를 대변한다. 달리 말해서 회계 분개장을 대변하는 분산 데이터베이스가 분산 블록체인의 형태로 존재한다는 것이다.

분산 데이터베이스가 가진 결정적으로 중요한 요소는 그 속에 놓여 있는 약정(protocols)이다. 특히 CBDC 분야에는 블록체인 없이 작동하는 방식이 존재한다. 이 문제와 관련해 기술적인 효율성과 비용, 법적 측면 그리고 정책 선호가 일정한 역할을 한다. 최종적으로 어떤 디지털화폐와 어떤 결제 시스템이 주도하게 될 것인지는 아직은 예측할 수 없다.

기본적인 문제의 하나는 비허가형(non-permissioned) 네트워크와 허가형(permissioned) 네트워크, 즉 개방적인 공공(open public) 네트워크와 폐쇄적인 민간(closed private) 네트워크 간의 차이점에 관한 것이다. 비허가형 개방 네트워크는 종종 탈중앙화와 익명성 같은 개념과 연계된다. 허가형 또는 폐쇄 시스템에 접근하려면 승인을 받아야(authorised) 한다. 이런 시스템은 기밀성을 보장하는 대신 중앙집중화 또는 다중심성, 통제 가능성 및 비익명성이라는 측면들과 연계될 가능성이 더 크다.

디지털토큰은 화폐와 지급에 적합할 뿐만 아니라 기본적으로 주택증서(deeds), 토지대장(cadastres), 특허권, 기술 표준, 일정표(schedule) 등 어떤 유형의 문서도 암호화 하는 데 적합하다. 세 가지 유형의 토큰이 이미 사용 중이다. 그것은 (1) 범용 지급수단, (2) 어떤 재화나 서비스의 사전 규정된 용도에 접근할 수 있게 해주는 특수목적 토큰[효용 토큰(utility token)], 그리고 (3) 블록체인에서 어떤 종류의 안전도 관리하는 금융 안전 토큰이다.[147]

또한 서로 다른 앱들 간의 연계도 가능하다. 그래서 디지털토큰은 프로그래밍 가능한 화폐와 자동화된 지급 프로세스에 사용될 수 있다.[148] 프

---

147 Howell et al. (2020).

148 Slack(2022), Seidemann(2021), Dt. Bundesbank(2020), Dt. Bank(2020, parts II + III).

로그래밍 가능한 화폐의 경우 특정한 사용자 집단이나 목적을 위해 화폐에 사용기한을 부여하고 일정한 또는 가변적인 금액을 할당할 수 있다. 그러나 이처럼 화폐의 사용에 제한을 가하는 것(earmarking money)은 확실히 단점이 있다. 예를 들어 공공예산이 종종 그렇게 하듯이 화폐를 특정한 목적과 사용기한에 묶어두는 것은 유연하지 않고 비효율적인 자금 사용으로 이끌어갈 수 있다. 화폐가 지급수단으로서의 기능을 적절히 수행할 수 있으려면 모든 소득이 모든 종류의 지출을 위해 지급될 수 있어야 하기 때문이다.

프로그래밍 가능한 지급으로 할 수 있는 일은 오늘날의 현역 은행가들이 요구할 수 있는 일의 범위를 훨씬 뛰어넘는다. 지급결제를 사전에 규정된 조건이나 사건과 연계해 놓음으로써 그런 조건이 충족되거나 그런 사건이 일어나면 자동으로 지급이 시행되도록 할 수 있다. 자동화된 거래는 장치, 기계, 전달수단, 인프라 등(사물 인터넷에서는 기계 대 기계, 또는 사용량에 따른 지급)을 포함할 수 있다. 예를 들어 슈퍼마켓에 들어가 필요한 상품을 챙긴 뒤 그냥 다시 걸어 나오면 자동으로 지급이 이루어지는 쇼핑도 가능해진다. 슈퍼마켓에서는 상품 등록과 대금 결제뿐만 아니라 재고의 적시 보충도 상호 연계된 알고리즘으로 자동화될 수 있다. 원리적으로 이런 일은 이미 장부화폐로도 가능하지만, 디지털화폐라면 그 시행이 훨씬 더 용이해진다.

디지털화폐의 이점은 은행화폐 및 현금보다 더 쉽고 더 안전한 처리는 물론 더 빠른 이체와 더 낮은 비용도 포함한다. 이 이점들 중에는 확실한 것도 있지만 확실치 않은 것도 있다.[149] 예를 들어 지급의 처리속도와 관련해 은행과 PSP들은 몇몇 새로운 발전의 가능성을 놓치지 않았다. 그래서 지금도 동일한 통화 영역 내에서는 예금의 실시간 송금이 가능하다. 아마 그다지 머지않은 미래에 국경 간 실시간 송금도 가능해질 것이다. 그때는 국경 간 송금에서 매개물로 사용되어 온 리플(Ripple) 같은 암호화폐는 경쟁우위

OMFIF/IBM(2019, pp. 7, 26).

149 Cf. Cunha et al.(2021, p. 4).

를 상실할 수도 있다.

　페이스북이 2018~2019년에 구상했던 스테이블코인 리브라/디엠은 초당 1,000개의 거래를 처리할 수 있다고 주장했다. 그러나 이 속도는 암호화폐의 종류에 따라 상당히 차이가 난다. 최근까지 비트코인은 약 4~7tps(transactions per second, 초당 거래횟수), 이더리움(Ethereum, 디지털토큰 이더의 블록체인)은 15tps로 알려져 있다. 그러나 이더리움의 경우 작업증명(proof-of-work) 방식을 지분증명(proof-of-stake) 방식으로 바꾼 결과 속도가 몇 배나 더 빨라졌다.[150] 거래 비용은 거래 밀도(transaction density)에 따라 증가할 수 있고, 때로는 은행 송금보다 훨씬 더 높은 수준이 될 수도 있다.

　초당 거래횟수가 4~7tps에 지나지 않아 고비용을 동반하는 비트코인 유형의 암호화폐는 보편적인 지급수단이 되기에는 경쟁력이 없다. 2016~2017년 이래 비트코인 공동체는 서로 다른 코인들에 따라 또는 달리 말해서 비트코인의 기술발전을 추구하는 접근방식들에 따라 분할되었다. 쟁점 중 하나는 비트코인에 내재된 한정된 수량에 관한 것이었다. 좀 더 일반적으로 말해서 그것은 확장성(scalability) 문제, 즉 초당 거래횟수(tps) 또는 잠재적으로 창출될 수 있는 코인의 양을 얼마나 증가시킬 수 있는가라는 문제이다. 분명한 것은 이렇게 하려면 컴퓨터 노드들과 그 속에 포함된 블록체인 시스템의 절대적인 탈중앙집중화와 '분산성(distributedness)'을 포기할 수밖에 없다는 점이다. 이런 맥락에서 형성된 '라이트닝 네트워크(Lightening Network)'는 "네트워크를 관통하는 초당 수백만 내지 수십억 개의 거래"의 즉시 지급이 가능하다고 자랑스럽게 주장한다.[151] 그러나 이는 부분적인 오프 블록체인 컴퓨테이션(partial off-blockchain computation)을 포함할 것이고, 그렇다면 지급자와 수령자 사이에서 신뢰할 수 있는 제삼자 역할을 하는 은행의 기존 컴퓨터 시스템에 의해 관리되는 지급과 그다지 다를

150　Ethereum.org/en/upgrades/merge. The Economist, 2022. 1. 22, 66; 2022. 1. 1, 55.
151　Lightning.network.

바 없어진다.

비트코인과 구식 이더리움에 비해 기존의 계좌잔고 이체 방식은 여전히 경쟁력이 있다. 초당 평균 거래횟수에서 페이팔(PayPal)은 190~200회이지만, 비자(Visa)와 마스터카드(MasterCard)는 이보다 훨씬 더 많은 1,700~2,000회를 처리한다. 유로존의 경우 유럽중앙은행의 TARGET2/TIPS 시스템은 전통적인 거래를 초당 6,000~10,000회 처리한다.[152] 중국 인민은행의 CBDC인 디지털 위안화의 현재 처리 능력은 초당 10,000회로 보고된다. 디지털 위안은 블록체인을 사용하지 않으며, 토큰화된 전통적인 중앙은행 잔고를 사용한다. 디지털토큰을 블록체인 없이 익명으로 송금하는, 새로 개발된 시스템 지엔유 탈러(GNU Taler)는 초당 28,500회의 거래를 취급한다.[153]

국제결제은행(BIS)과 홍콩, 중국, 태국 및 아랍에미레이트연합(UAE)의 중앙은행은 이더리움 하이퍼레저 베수(hyperledger Besu)에 기반을 둔 국경 간 지급용 블록체인을 개발했다.[154] 송금은 은행 송금처럼 며칠이 아니라 몇 초 내에 처리되고, 비용은 절반으로 줄어들었다.[155] 처리속도가 화폐와 즉각적인 관련성을 갖는 이유는 화폐 유통 속도의 증가는 화폐 사용빈도가 일정할 때 화폐 스톡의 증가와 동일한 효과를 가져다준다는 데 있다.

환경과 관련하여 암호화폐는 지나치게 에너지 및 CO_2 집약적이라고들 한다.[156] 이것이 어디까지 진실인지는 아직 증명되지 않았다. 비트코인

---

[152] Kumar(2022), Mathew(2018), Tapscott and Tapscott(2016), Heasman(2019), van Hee and Wijngaard(2021, p. 54).

[153] Summer and Hermanky(2022), Chaum et al.(2021).

[154] (옮긴이 주) 해당 프로젝트의 공식 명칭은 Project mBridge(multiple central bank digital currency bridge project)이며, 자세한 내용은 국제결제은행 혁신허브(BIS Innovation Hub) 홈페이지를 참조하라.

[155] *Bloomberg News*, 2021. 9. 28, *Reuters*, 2021. 9. 28.

[156] Reiff(2022).

의 연간 전력 소비가 205TWh로서 태국의 전기 수요와 맞먹고, 탄소 발자국(carbon footprint)을 쿠웨이트만큼이나 남긴다는 진술은 도대체 뭘 말하려는 것일까? 비트코인은 어떤 한 나라와 관련된 것이 아니기 때문이다. 현재 전 세계의 연간 전기 소비량이 18,000TWh이므로 비트코인의 전기 소비량은 그 중 0.11%를 차지한다. 이게 많은 것일까 적은 것일까?

2021년에 시작된 중국의 한 연구는 중국이 2024년까지 기후 관련 목표를 달성하는 데에 비트코인이 '무시할 수 없는 장애물'로 작용할 것으로 결론지었다.[157] 당시 전 세계 코인 채굴의 70%가 중국에서 이루어지고 있었다. 왜 비트코인만 그렇고 다른 산업은 그렇지 않다는 것인가? 다른 금융 및 서비스 부문의 에너지 소비와 탄소 발자국은 어느 정도일까? 중국 정부는 2021년 9월에 비트코인 거래 전면금지 조치를 위한 명분을 찾고 있었던 것은 아닐까? 이 조치 이후로 비트코인 채굴은 대부분 북아메리카로 이동했다.[158]

또 다른 비교연구는 비트코인의 연간 온실가스 방출량이 은행 부문의 10%도 안 된다는 사실을 보여준다.[159] 비트코인의 규모와 은행 부문의 규모를 어떻게 비교할 수 있을까? 아마 거래 건수로 가능하지 않을까? 추정컨대 현재까지는 여전히 은행 거래 총건수가 비트코인 거래 총건수보다 더 많을 것이다. 그렇다면 비트코인 거래 건당 온실가스 방출량은 방금 언급한 "10% 미만"이라는 수치를 무색하게 만든다.

북미와 아이슬란드에서는 현재 암호화폐 컴퓨팅에 탄소 중립적인 수력, 풍력 및 지열 에너지를 더 많이 사용한다.[160] 비트코인과 이와 유사한 암호화폐들이 주로 금융 카지노나 경제적 및 정치적 지하조직에서 토큰으

---

157 Guan and Wang(2021).
158 Cuen(2021), Reiff(2022).
159 Elmandjra(2021).
160 Cuen(2021), *The Economist*, 2021. 4. 10, p. 60.

로 사용되고 있다면, 암호화폐가 비용이나 환경면에서 그만큼 큰 관심을 끌지는 않을 것이다. 그러나 디지털화폐가 규칙적이고 보편적인 지급수단으로 사용될 수 있으려면, 비용 효율성은 상당히 안정된 구매력 못지않게 중요한 요인이 될 것이다.

초기의 암호화폐 공동체는 탈중앙집중화와 익명성의 원리를 자유지상주의(ultra-libertarian ideology)로 전환했다. 어떤 면에서 이 전환은 통상적인 전화기술(telephony)을 탈중앙집중화 기술의 하나로 제시한다. 그러나 통신회사들은 거대한 네트워크를 운영하고 있다. 개인 간 전화통화는 간단하게 이루어지는 것처럼 보이지만, 이 통신 네트워크는 다중심 위계 구조로 조직되어 있다.[161] 이 점에서는 분산원장기술(DLT)/블록체인 네트워크도 크게 다를 바 없다. 그리고 원리적으로 전화나 블록체인 모두 모든 처리과정이 기술적으로 추적이 가능하다. 비트코인의 경우 거래의 유효성을 확인하는 컴퓨팅 능력은 수많은 대형 노드들, 즉 코인 채굴자들에게 전적으로 달려 있다.

한편으로 '중앙집중화, 속도, 자원 소비 절약 및 저비용' 그리고 다른 한편으로 '탈중앙집중화, 효율 감소, 자원 소비 증가 및 고비용' 사이에는 상충관계가 있는 것처럼 보인다. 거래 건수가 많아질수록 효율성 제고 압력도 그만큼 증가하며, 이는 번들링(bundling)[162]과 중앙집중화 경향을 동반한다.[163] 이에 따라 거래 확인을 위한 컴퓨팅 노력은 상당히 줄어들기 때문

---

161 (옮긴이 주) 각 지역의 전화교환국을 중심으로 각 가정, 개인의 전화가 연결되고 전화교환국 간 광대역 통신망으로 연결되어 타 지역의 개인 간 연락이 가능한 구조가 된다.

162 (옮긴이 주) 프로그래밍에서 분리된 파일들을 그룹화 하는 작업.

163 (옮긴이 주) 개방형 블록체인 기술의 경우 거래를 인증하는 제3자를 제외하기 위해 블록 생성을 위한 논스(Nonce)함수 생성을 하며, 해당 논스 값을 찾기 위해 무작위 난수를 투입하는 과정(즉 채굴 과정)에서 많은 에너지를 소비하게 된다, 이에 관련 비용의 증가, 낮은 효율성을 보이게 됨으로써 중앙집중화로 얻는 속도, 자원 소비 감소, 저비용에 대한 상충이 발생하며, 거래건수가 많아

에 비용뿐만 아니라 에너지 소비와 탄소 발자국까지 감소한다. 그래서 미래의 디지털토큰 지급 시스템은 탈중앙집중화된 시스템이 아니라 수효는 더 작지만 규모는 더 큰 활성 컴퓨팅 노드들을 가진 다중심 시스템이 될 것으로 보인다.

효율성과 익명성 그리고 사례별 확인 가능성의 결합을 약속하는 접근방식들이 있다. 예를 들어 전용 컴퓨팅 클라우드(dedicated computing cloud)가 그러하다. 이 클라우드는 개별 e-지갑들의 네트워크로서 이 지갑들을 통해 익명의 금액 지급이 블록체인 없이 이루어진다. 중앙은행은 이 클라우드를 사용함으로써 디지털토큰과 시스템 소프트웨어를 만들어내고, 또 컴퓨터 시스템을 자신의 통제 하에 자신을 위해 운용할 수 있다.[164] 블록체인 기술에 대한 또 다른 대안으로는 예를 들어 e캐시 소프트웨어와 지엔유 탈러 소프트웨어 같은 스마트폰 앱이 있는데, 이것들은 더 나아가 고도로 안전하다고 가정되는 블라인드 서명을 사용한다.[165] 블록체인 기술이 현재로서는 최신기술이긴 하지만 결코 디지털화폐의 유일무이한 미래라고 말할 수는 없다.

결국 탈중앙집중화된 금융이라 하지만 생각보다는 탈중앙집중화가 덜 진행된 것일 수 있다. 이는 사용자 신분(ID)의 익명성이 기대보다 낮은 수준일 수 있다는 것이나 다름없다. 모든 전자 데이터 전송은 당국이 추적할 수 있는 데이터 흔적을 남긴다. 블록체인 역시 결코 예외가 아니다. 은행화

질수록 효율성에 문제가 생김으로 거래 데이터의 번들링, 중앙집중화 경향이 발생한다.

164 그것은 Hee and Wijngaard(2021)의 접근방식이다.

165 Chaum et al.(2021), Summer and Hermanky(2022)을 보라. (옮긴이 주) 블라인드 서명은 사용자가 전자화폐 인출기관에서 전자화폐를 인출 시 인출기관이 사용자가 어떤 번호로 전자화폐를 인출해 주었는지 알 수 없도록 해주는 방식으로 서명은 했지만 인출기관과 사용자 외에는 그 서명의 내용을 알 수 없게 하는 방식을 뜻한다. 다시 말해서, 블라인드 서명은 사용자 간 화폐 거래에 있어 화폐인출기관은 거래 내역은 모르지만 해당 거래가 정당한 거래임을 알 수 있는 서명만 제공하는 방식이다.

폐 거래에 관한 조사가 은행과 PSP의 협력 의지에 크게 달려 있는 것과 꼭 마찬가지로 암호통화 거래에 관한 조사는 컴퓨터 노드 운영자와 관련 거래 플랫폼 그리고 관할 재판부의 의지에 달려 있다.

디지털토큰과 그 지급의 안전성에 관한 한 대수의 법칙(law of large numbers)에 기댈 수밖에 없다. 절대적인 안전성 같은 것은 존재하지 않는다. 극소수의 은행 송금은 잘못될 수도 있는 것이다. 은행 IT 인프라와 암호화폐 거래 플랫폼이 해커 공격에 취약하다는 것은 이미 증명된 바 있다. 실제로 수십억 달러가 해킹 당한 일이 있기 때문이다. 엘살바도르에서는 2021년 9월 비트코인이 법정화폐로 공인되었지만, 부정행위가 보고된 후에는 지급수단으로 거의 인정받지 못하고 있다.[166]

장부화폐를 사용하는 은행업에서는 운영 안전성 관련 문제에 대응하기 위해 성가신 보안 대책이 갈수록 늘어났다. 이로 인해 온라인 뱅킹의 즐거움이 손상되었다. 이전에는 계좌 관리 작업이 통상 은행의 일이었지만, 온라인 뱅킹에서는 고객이 수행한다. 디지털화폐의 경우에는 이러한 작업 전가가 즉각적으로 일어난다.

화폐의 디지털화와 더불어 새로운 질문이 제기되거나 기존 질문이 새롭게 제기된다. 특히 금융 프라이버시와 관련한 거버넌스라는 쟁점이 그러하다. 화폐 및 금융 디지털화는 자유 및 프라이버시와 양립할 수 있을까? 데이터 보호, 사용자 정체성 및 지급 기밀성은 이미 오늘날의 장부화폐 제도에서도 주된 관심사이다. 이 점에서 보면, 디지털 지급 거래에서는 IT 지원을 받는 장부화폐 거래에서보다 보호 관련 입법이 훨씬 더 진전되어야 할 것이다.

'빅 브라더(Big Borother)' 문제는 더 이상 먼 미래의 디스토피아가 아니다. 이는 오히려 '멋진 신세계(Brave New World)'의 몇 가지 요소와 결합

---

166 Brigida and Schwartz(2022).

해 여전히 정형화된 시나리오이긴 하지만 기본적으로 실현 가능한 시나리오이다. 특히 독재적이고 억압적인 체제에서 그러하다. 경제와 사회의 전반적인 디지털화로 인해 과거의 파시스트 또는 공산주의 정당 독재체제의 비밀경찰이라면 상상조차 하지 못했을 감시 형태가 출현할 수 있게 되었다. 공공 공간과 작업 공간에서 이루어지는 개인행동에 대한 은밀한 사회적 감시는 기술적으로 가능한 일이다. 여기에는 경우에 따라 사적 영역은 물론 민간 금융도 포함된다. 디지털화된 사회적 감시는 이미 중국에 존재하듯이 사회적 신용(social credits) 시스템과 결합될 수 있다. 예를 들어 순응적인 행동에는 보상을 제공하고 일탈적인 행동에는 제재를 가하는 것이다. 해당 행동이 있을 때 특정 상품의 구매나 특정 서비스 및 인프라의 유료 사용을 차단하는 등 디지털 지갑의 용도 속에 보상과 벌칙을 프로그래밍할 수 있는 것이다.

  시민적 권리와 자유에 기반을 둔 법치국가에서는 비강제적인 디지털 감시를 가능케 하는 방식이 시행되지 않을 것으로 믿는 것은 순진한 생각임이 분명하다. 개인과 민간에 대한 비(非) 감시라는 규칙을 정하고 그러한 디지털 감시는 엄격하게 규정된 예외적인 경우에만 시행하도록 법률로 제한되고 있다는 것을 모두가 확신할 수 있어야 한다. 금융 프라이버시는 자유주의 법치가 이루어지는 곳이라면 어디에서든 높은 우선순위를 가질 것이다. 우리는 이 과업을 관철해내야 하지만, 이 문제를 아예 사라지게 만들 수는 없다. 현대 사회가 텔레커뮤니케이션, 컴퓨터화 및 디지털화에 의존함으로써 생기는 문제들은 현대 사회가 자연자원과 하수구, 전기, 원거리 수송, 대외 공급 등에 의존함으로써 생기는 문제들 못지않게 중요하다. 이러한 의존에서 초래되는 문제들은 지속적인 현대화가 가져다주는 이익과 장점 뒤에 가려진 이면이다. 이러한 이해관계들 사이에서 실행 가능하고 또 지속 가능한 균형을 찾아내는 일은 항구적인 도전과제로 남아 있을 것이다.

6.2 다양한 화폐유형에 대한 간략한 전망

이 책의 서두에서 제시한 화폐 분류학은 현재 진행 중인 화폐 전환기의 초기 상황을 묘사하고 있다. 제3층의 새로운 화폐 대용물뿐만 아니라 본원화폐 지위에 도전하는 화폐들까지 고려하면 상황은 다면적이다. 이러한 다면적인 상황은 복잡계 시스템의 진화가 드러내는 구조 변화에서 드물지 않게 나타난다. 즉, 기존의 구도가 종말에 가까워지면서 그 속에서 새로운 구도가 출현 중인 것이다. 그럼에도 불구하고 여러 화폐유형들 간의 경쟁, 특히 디지털화폐와 장부화폐 간의 경쟁이 다가오고 있으며, 이 과정에서 나타날 발전 및 갈등이 상당히 뚜렷한 모습을 갖추어가고 있다.

- CBDC와 민간 디지털화폐—무보장 암호화폐이든 스테이블코인이든—는 은행화폐의 뒤를 이어 시스템을 지배하는 화폐유형이 되고자 한다.
- 이 경쟁에서 CBDC가 새로운 지배적인 화폐유형으로 부상할 것이라는 전망이 가장 그럴듯해 보인다. 좀 더 엄밀히 말하면 안정된 국민국가의 CBDC에 관한 전망이 그러하다. 여기에는 금융 및 경제적 측면에서 일정한 역할을 수행하는 안정된 국민국가는 물론 유럽연합과 유럽통화동맹 같은 다국가 공동체도 포함된다. 토큰화된 CBDC는 기술적으로 민간 디지털토큰이 할 수 있는 모든 일을 할 수 있다. 그러나 민간 화폐와 비교해 볼 때 각 국가의 CBDC는 스톡 안전성, 유효성 및 가치 면에서 훨씬 더 안정된 화폐이다. 그리고 이 통화들은 국제적인 준비통화로도 보유된다. 마지막으로 이 점들 못지않게 중요한 것은 각국의 주권통화는 해당 국민국가의 완벽한 믿음과 신용(full faith and credit)에 의해 보장된다는 점이다—이 요인은 확실히 나라에 따라 상대적인 차이가 있지만, 각국 내에서 민간

지급수단과의 경쟁이라는 면에서 보면 결정적으로 중요할 것이다.
- CBDC를 제외한 민간 암호화폐들은 더욱 발전할 수 있는 잠재력이 있는 것으로 보인다. 그러나 민간 암호화폐는 담보도 보증도 없으므로 규칙적인 범용 지급수단이 되어 일반적으로 수용되는 일은 아마 없을 것이다. 특히 불확실성이 증대하는 힘든 시기라면 더욱 그럴 것이다. 총량이 한정된 비트코인에 대해서도 동일한 평가를 내릴 수 있다. 그리고 암호화폐들이 준-화폐로서 외환과 같은 투자수단 기능을 어디까지 확장할 수 있을지는 두고 봐야 한다.
- 스테이블코인의 전망은 무보장 암호화폐보다는 더 나을 것으로 보인다. 스테이블코인은 화폐와 현금 등가물에 의한, 합리적으로 믿을 만한 1:1 보장에 기반을 두기 때문이다. 만약 이 보장의 상당 부분이 공식 국내통화 표시 CBDC와 여타 본원화폐로 구성된다면, 스테이블코인도 당국의 더 많은 호의를 기대할 수 있을 것이다.
- 은행화폐는 자신의 기존 지위를 유지하기 위해 CBDC와 민간 디지털화폐 모두를 상대로 경쟁한다. 은행화폐는 현재 지배적인 지위를 차지하고 있고, 또 향후 좀 더 긴 시기 동안 존속할 것이다. 물론 은행화폐는 그 중요성이 점차 감소하겠지만, CBDC는 물론 아마 스테이블코인과 여타 암호화폐의 기술 및 비용 상의 우위가 확연해질 때까지는 존속할 가능성이 크다.
- 중앙은행 준비금은 은행화폐처럼 갈수록 그 중요성이 감소할 것이지만, 혹은 이른 시기에 CBDC로 대체될지도 모른다.
- 경화(현금, 즉 동전과 지폐—옮긴이)는 시스템을 결정하는 역할을 상실했을 뿐만 아니라 조만간 용도 폐기될 것이다.

다음 절들에서는 이러한 전망을 좀 더 자세히 살펴보고자 한다.

6.3 CBDC는 떠오르기 시작한다

화폐 전환점에 관한 분석이 기본적으로 옳다면 CBDC가 시스템적으로 새로운 지배적인 화폐유형이 되기 위해 부상하고 있다고 보는 것은 현재 진행 중인 변화의 논리에 부합한다. 이는 다음과 같은 전형적인 상황이 조성되고 있기 때문이다. 즉, 현재 지배적인 화폐가 기존 틀 내에서는 해소될 수 없는 심각한 문제들을 야기하고 있음과 동시에 유망한 대안 화폐들이 등장하고 있는 것이다. 이러한 상황은 18~19세기의 상황에 비견될만하다. 당시 유럽에서는 민간 은행권과 재무부 발행 지폐가 기능부전에 빠져 있었고, 결국 이 지폐들은 중앙은행의 규제된 지폐 독점으로 대체되었다. 오늘날의 상황은 이보다 좀 더 복잡하기는 하지만 수행해야 할 과업은 유사하다. 그것은 은행화폐와 새로운 화폐 대용물들뿐만 아니라 이것들에 기반을 둔 금융적 실천과 관행을 새로운 유형의 주권화폐로 제어하는 것이다. 이 과업의 기술적 측면은 디지털화폐에 의한 기존 장부화폐의 대체이다. 또 다른 측면은 은행과 그림자은행 그리고 중앙은행 간의 관계를 이러한 대체에 상응하도록 만드는 제도 개편이다. 그래서 화폐의 미래는 디지털화폐'이면서' 동시에 주권화폐일 것으로 예상할 수 있다.

    이 과정에서 중앙은행은 20세기 중엽부터 은행화폐 체제에 의해 봉쇄당하지 않았더라면 이미 어느 정도는 실현할 수 있었을 모습으로 되어가고 있다. 즉, 그것은 일국의 화폐 주권을 행사하는 통화당국으로서 입법부, 행정부 및 사법부에 비견할만한 권한을 가진 중앙은행이다. 그것이 일국 또는 다국가 공동체의 통화당국으로 이해되는 한 여전히 중앙은행으로 불릴 수 있다. 이러한 중앙은행은 더 이상 '은행들의 은행'에 그치지 않고, 금융경제와 실물경제 그리고 민간경제와 공공경제 등 경제 전체를 위해 화폐적으로 헌신하는 '국가(the state)의 은행'이기도 할 것이다. 그러나 중앙은행은 일반적인 재정적, 신용적 및 자본시장적 기능을 하는 '자금조달' 기관(financing institution)이 '되지는' 않을 것이다. 이 측면들은 중앙은행과 통화정책의 역할을 다루는 마지막 장에서 좀 더 자세히 다루어질 것이다.

중앙은행의 역할 변화에 관한 간략한 개관을 통해 다가오는 화폐 전환기의 출현 배경을 알 수 있다. 왜냐하면 일국의 화폐 주권을 헌법적 중요성을 지닌 특권으로 회복하는 것과 관련이 있기 때문이다. 이 특권에 대해서는 화폐 주권과 민간 은행화폐의 준-국가적인 지위를 다루는 장에서 이미 개략적으로 설명한 바 있다.

주권화폐의 특권을 방어하고 재활성화하는 방향으로 변화가 이루어지지 않는다면, 오늘날과 같은 의미의 통화정책은 머지않아 사라질지도 모른다. 현행 은행화폐 체제에도 '국가통화(national currency)'(계산단위)가 존재한다고 말할 수는 있지만, 사실 '화폐' 주권이 은행 부문에 양도된 지는 오래되었다. 민간 암호화폐의 출현을 계기로 중앙은행가와 정치인은 물론 대중도 화폐 주권의 중요성을 새삼 깨치게 되었다는 것은 확실히 환영할 만한 일이다. 그렇지만 국가 통화단위 주권은 주권화폐를 지배적인 기반으로 삼지 않는 한 속이 텅 빈 조개껍데기에 지나지 않는다는 사실은 여전히 제대로 이해되지 못하고 있다. 초국가적인 민간 스테이블코인이 되고자 하는 페이스북(Facebook)의 리브라 계획을 화폐 주권에 대한 위협으로 올바르게 인식하면서도 전통적인 은행화폐의 실상을 무시하는 것은 결코 균형 잡힌 세계관이라 할 수 없다.

중앙은행이 통화 지킴이 과업을 제대로 수행할 수 있기 위해서는 실효적인 화폐 통제권을 다시 '획득해야' 한다. 중앙은행화폐가 대중 회로 속에 (준비금의 은행 간 유통이 아니라) 충분히 큰 수량 지렛대로 '존재한다면 그리고 존재하는 한' 중앙은행은 금리 정책이나 통화량 정책으로 이 과업을 수행할 수 있을 것이다. 이 수량 지렛대가 효과를 나타내려면 얼마나 커야 하는지는 아직 조사된 바가 없음은 확실하다. 현금의 쇠락이라는 경험적으로 분명한 사실을 바탕으로 추정하자면, 수량 지렛대의 크기는 시중 통화량의 절반 이상은 되어야 할 것이다.

어쨌든 안전한 스톡인 중앙은행화폐가 많아질수록 내재적으로 불안정하고 위기 유발 경향이 있는 은행화폐와 은행화폐에 기반을 둔 제3층의 새로운 화폐 대용물들의 비중은 그만큼 낮아질 것이다. 그 결과 중앙은행화폐는 다시 실제로 일차적인 본원화폐가 되고, 통화정책은 효과적인 전달 지렛대를 되찾을 것이다. 그렇다면 화폐 창조에 대한 좀 더 나은 통제와 화폐 스톡 총액에 대한 좀 더 유연한 조정도 가능해질 것이다.

디지털 중앙은행화폐에 관한 최초의 연구집단은 2014년에 중국인민은행에 의해 설치되었다. 2015년에는 당시 세인트루이스 연방준비은행 총재였던 안도파토(D. Andofatto)가 정부의 암호화폐이자 말 그대로 '모두를 위한 연준의 돈(Fedwire for everyone)'으로서 '페드코인(Fedcoin)'을 공개 제안했다.[167] 2016년부터는 다른 나라들의 중앙은행, 특히 스웨덴(e-Krona)과 영국의 중앙은행이 CBDC의 잠재력을 검토하기 시작했다.[168] 그 후 국제 중앙은행 협회인 바젤 소재의 국제결제은행(BIS)이 CBDC를 옹호하기 시작했다.[169]

CBDC에 관한 공식 방안들이 나오기 전에 국제화폐개혁운동 출신 논자들이 주권화폐 개혁 관련 개념들을 개발했는데, 이 개혁의 핵심은 중앙은행화폐에 의한 은행화폐의 대체에 있었다.[170] 이러한 맥락에서 '안전한 계

---

[167] Andolfatto(2015), Koning(2014).

[168] Danezis and Meiklejohn(2016), Zitter(2016), Broadbent(2016), Barrdear and Kumhof(2016, pp. 3~18), Sveriges Riksbank(2017, 2018a, 2018b).

[169] BIS(2015, 2018, 2019, 2020, 2021), Bech and Garratt(2017), Boar et al.(2020).

[170] Huber and Robertson(2000), AMI(2010), AfJM(2021), Yamaguchi(2014), Kotlikoff(2010), Positive Money(2011), Benes and Kumhof(2012), Jackson and Dyson(2013), Sigurjonsson(2015), Omarova(2021). 국제화폐개혁운동(IMMR: International Movement of Monetary Reform)의 각국 회원단체들은 각자 나름의 주권화폐 개혁안을 개발해왔으며, 그중 일부

좌'를 목표로 삼은 특수한 접근방식이 나왔고, 이 접근방식은 비 은행 주체들이 중앙은행 거래 계좌에 직접 또는 간접적으로 접근할 수 있어야 한다고 주장했다.[171] 코틀리코프(L. Kotlikoff)는 협소 은행(narrow banking)의 특수한 형태로서 제한된 목적을 가진 은행업을 제안했다. 이 제안에 따르면 모든 지급은 완전히 보장된 현금 뮤추얼펀드(mutual funds)를 통해 시행되어야 하며, 이 펀드는 다른 모든 유형의 펀드와 분리된 별개의 펀드여야 한다.[172] 이 외에도 1930년대부터는 100% 준비금 은행제도 접근방식도 다시 어느 정도 주목받게 되었다.[173]

2011년에 스위스에서 주권화폐 시스템 도입에 관한 국민투표 유세가 시작되었다. 스위스 국립은행연구센터장 니펠트(D. Niepelt)는 은행화폐의 특혜 폐지에는 반대하지만 중앙은행화폐를 대중 회로에 주입하는 것, 말하자면 '모두를 위한 중앙은행 준비금'이 은행화폐 체제의 한 범주가 되는 것에는 찬성한다고 말했다.[174] 뒤이어 앞서 언급한 바 있듯이 CBDC에 관한 중앙은행의 생각, 즉 은행화폐는 계속 존재할 것이고 CBDC는 이 은행화폐와 공존하면서 경쟁할 것이라는 생각도 표명되었다. 이제 CBDC에 어떻게 접근할 것인가라는 문제가 화폐개혁 담론 전반을 지배한다.[175]

개혁안은 해당국의 특수한 사정을 반영하고 있다. internationalmoneyreform.org/members를 참조하라. (옮긴이 주) 국제화폐개혁운동은 각국의 주권화폐 개혁 운동 단체들이 결성한 국제 연대조직이다. 2021년에 창설된 한국의 '화폐민주주의연대(Solidarity for Monetary Democracy)도 회원단체이다. 자세한 내용은 https://cafe.naver.com/smd2020 및 http://smdkorea.org을 참조하라.

171 Mayer(2013), Andresen(2014, 2019), Wortmann(2019).
172 Kotlikoff(2010, pp. 123).
173 Gomez(2010), building on Allais(1988), Phillips(1995), Kay(2009, 2015).
174 Niepelt(2015), Schemmann(2012), Andresen(2014, 2019).
175 Dyson and Hodgson(2016), Bech and Garratt(2017), Kumhof and Noone(2018, pp. 4~22, 35~37), Ingves(2018), Dyson and Meaning(2018), Meaning et al.(2018), IMF(2018), Mayer(2019), Niepelt(2018, 2021a). 좀 더 학술적인 지지자로는 Bordo and Levin(2017, 2019),

그럼에도 불구하고 중앙은행들의 CBDC에 대한 입장은 상당히 나뉘어져 있고, 쟁점도 조금씩 달라지고 있다. 구 산업국들은 은행 및 지급 인프라가 잘 갖추어져 있고, 거의 모든 가계가 은행 계좌를 가지고 있다. 특히 1990년대에 은행 간 준비금 이체를 동반하는 중앙은행 실시간총액결제(RTGS) 시스템이 도입된 이래 사람들은 신뢰할 수 있을 정도로 안전한 최종 결제 시스템이 갖춰져 있다고 생각하는 경향이 있다. 이 때문에 CBDC는 전혀 필요하지 않다고 생각하는 사람조차 있다. RTGS 시스템이 기존의 은행 장부화폐와 중앙은행 장부화폐로 구성된 이층 구조 시스템보다 한 걸음 더 진보한 시스템임에는 분명하다. 그러나 이 시스템은 돈이 어디에서 어떻게 나오는지 그리고 누가 어떤 유형의 화폐를 얼마나 언제 어떤 용도로 유통에 주입하고 또 회수하는지 등 근본적인 질문에는 무관심하다.

CBDC 관련 계획이 크게 확산한 것은 2020년경부터이다. IMF 가맹국 190개 나라 중 약 130~133개 나라의 중앙은행이 시류에 편승했다. 이제 문제는 CBDC의 도입 여부가 아니라 언제 어떻게 도입할 것인가이다.[176] 이처럼 사태가 급진전한 데는 다음 두 가지 사건이 작용했다. 첫 번째 사건은 2009년에 페이스북이 공표한 국제적 차원의 리브라 스테이블코인 계획이었다. 이로 인해 느닷없이 모든 부류의 정치인과 전문가들이 화폐 주권이 위협받고 있다는 생각을 하게 되었다. 두 번째 사건은 중국인민은행이 2020년 동계올림픽을 계기로 광역도시 지역을 포함한 23개 도시에서 디지털 위안(e-CNY)을 출시한다는 결정이었다.

강조해둘 만한 것은 이때까지만 해도 미국 연준은 CBDC에 대해 오

Bordo(2018), Eichengreen(2017), Prasad(2021)가 있다.

[176] Cf. Cunha et al.(2021, p. 8), PwC Switzerland(2021), Smith(2021), Federal Reserve of the U.S.(2022), Dt. Bank(2020), Dt. Bundesbank(2020, 2021), Boar et al.(2020), BIS(2020), Bank of England(2020), OMFIF/IBM(2019), OMFIF(2020), ECB(2020b)가 있다.

히려 방어적인 자세를 취하며 입장표명을 주저하고 있었다는 사실이다.[177] 그러다가 2022년 3월 바이든(Biden) 대통령이 디지털 달러에 관한 연구개발을 '최고 긴급과제'로 삼는다는 행정명령을 내렸다.[178] 전 연준 의장이었던 재무부 장관 옐런(J. Yellen)은 특히 암호화폐의 물결이라는 관점에서 디지털 달러의 필요성을 다시 한 번 강조했다.[179] 당시 두 번째 임기를 수행 중이던 파월(J. Powell) 연준 의장은 디지털 달러는 "중요한 것으로 실제로 탐구할 필요가 있다. ... CBDC를 둘러싼 질문의 하나는 진정 민간 스테이블코인이 디지털 달러가 되는 것을 보고만 있자는 것인가이다. 나는 이 질문에 대한 답이 '아니오'라고 생각한다. ... 디지털 달러를 원한다면 그것은 민간 화폐가 아니라 정부 보증 화폐여야 한다"고 말했다.[180] 한 보고서에 따르면, 연준 이사회 이사인 월러(Chr. Waller)가 한 연설에서 옐런 및 파월과는 반대로 디지털 달러는 현행 달러 시스템에 어떤 이점도 가져다주지 않으며, 그 보고서 제목처럼 CBDC는 달러 패권을 유지하는 데 필요하지 않다고 말했다.[181]

---

177 Smialek(2021).

178 www.washingtonpost.com/opinions/2022/03/13/us-should-not-rush-into-digital-dollar, 2022. 10. 19 기준, 편집위원회 작성.

179 Braun(2022a).

180 Braun(2022b). 여기서 주목할 것은 미국 연방준비제도이사회와 연방공개시장위원회(Federal Open Market Committee)는 미국 법률에 의거하여 운영되며, 이러한 의미에서 미국 정부의 일부를 이루는 반면, 12개 지역 연방준비은행은 미국 은행 부문에 속하는 민간기업이라는 사실이다. 이러한 사정 때문에 정부가 발행하고 보증하는 CBDC는 디지털 '페드코인(Fedcoin)'으로 이해되어야 하지 디지털 '재무부 코인(Treasury coin)'으로 이해되어서는 안 된다. 후자는 식민지 지폐(colonial bills), 대륙 달러(continental dollars), 그린백(greenbacks)과 그레이백(greybacks)은 물론 미국 재무부 지폐(Treasury notes) 등 미국의 전통과 맥을 같이 하는 것으로도 이해될 수 있다. (옮긴이 주) 식민지 지폐는 미국에서 영국 식민지 시대에 각 주들이 발행한 지폐를, 대륙달러는 미국이 독립전쟁 전비 조달을 위해 발행한 지폐를 지칭한다.

181 www.reuters.com/business/finance/us-central-bank-digital-currency-isnt-neces-

상기 진술들에서 다음과 같은 세 가지 단층선이 뚜렷이 드러난다. 첫 번째 단층선은 중앙은행의 역할을 포함한 현행 은행화폐 체제에 대한 민간 디지털화폐의 도전과 관련된다. 두 번째 단층선은 미래의 주권 디지털화폐의 지배와 현재의 은행 장부화폐의 지배 사이에서 (또는 중앙은행과 은행 부문 사이에서) 어렴풋이 드러나고 있는 이해갈등과 관련된다. 그리고 세 번째 단층선은 CBDC로의 이행이라는 세계적인 추세가 미국의 달러 패권을 지원하는지 아니면 약화하는지에 관한 질문과 관련된다.

이 마지막 질문은 중국 정부의 움직임과도 관련이 있음이 분명하다. 디지털 위안의 이른 발매 조치의 배후에는 글로벌 파워 지위를 획득하려는 중국의 의도가 숨어 있음이 틀림없기 때문이다. 암호화폐에 의한 국경 간 지급의 시행은 은행화폐와 중앙은행 준비금의 국제 송금을 위한 기존의 구조, 즉 이와 직결된 국제은행간통신협회(SWIFT; Society for Worldwide Interbank Financial Telecommunication)[182] 시스템을 쉽게 우회할 수 있다. 그런데 이 시스템은 미국 달러가 지배하고 있을 뿐만 아니라 미국 정부는 물론 유럽 각국과 유럽연합이 제재 수단으로도 이용하고 있다. 중국은 스스로 대안을 만들고자 하고 있음이 확실하고, 이러한 관점에서 보면 디지털 위안은 근본적인 요소이다. 중국의 한 공식 정치 자문 집단이 아시아 국가통화들로 구성된 통화 바스켓을 기반으로 범아시아 CBDC 스테이블코인을 창조하자고 제안한 것도 이러한 맥락에 따른 것이다.[183]

중국이 CBDC에서 앞서나가고자 하는 데는 또 다른 이유가 있다. 그 것은 비트코인 채굴의 국내 확장뿐만 아니라 민간 지급 서비스 제공기관들

---

sary-dollar-supremacy-feds-waller-2022-10-14. Smialek(2021).

[182]   (옮긴이 주) 은행 같은 금융기관들이 서로 안전하게 금융 거래와 결제를 할 수 있도록 도와주는 고도의 보안을 갖춘 '전산망'으로서 1973년 15개국 239개 은행으로 출범해 오늘날 200여 개국의 1만1천여 개 금융기관이 참여하고 있다.

[183]   Reynolds and Rubin(2022), Caudevilla(2021).

(PSP)의 e-머니[7억 1,100만 명의 사용자를 가진 알리바바(Alibaba) 그룹의 알리페이(Alipay), 9억 명의 사용자를 가진 텐센트(Tencent)의 위챗 페이(WeChat Pay)]의 존재와 무관하지 않다. 중국 정부와 중국인민은행은 이들에 반격을 가하기 위해 주권 디지털화폐와 이와 연계된 지급결제 시스템을 도입할 수밖에 없었던 것이다. 이와 동일한 이유로 2021년 9월 중국 전역에서 암호화폐 거래가 금지되었다.

2022년 동계올림픽 개막과 더불어 2억 6,100만 명의 중국인이 휴대폰에 디지털 위안 지급 앱을 내려받았다. 약 560만 명의 상인이 디지털 위안을 수용하고 있다. 이와 연관된 송금 시스템은 디지털화폐 전자지급(DCEP; Digital Currency Electronic Payment) 시스템으로 불린다. 전화번호가 사용자 ID로 사용된다.[184] 이제 막 발매를 시작한 단계이므로 디지털 위안의 거래 수와 금액이 시장에서 차지하는 비중은 상대적으로 작고, 금액도 조 단위가 아니라 10억 단위에 머물고 있다.[185] 이러한 상태는 갈수록 더 많은 잠재적 사용자가 새로운 유형의 화폐를 알게 되고 또 갈수록 더 많은 회사가 디지털 위안화를 받아들이고 사용하도록 장려되거나 강요당함에 따라 나아질 가능성이 높다.

중국의 디지털 위안에 앞서 2020년 바하마의 샌드달러(Sand Dollar), 2021년 동캐러비언(Eastern Caribbean)의 디캐시(DCash), 캄보디아의 바콩(Bakong), 나이지리아의 이나이라(eNaira)가 있었다. 인도는 블록체인 기반 디지털 루피를 곧 도입한다는 계획을 발표했다.[186] 우크라이나는 물론 리

---

[184] Nicolle(2021), Liao(2022), Kumar(2022).

[185] Frisbie(2022). Reuters.com/markets/currencies/China's digital currency passes 100 bln yuan in spending, 2022. 10. 13. China-briefing.com/news/china-launches-digital-yuan-app, 2022. 9. 22.

[186] Cryptopolitan.com, 작성자: Mohammad Shahid, 2022. 5. 1. How digital rupee will be different from cryptocurrency(디지털 루피는 암호통화와 어떻게 다른가), *Mint*, 2022. 2. 15.

시아(우크라이나 침공 이전에) 그리고 우루과이와 한국 역시 그리고 여타 몇몇 나라들은 대중이 사용하는 범용 CBDC의 개발에서 진전을 보였다.[187] 이러한 소매용 CBDC와 대비되는 은행 간 또는 도매용 CBDC가 있으며, 현재 은행 용도에 국한해 시험(pilot) 단계에 있다. 여기서 초점은 기존 지급결제 시스템과의 상호 운용 가능성과 국경 간 거래를 포함하는 소매용 CBDC와의 연계를 시험하는 데 두어진다. 이 분야에서는 태국, 홍콩, 싱가포르, 캐나다, 스위스, 프랑스/유럽연합, 남아프리카 및 아랍에미레이트연합이 가장 앞서나가고 있는 것으로 알려져 있다.[188] 중국이 디지털 위안의 공식 발매 이전에 필요한 모든 연구개발 단계를 거치는 데 8년이 걸렸다. 그렇다면 나머지 중앙은행 중 가장 앞선 중앙은행조차 2020년대 중반 이후에야 준비를 마칠 것으로 보인다.

6.4 은행화폐 시대는 정점을 지났다

중앙은행들이 CBDC의 도입과 관련해 언급한 의도에 따르면, 그들은 CBDC에 의한 은행화폐의 대체가 아니라 은행화폐와 공존 '및' 경쟁하는 방식으로 양자의 병행 사용을 바라고 있다. 이러한 의도는 몇몇 중앙은행의 초기 공언에 명시된 바 있고, 이에 따라 부분적인 주권화폐 개혁, 즉 주권화폐와 민간 지급수단의 혼합 시스템이 선호되었다. 현금, 중앙은행 준비금, CBDC, 은행화폐 그리고 스테이블코인과 무보장 암호화폐를 비롯한 여러 새로운 화폐 대용물들로 구성된 지나치게 복잡한 화폐공급의 관리 가능

(옮긴이 주) 디지털 루피 소매용 CBDC 파일럿 프로젝트는 2022년 12월 시행되었다.

[187] PwC Switzerland(2021), McKinsey Global Institute(2021). https://cbdctracker.org.

[188] PwC Switzerland(2021), Niepelt(ed.)(2021, part II on country-specific projects).

성 문제를 감안하더라도, 은행화폐의 특권 폐지를 동반하는 완전한 주권화폐 개혁은 너무 급진적인 것으로 보였기 때문이다.

은행 조직체들은 이러한 중앙은행들의 입장에 열광적인 반응을 보여주는 것은 아니지만, 자신들의 이익이 은행화폐의 특권 지속으로 보전된다는 사실만은 확실히 알고 있다. 그들은 CBDC에 대해 조심스럽게 긍정적인 입장을 취해왔다. 은행업계에서는 은행화폐가 CBDC와 평화공존을 이루지 못하고 CBDC와의 경쟁에 져서 점차 쫓겨나는 과정을 거칠 것이라는 예상은 소수의견이다. 그러나 CBDC가 확산하면서 화폐공급에서 그 비중을 늘려나간다면, 이 자체가 준-주권 은행화폐와 여타 민간 지급수단들의 시장 비중이 그만큼 감소한다는 것을 의미한다. 따라서 사실 은행화폐의 장기 전망은 밝지 않다.

단기적으로 보면 은행화폐는 여전히 강력한 방어력을 가지고 있다. 먼저, 은행화폐는 상당한 규모의 경제(economies of scale)[189]와 네트워크 효과(network effects)[190]를 누린다. 그리고 변화 과정의 초기에는 항상 제도적 관성(institutional inertia)이 강하게 작용하며, 오랜 관습―행태, 루틴, 패러다임 및 태도―은 어쨌든 쉽게 사라지지 않는다. 보통 새로운 학습 곡선은 로켓처럼 처음부터 급상승하지 않으며, 나중에야 크게 약진하는 모습을 보인다. 그러나 이러한 요인들이 실재하고 디지털화폐와 CBDC를 경험한 기업이나 사람이 아직 그다지 많지는 않지만 디지털화는 이미 오래전부터 일반화되어 왔다. 디지털화폐는 아직도 잠복 상태에 있는 것이 아니라 이미 실질적으로 출현해 사용되고 있는 것으로 봐야 한다.

---

189 (옮긴이 주) 생산량(규모)이 커질수록 단위 생산비가 낮아지는 효과. 고정비용의 존재 때문에 나타나는 현상이다.

190 (옮긴이 주) 네트워크의 연결자(참여자 또는 가맹자) 수가 커질수록 연결자가 누리는 효과가 더 커지는 현상. 그 효과는 연결자 수를 n이라 할 때 정확히는 $n(n-1)$이지만 보통 n^2으로 표현한다. 이는 n이 커질수록 두 개의 값이 근사해지기 때문이다.

은행화폐에 특별히 유리한 한 요소는 현재 CBDC 관련 계획의 대다수가 이자를 낳지 않는 CBDC를 구상하고 있다는 사실에서 찾아질 수 있다. 이와는 달리 정상적인 이자율 조건에서 은행화폐는 예금이자를 가져다 줄 수 있다. 게다가 은행화폐에 대한 중앙은행 지원과 정부 보증이 계속 유지된다면 은행화폐는 유리한 위치에 있다고 볼 수도 있다. 그러나 은행들이 (고객을 유지하기 위해) 계속해서 예금이자를 지급해야 한다면, 이는 선진적인 디지털토큰에 비해 효율성과 비용 면에서 이미 불리한 처지에 놓여 있는 은행화폐에 추가비용으로 작용할 것이다.

은행이 기대할 수 있는 또 다른 이점이 있다. 그것은 은행이 중앙은행 재융자와 관련해 (부분 지준금 요건의 충족만으로 또는 어떤 요건의 충족도 없이) 누리는 이점 덕분에 경쟁자인 그림자은행보다 더 싸게 신용을 제공할 수 있다는 점이다. 이 이점은 특히 은행이 대출에 다소 낮은 금리를 적용할 수 있다는 점과 결합하면 은행에 더욱 유리한 뭔가를 가져다줄 수 있다. 그러나 최근 비 은행 금융기관의 대출이 급증하고 있음을 고려하면 은행이 경쟁자들보다 더 싼 신용을 제공할 수 있다는 전망을 과대평가해서는 안 된다.

CBDC는 흔히 현금의 디지털 버전으로 제시되기도 한다. 이 견해는 CBDC를 현금 하고만 비교한다면 정확한 진술이지만, CBDC의 전체적인 잠재력은 이 점을 훨씬 능가한다. CBDC는 현금은 물론 은행의 장부화폐와 비교될 때 훨씬 더 많은 일을 할 수 있기 때문이다. 예를 들어 지금 중개기관을 통하지 않는 (그래서 중개비용이 들지 않는) P2P 직접 송금, 언제든지 그리고 어디에서 어디로든지 심지어는 해외로도 가능한 지급, 더 간편하고 더 빠른 처리, 이에 따른 사용자 수수료 인하 그리고 특히 프로그래밍 가능성 등이 있다. 이 마지막의 프로그래밍 가능성은 당장은 중요한 것이 아닐 수 있지만 미래에는 특히 사물 인터넷(internet of things)과 관련하여 가장 중요한 요소로 부상할 것이다. 이 점들을 모두 고려할 때 은행화폐는 CBDC와 경쟁할 능력이 거의 없을 것이다.

이층 구조의 은행 시스템에서 은행 계좌잔고로 존재하는 은행화폐가 디지털토큰의 이점에 대항할 수 있을 정도로 업그레이드될 수는 없다. 기술적으로 보면 종이 장부에 수기 또는 타이프로 수치로 입력되던 장부화폐는 이미 디지털 입력으로 대체되었다. 오늘날 은행은 포괄적인 IT 인프라를 갖추고 운영되고 있으며, 심지어는 IT 인프라 '그 자체로' 운영되기도 한다.[191] 그러나 이러한 은행의 디지털화는 앞서 다룬 디지털화폐의 특성을 포함하지 않으며, 이 점은 적어도 은행화폐가 예금화폐로서 중앙은행 준비금의 청산 또는 병행 이체(parallel transfer)의 방식으로 이전되는 한 여전히 변함없을 것이다. 그동안 은행은 신뢰받는 제삼자로서 또 은행화폐의 창조자이자 파괴자로서 은행화폐의 지급 중개기관 역할을 해왔지만, 디지털토큰의 기반이 갈수록 강화되고 있는 화폐 시스템에서 은행과 은행화폐는 점차 없어도 되는 여분의 것으로 되어갈 것이다. 게다가 경제적 불확실성이 높은 환경이 조성되면 지금까지는 은행화폐를 외면하고 경화를 지향하던 화폐 수요가 이젠 안전스톡인 CBDC를 지향하는 경향이 나타날 것이다. 그래서 미래는 CBDC 그리고 아마 스테이블코인이 지배할 것이고, 은행화폐의 잔존 여부는 중앙은행과 정부가 은행화폐를 어디까지 보장할 의사가 있는가에 전적으로 달려 있을 것이다.

다른 한편으로, 대중은 투자 자금을 마련하거나 소비자 대출과 당좌대월을 받기 위해 여전히 일정 정도 은행에 의존한다. 오늘날 종종 실제로 볼 수 있듯이 은행은 대출 조건으로 차입자에게 자신의 은행에 개설한 경상계좌의 유지를 요구할 수 있다. 은행은 이런 식으로 여전히 은행화폐의 특권을 활용할 수 있다는 것이다.

그림자은행은 은행의 경쟁자로서는 크게 근심할 일은 없을 것이다. 현재로서는 그림자은행이 은행화폐 대신 운용할 수 있는 수단이 그다지 많

---

[191] (옮긴이 주) 카카오뱅크 같은 디지털은행을 지칭한다.

지 않지만, 미래에는 은행화폐와 CBDC는 물론 스테이블코인까지 선택지가 넓어질 수 있다. 이러한 상황에서는 거꾸로 은행이 은행화폐뿐만 아니라 CBDC로도 신용을 제공하라는 압력을 받게 될 것이다. 이미 은행 신용의 대안이 새로운 화폐 대용물, 스테이블코인 및 여타 암호화폐는 물론 그림자은행 대출 등의 형태로 존재한다. 비 은행 주체의 입장에서 보면 은행 대출은 더 이상 유일무이한 판매 제안이 아닌 것이다. CBDC가 번성할수록 이러한 변화는 가속할 것이다. 이제 여러 가지 화폐유형에 대한 수요는 주로 은행들의 은행화폐 공급에 의해 사전에 결정되는 것이 아니라 갈수록 고객의 수요에 의해 결정될 것이다.

은행 입장에서 보면 그림자은행은 자신이 가슴에 품고 키워온 살모사 같은 존재이다. 이제 그림자은행들의 대출 규모는 모기지(부동산 담보—옮긴이) 대출까지 포함해 볼 때 은행의 그것에 버금간다. 그림자은행들의 보유 금융자산 총액은 은행들의 그것보다 더 크다.[192] 이는 어찌 보면 그림자은행이 은행에게서 대출 사업과 여타 금융시장 거래의 절반을 빼앗아가고 있음을 의미한다. 게다가 은행은 지급결제 분야에서 시장 점유율을 계속 늘려가고 있는 지급 서비스 제공회사(PSP) 및 핀테크 업체들과도 경쟁해야 할 처지이다.

전통 은행업 이외의 여러 금융기관(그림자은행, PSP, 핀테크, 보험회사)은 근본적으로 특정한 하나의 화폐유형만으로 사업을 해야 할 이유가 전혀 없다. 서로 다른 화폐유형 중 어떤 것을 선택할 것인지는 궁극적으로 각 화폐유형이 기업 확장, 편의성, 효율성, 신뢰성, 안전성 및 비용 등의 면에서 지닌 비교우위에 달려 있다. 이러한 관점에서 보면 비 은행 금융기관은 다른 모든 민간 회사나 가계와 마찬가지로 은행화폐, CBDC, 스테이블코인 및 여타 암호화폐 중에서 선택할 것이고, 이 선택은 장기적으로 은행화폐에 불리하

---

192 Financial Stability Board(2020).

게 이루어질 것이다. 은행화폐는 부분 지준금 은행업의 위기 친화성을 통해 발전해왔고, 지금도 그런 식으로 존재를 유지하고 있다. 그러나 향후 안전 스톡이자 주권 지참인 수단(safe-stock sovereign bearer instrument)인 CBDC 와의 경쟁 과정에서 부분 지준금 제도와 함께 쇠락해갈 것으로 보인다. 지난 30~40년 동안 금융 거래에서 은행화폐 대신 사용되어온 MMF 지분이 겪어온 역사는 다가올 은행화폐의 운명을 미리 보여주는 것일지도 모른다.

오해를 불식하기 위해 부언하자면, CBDC의 발흥은 은행화폐의 장기적인 몰락을 예고하지만, 그렇다고 은행업의 종말까지 예고하는 것은 아니다. 은행은 물론 그림자은행도 화폐·통화·지급의 관리, 대출, 투자은행업 및 금융자산 관리 등에서 많은 유용한, 그리고 부분적으로는 불가결한 기능을 수행한다. 은행은 극히 일부의 지준금을 바탕으로 창조한 은행화폐로 이 모든 기능을 수행해왔던 것처럼 이제 CBDC를 사용하여 그림자은행과 마찬가지로 기술적으로 이 기능들을 이전보다 못지않게 잘 수행할 수 있을 것이다. 요컨대 은행화폐 체제 이전의 시기에 은행은 중앙은행권을 지배적인 기반으로 삼아 영업하는 데 있어 어떤 기술적인 애로도 겪지 않았다.

오늘날 확실한 차이점이 있다면, 그것은 화폐 사용자가 누리는 이점으로서 통화정책의 강화, 화폐적 및 중개적 신용과 GDP 금융 및 비 GDP 금융 관련 거시부문별 변화를 포함하는 전반적인 안전성 증대, 거시부문별 경제들 간의 균형 증대 등이다. 은행의 경우에는 미래 전망 자체가 변하고 있는데, 그것은 은행이 시스템을 규정하는 특권적인 화폐 창조자에서 다른 금융기관처럼 화폐 관련 서비스 제공자이자 금융 중개자로 변신하는 것이다.

은행이 자체 디지털토큰을 발행하는 것은 당연한 것처럼 보일지도 모른다. 그러나 보장이 아예 없거나 보장이 불충분한 토큰은 논외일 것이다. 한마디로 무보장 은행 토큰은 17~18세기의 보장이 불충분했던 지폐로 퇴보하는 것이자 단순히 지폐 대신 디지털토큰을 사용하는 것에 지나지 않는다. 중앙은행화폐에 결박되지 않고 은행 간의 유연한 협력도 없는 은행 토큰은 개별 은행의 화폐 놀이일 뿐이다. 이러한 은행 토큰은 과거 제삼자의 보증이 없던 개별 은행의 지폐(은행권—옮긴이)들이 겪었던 수용 문제와 동일한 문제, 즉 공식 통화에 대한 1:1 등가(parity)의 유지라는 문제에 직면할 것이다.[193] 그렇다면 은행 토큰은 오늘날의 국가통화나 암호화폐처럼 일종의 변동환율을 가지게 될 수도 있다. 이러한 점들을 고려할 때 중앙은행과 감독당국이 중앙은행 재융자를 받을 수 있고 또 정부 보증 장부화폐를 발행하는 은행에게 디지털토큰의 발행을 용인할 것 같지는 않다.

만약 중앙은행이 민간은행에게 디지털토큰 발행을 허용하는 대신 그 보장을 요구한다면, 이 보장은 어떤 형태가 되어야 할까? 중앙은행 준비금이어야 할까, 현금 등가물이어야 할까? 100% 보장이어야 할까, 부분 보장이어야 할까? 부분 지준금 제도는 은행화폐에 대해 언제나 부적절한 것이었던 것처럼 디지털 은행토큰에 대해서도 부적절할 것이다. 그리고 토큰을 위한 준비금은 은행 예금화폐를 위한 준비금과 기능 면에서 다르다. 은행토큰은 중앙은행 RTGS 지급 시스템을 통해 유통하지 않을 뿐만 아니라 은행 간 청산 방식으로도 유통하지 않을 것이기 때문이다.

덧붙여 말하자면 오늘날의 최소 지준금은 계속 존재하더라도 대부분 사용될 수 없는 돈이며, 사용된다 해도 유동성 준비금으로서 한계적으로만 사용될 수 있다. 최소 지준금은 일단 은행의 예금(은행화폐) 창조를 억제 또는 조장하기 위한 통제 수단으로 도입된 것이다. 그러나 그러한 목적을 달성할 정도로 만족스러운 작동을 한 적은 전혀 없었다. 그 이유 중 하나는 최소 지준금 요건은 은행이 신용창조를 통해 은행화폐를 발행할 때, 즉 사전에 충족해야 하는 것이 아니라 외부 고객의 지급 수령인 기능을 수행할 때, 즉 사후에 충족하면 된다는 점에 있다.[194]

---

193 Cf. Bjerg(2018).

194 (옮긴이 주) 여기서 저자가 말하고자 하는 것은 은행은 대출로 인해 변동하는 최소 지준금

디지털 은행토큰의 발행은행이 보유해야 할 CBDC 준비금이 100%에 가깝다면 이 준비금은 실제로 기본적인 안전판 기능을 할 수 있다. 이 경우 디지털 은행토큰은 스테이블토큰이 될 것이다. 만약 CBDC 준비금이 100%가 아니라면 이 토큰의 가치 급락과 발행은행의 파산을 동반하는 뱅크런이 쉽게 발생할 수 있다. 그리고 그 준비금은 실제로 중앙은행 준비금이 아니라 CBDC로 구성되어야 한다. 왜냐하면 비 은행 주체가 중앙은행 준비금을 획득할 수는 없기 때문이다. 그렇다고 해서 은행 디지털토큰에 은행화폐로의 태환 의무를 부여하는 것도 수락할 수 없음이 확실하다. 이 경우 18~19세기에 민간 은행권이 처했던 것과 유사한 상황이 조성될 것이기 때문이다.

100% CBDC 준비금에 기반을 둔 은행 스테이블코인은 화폐공급을 당연히 두 배로 늘릴 것이다. 그러나 해당 CBDC 준비금은 비활성 상태에 놓이기 때문에 거시경제 면에서 달라지는 건 없다. 그러나 그 발행자에게는 문제가 전혀 없는 것은 아니다. 중앙은행이 담보로 잡은 CBDC 준비금에 작은 예금이자를 지불한다 해도—이는 당장은 고려되지 않고 있지만—은행이 스테이블코인의 발행으로 얻는 이윤은 미미한 수준일 것이다. 사실상 놀고 있는 보장용 준비금(cover reserve) 때문에 발행자는 코인 사용자에게 수수료를 부과할 수밖에 없고, 이 수수료는 은행화폐의 수수료만큼 높은 수준이 될 수도 있다. 그렇다면 은행 스테이블코인 발행자는 데이터 마이

(즉 법정지준율에 해당하는 지준금)을 염두에 두고 대출 여부를 결정하는 것이 아니라 자신의 이윤 극대화를 위한 자체 기준에 의거하여 자율적으로 대출을 결정하며, 이로 인해 최소 지준금을 증가시켜야 할 필요가 생기면 그때 비로소 지준금 요건 충족을 위해 애쓴다는 것이다. 이처럼 지준금 요건은 실제로 대출 이전이 아니라 대출 이후에 적용되므로 대출(예금 또는 은행화폐)의 사전 통제 기능을 할 수 없다는 것이다. 그리고 첨언해둘 것은 은행은 타 은행에게서 지준금을 빌릴 수 있으며(콜시장), 만약 은행 부문 전체가 지준금이 부족해지면 중앙은행에게서 빌릴 수 있다는 사실이다. 이때 중앙은행은 시스템적 이유로 은행의 지준금 수요를 언제나 받아들일 수밖에 없다. 이른바 중앙은행의 '수용주의'는 바로 이 점을 포착한 것이다.

닝(data mining)[195]에 참여해 수익을 추구할 수 있지만, 이 경우에는 데이터 보호 요건과 충돌할 것이다.

만약 은행 스테이블코인의 보장 기금에서 차지하는 CBDC의 비중이 크게 낮고 현금 등가물과 여타 증권이 주를 이룬다면, 문제는 훨씬 더 심각해질 것이다. 물론 이 경우 해당 은행은 수익을 올릴 수는 있다. 증권은 통상 이자를 낳는 등 자신의 가치를 증식할 수 있고, 화폐 등가물의 발행자라면 누구나 보장 기금을 단기로 또는 심지어 장기로 대출하거나 투자함으로써 자기명의 사업을 위한 활용에 관심을 둘 것이기 때문이다. 현금 등가물과 여타 거래 가능한 자산이 보장 기금에서 차지하는 비중이 높을수록 은행은 이득을 누릴 가능성이 커지지만, 손실을 볼 가능성도 그만큼 더 커진다. 다시 말해서 다른 모든 스테이블코인과 마찬가지로 은행 스테이블코인도 그 보장 기금에서 증권이 차지하는 비중이 커질수록 해당 스테이블코인의 위험과 위기 친화성도 더 커지는 것이다.

주요 은행법인 연합체가 확장성도 있고 프로그래밍도 가능한 스테이블코인을 자체 통화로 발매할—중앙은행이 승인한다면—수도 있다. 그러나 이 스테이블코인은 다른 모든 스테이블코인과 마찬가지로 재융자 특권도 중앙은행 및 정부의 지원도 누리지 못할 것이다. 이 경우 은행 연합체는 오늘날의 부분 지준금 은행업이 의미하는 바의 화폐적 금융기관이 아니며, 나아가 그 준비금의 구성이야 어떠하든 1:1 준비금 요건을 충족해야 하는 대형 금융기관일 것이다.

오늘날 은행화폐가 누리고 있는 특권을 고려하면 은행에게 디지털코인의 발행은 사실 흥미로운 선택지가 아니다. 그렇게 되려면 보장 기금의 구성에서 이자 낳는 증권의 비중이 높고 그 CBDC 준비금에 예금이자가 지급되어야 한다. 그러나 디지털 은행토큰의 보장 기금의 전액 조달 의무만으

---

[195] (옮긴이 주) 빅 데이터 안에서 가치 있는 정보를 찾아내는 행위나 과정을 말한다.

로도 부분 재융자에 기반을 두는 현행 은행업 모델의 종식에 공헌할 수 있다. 기본적으로 한 유형의 은행 부채를 유사한 리스크(risk)를 가진 다른 유형의 은행 부채로 바꾸는 것은 별 의미가 없다. 이는 디지털 은행토큰을 보장하는 자산의 가치가 충분히 안정적이지 않을 수 있고, 은행 자체 토큰이 지금까지 은행화폐가 누려온 것과 같은 수준의 중앙은행 지원과 정부 보증을 누릴 수 있다는 보장이 없다는 점에서 더욱 그러하다.

이제 은행은 진퇴양난에 빠져 있다. 은행이 새로운 유형의 화폐—CBDC, MMF 지분, 스테이블코인 또는 여타 암호코인—로 영업하는 것은 결국 자신의 은행화폐를 경쟁 속에 몰아넣는 것이나 다름없다. 조만간 은행은 은행화폐의 역할에 관한 전망을 재검토한 뒤 은행화폐와 함께 몰락하느니 차라리 은행화폐를 버리는 게 더 낫다는 결론을 도출할지도 모른다. 그 징후의 하나가 제이피 모건(JP Morgan), 웰스 파고(Wells Fargo), 모건 스탠리(Morgan Stanley) 등 미국의 은행법인들이 예를 들어 고객의 암호화폐 지급을 수용함으로써 암호화폐를 사업 품목에 포함하기 시작했다는 사실이다. 그리고 은행들은 e-지갑과 암호화폐 거래 플랫폼을 제공하는 미국 회사들과 협력하고 있다. 고객은 신용카드와 직불카드를 e-지갑에 연결할 수 있고, 자신이 선호하는 지급수단을 사전에 설정할 수 있다. 거래가 이루어지는 동안 암호화폐는 자동으로 달러와 교환되거나 거꾸로 달러가 각각의 암호화폐와 교환되기도 한다. 암호화폐 펀드를 개설한 은행도 있고, 자신의 신용카드나 직불카드의 사용에 대한 작은 보상으로 암호코인을 제공하는 은행도 있다. 은행은 암호코인을 발행하지는 않지만 암호코인을 수용하고 거래도 한다. 이처럼 은행법인은 고객이 은행화폐의 일부를 암호화폐 투자로 이동시킴으로써 발생할 예금 및 투자의 유출에 대응하고 있는 중이다.[196]

---

[196] Birch(2022), Umar(2021).

6.5 중앙은행 준비금은 어떻게 될까?

CBDC가 도입되면 중앙은행 준비금은 쓸모없어질 것인가 아니면 둘 다 병행 사용될 것인가? 현행 시스템에서 중앙은행 준비금은 무현금 은행 간 지급수단이라는 점에서 은행화폐의 화폐적 기반으로 기능한다. 은행화폐는 CBDC와 병렬적으로 존재할 수밖에 없을 것이므로 은행화폐가 남아 있는 한 중앙은행 준비금도 계속 기능할 것이다.

애초 CBDC는 디지털토큰으로만 구상된 것이 아니라 누구나 중앙은행 계좌에 접근할 수 있음을 함의하는 모두를 위한 준비금으로도 구상되었다. 이 점은 몇몇 사례에서는 지금도 여전히 그러하다. 스웨덴의 CBDC 접근방식은 애초부터 e-크로나(스웨덴의 화폐단위—옮긴이)가 준비금과 디지털토큰 중 어느 것이 되어야 하는가라는 문제에 대해서는 결론을 내리지 않았다. 게다가 당장 다른 진영들로부터 기존 RTGS 지급 시스템을 일반 대중도 이용할 수 있도록 확장하는 것은 기술적으로 불가능하다는 지적도 나왔다. 그러나 이 지적은 중앙은행 지급 시스템을 대중의 소매 지급까지 취급할 수 있도록 확장하는 데는 확실히 (기술적인 문제는 없다 해도—옮긴이) 추가비용이 필요하다는 사실을 감안해도 반대를 위한 하나의 핑계거리였을 것이다.

게다가 중앙은행들은 모두를 위한 계좌의 직접 관리는커녕 은행이 고객을 위해 중앙은행에 CBDC 종합(omnibus) 계좌를 운영하고 이를 통해 대중이 CBDC에 간접적으로 접근하는 방식조차 고려하지 않고 있음이 분명해졌다. 결국 그동안 논의는 CBDC의 토큰화를 중심으로 전개되어왔다. 그런데 디지털토큰은 e-지갑들 사이에서 직접 이체되기 때문에 은행은 중앙은행에 준비금 거래 계좌를 개설할 필요가 없어지고, 이에 따라 은행 간 거래에서 은행화폐의 이체를 위한 준비금도 더 이상 필요하지 않게 된다.

이와 동시에 은행 간 거래에서 은행들은 이전처럼 중앙은행 예금(준비금)을 주고받는 대신 CBDC 토큰을 주고받을 수 있다. 실제로 CBDC 토큰은 은행 간 거래에서 이전에 중앙은행 준비금이 수행하던 기능을 수행함과 '동시에' 대중 회로에서 (일반 시민들이 사용하는 현금처럼—옮긴이) 보편적인 지급수단으로 기능할 수도 있다. 이러한 관점에서 보면 CBDC 토큰이 도입되면 계좌 기반 준비금은 기본적으로 폐지될 수 있다.

익숙한 절차적 관습이 남아 있고 CBDC 거래가 당장은 광범한 기반 위에서 이루어지지 않을 것임을 이유로 당분간은 계좌 기반 준비금의 폐지를 원하지 않는 사람이 있을 수 있다. 그럴 경우 기존의 중앙은행 준비금은 CBDC 토큰과 별도로 불특정 기간 동안 계속 존재할 것이다. 그러나 구식 화폐유형과 새로운 화폐유형 간의 상호 운용성을 위해 중앙은행이 은행의 수요에 따라 계좌 기반 준비금과 CBDC 토큰의 상호교환을 인정한다 해도, 준비금이 은행화폐만큼 오랫동안 사용되지는 않을 것이라고 가정할 수 있다.

6.6 현금은 화폐 박물관으로 가고 있다

주화는 제한적으로 사용되었던 중세의 엄대를 제외하면 2천 년이 넘는 세월 동안 사용되어온 유일한 화폐형태였다. 지폐는 거의 4백 년 동안 존재했다. 처음에는 민간 은행권과 군주정의 재무부서 지폐로, 그 후 약 2백 년 동안은 중앙은행권으로 존재했다. 그리고 미국에서처럼 재무부 지폐로 존재하기도 했다. 국영 주조소와 중앙은행은 주화와 지폐의 외양을 멋지게 만드는데, 그리고 특히 지폐는 위조가 최대한 불가능하도록 만드는 데 유의한다.

현금 사용이 줄고는 있지만 많은 사람이 여전히 현금에 결박되어 있다고 느낀다. 그래서인지 분노에 찬 '현금을 구조하라(save the cash)'는 캠페인이 여러 곳에서 일어나고 있을 정도이다. 정치인과 중앙은행가들은 현금 폐지는 생각조차 하지 않는다고 단언하기에 급급하다. 그럼에도 불구하고 CBDC 같은 현대적인 화폐 등가물이 없는 상태에서 현금이 점진적으로 소멸하고 있기 때문에 엄밀히 말하자면 일종의 불법 상태가 조성되고 있다. 한편으로, 현금은 법정화폐인데도 갈수록 더 많은 수령자가 현금 수령을 거부하며, 심지어는 국세청을 비롯한 국가기관마저 이에 동참하고 있다. 다른 한편으로, 은행의 계좌잔고는 불합리한 노력을 하지 않아도 법률에 의거해 완벽하게 현금으로 인출될 수 있지만, 오늘날 실제로는 현금인출이 크게 제한되어 있다. 통상의 수준을 상회하는 금액을 현금으로 인출할 수 없다는 것은 확실하다. 은행은 고액의 현금인출을 귀찮은 일로 만들어 왔고, 많은 나라에서 현금으로 인출할 수 있는 금액에 상한을 두고 있다.

어떤 활동가들은 세금이나 공영방송 청취료의 현금 지급 허용을 요구하며, 이를 위해 소송마저 불사했다. 이런 노력은 하나의 정치 캠페인으로서 공공기관이 법정화폐 수령을 거부하고 민간 은행화폐 지급을 요구한다는 사실 그리고 현금이 존재하지 않으면 은행화폐가 대중 회로를 독점하게 될 것이라는 사실을 각성하게 만든다는 점에서 의미가 있다—이것은 기본적으로 매우 타당한 메시지이긴 하지만, 화폐 박물관으로 가는 도중에 있는 현금이 이 메시지에 어울리는 매체는 아니라는 점도 분명하다. 게다가 현금의 소멸을 진심으로 염려하는 사람이 그다지 많은 것도 아니다.

현금 보전 요구는 '빅 브라더'에 대한 공포로 합리화된다. 현금은 금융 프라이버시와 자유를 위해 유일하게 남아 있는 천국으로 간주된다. 그러나 이런 견해는 특히 현금 사용에 대한 제한이 이미 존재하고 있다는 점을 감안하면 크게 과장된 것이다. 이 외에도 오늘날 모든 현금은 은행계좌에서 인출된다는 사실이 있다. 이 과정에서 전자적 흔적이 남고, 지급자와 수령자는 둘 다 지출된 돈의 용도를 상당한 수준까지 세무서에 신고해야 한다.

이러한 이성적인 이유들 외에 현금은 확실히 사람들의 감각과 감정적 애착을 건드린다는 사실도 있다. 이 점은 현금 사용이 감소하면서 더 많은 향수를 불러일으키고 있어 더욱 그러하다. 유럽에서 각국의 통화가 유로화로 대체될 때마다 해당 국가의 정체성이 위태로워지기도 했다는 것은 분명한 사실이다. 현금은 상당히 많은 사람으로 하여금 의식하든 못하든 여권(passport)처럼 촉각적 및 시각적으로 국민적 정체성은 물론 개인적 정체성도 느끼게 만든다. 은행 계좌는 누군가에게 위안거리 혹은 걱정거리가 될 수 있지만, 은행 계좌 명세서가 그의 국민적 정체성의 일부를 형성하지 않는다는 것은 확실하다. 그러나 국가통화는 국민적 정체성의 일환을 이룬다.[197]

그리고 현금 지급의 감소는 중앙은행이 고액권 발행을 중단한 탓일 수도 있다. 1969년 이래 미국 연준 지폐의 가장 큰 액면은 여전히 100달러이다. 유럽중앙은행은 2016년에 500유로짜리 지폐 발행을 중단하기로 결정했다. 1,000단위 이상의 금액은 무현금으로 지급되어야 한다. 이 조치는 테러용 자금조달, 자금 세탁, 미신고 사업 등을 방지하려는 의도로 취해졌다. 그러나 이런 조치가 얼마나 효과적인지는 불분명하다. 부정한 지급은, 특히 그것이 고액일 경우에는, 오래된 마피아 영화에서 볼 수 있듯이 지폐로 꽉 찬 손가방을 넘겨주는 것이 아니라 이제는 암호화폐로 지급하는 일이 늘어나고 있기 때문이다.

대다수 회사와 행정기관은 물론 민간 가계조차 현금 지급을 거부하는 데는 지급 실행 상의 이유가 있음이 확실하다. 고액의 현금 운반은 불안하며, 현금 지급은—현장에서 바로 이루어진다 해도—관련 당사자 모두에게 불편과 시간 낭비 그리고 비용을 초래한다. 세무서 등 공공기관, 임금부서와 연금기관, 편의시설, 텔레콤 회사, 방송 매체, 통신판매회사 등에게 현금 지급은 간단히 말해서 실용적인 선택지가 아니다. 이와 동시에 국민이 스스로 현금 지급보다는 카드나 온라인 뱅킹을 통한 무현금 지급을 선호하는 경

---

[197] 유럽연합에서 민족주의 및 포퓰리즘 세력은 유로화를 '외부의' 희생양으로 도구화하기를 좋아한다. 그럼에도 불구하고 현재 유로존 회원국 전체 인구의 70%가 유로화와 동질감을 느끼고 있다 (참조, Flash-Eurobarometer No. 429, 2021. 10. 12~14).

향은 갈수록 더 강해지고 있다.[198]

디지털화로 인해 현재 남아 있는 현금마저 이르든 늦든 향후 몇 년 사이에 사라질 것이다. 현금이 반드시 모든 곳에서 소멸하지는 않겠지만, 이 과정에서 시간의 흐름과 더불어 지급 행태가 바뀌고 이에 따라 여러 화폐유형에 대한 수요 구조도 바뀔 것이다. 어쨌든 자동현금인출기(ATM)을 비롯해 현금 지급에 불가결한 인프라를 보조금 없이는 유지할 수 없는 은행과 기업이 늘어난다면 현금 유통은 어쨌든 종식될 것으로 보인다.[199]

앞서 언급된 사례들(instances)에서 현금 보전 운동가들은 이러한 현금의 소멸이라는 예상을 전혀 확실한 일이 아니라고 생각할지도 모른다. 그러나 현금의 점진적인 소멸과 더불어 은행화폐가 사실상 대중 화폐 회로에서 홀로 지배력을 행사하는 지위를 차지했으며, 이로써 통화정책의 (비)효율성과 금융경제의 (불)안전성에 광범한 영향을 미쳐왔음은 부정할 수 없다. 이제 전통적인 현금을 계승할 CBDC를 현대적인 주권 지급수단으로 출시해야 할 적시가 왔다.

6.7 무보장 암호화폐 개관

6.7.1 본질적으로 공허한 약속

스테이블코인을 제외하면 암호화폐는 보장이 없다. 일부 암호화폐는 자의적으로 창조될 수 없고 비트코인처럼 컴퓨터로 채굴이라 불리는 작업을 거쳐야 한다. 그럼에도 불구하고 이들 암호화폐가 담보도 보증도 없다는 사실은 변하지 않는다. 이는 암호화폐의 가치가 다른 어떤 기금이나 자산으로도

---

[198] ECB(2020a, 2020b).

[199] Cf. Prasad(2021).

담보되지 않으며, 정부나 어떤 민간 실체에 의한 보증도 전혀 없다는 사실을 의미한다. 암호화폐의 가치는 예술품이나 여타 수집품의 가치처럼 그 수요의 규모와 지속성에 따라 등락한다.

암호화폐의 가치가 어느 정도인지 그리고 그 가치가 얼마나 오래 유지될지는 주로 해당 암호화폐의 평판(standing)과 영업권(goodwill) 그리고 그 사용자 수의 임계치(critical mass)에 달려 있다. 만약 여러 대기업이 어떤 코인을 지급수단으로 수락하고 또 수천의 기업과 수만의 사람이 그것을 지급수단으로 사용하기를 바란다면, 이 코인이 지급수단으로 기능하는 데에는 전혀 문제가 없다. 그러나 지금까지 암호화폐들의 가격과 이에 따른 구매력은 안정적이라기보다는 큰 변동을 보여 왔고, 암호화폐 시장이 조만간 안정세를 보일 것이라는 어떤 징후도 없다.

통화 투기와 지하경제를 제외한다면, 불신이 덜한 스테이블코인은 물론 훨씬 더 신뢰할 수 있는 CBDC가 있는데도 무보장 암호코인을 대안화폐로 사용해야 할 이유가 있을까? 이러한 관점에서 민간 스테이블코인과 주권 CBDC가 존재하는 상황에서 무보장 디지털토큰이 범용 정규 화폐가 될 기회를 잡을 수 있을 것으로 기대하기는 어렵다.

따라서 공식 화폐로부터 무보장 암호화폐로의 대규모 이동과 관련해 있을법한 문제들에 천착하는 것은 쓸데없는 짓이다. 만약 그런 식의 통화대체를 진지하게 다루어야 하는 경우가 생긴다면, 이 자체가 문제시된다. 이로 인해 당장 화폐 주권의 상실과 통화정책의 시스템적 관련성 상실을 우려해야 할 것이기 때문이다.[200] 그러나 현실에서는 그런 식의 대규모 통화대체를 두려워해야 할 이유가 전혀 없다. 물론 약성 통화(weak-currency)를 가진 나라라면 그럴 수도 있다. 실제로 통화 대체 문제가 반복해서 나타났고, 이는 다른 국가통화로의 도피이든 지금처럼 암호화폐로의 도피이든 자

---

200 Adrian and Mancini-Griffoli(2021, p. 76).

본 도피(capital flight)라는 용어로 빈번하게 언급되어 왔기 때문이다.

　　기본적으로 중앙은행 지원과 정부 보증을 기대할 수 없는 민간 지급수단은 그것이 무엇이든 광범한 대중의 일반적인 수용을 획득해 보편적인 지급수단으로 발전하기에는 많은 어려움이 있을 수밖에 없다. 그런 사례는 과거에 주화의 질적 악화와 규제 없는 지폐가 초래했던 화폐적 혼란의 시기에 많이 나타났었다. 이 혼란을 종식한 것은 일국 차원에서 표준화된 중앙은행 지폐를 법정통화로 도입한 조치였다. 이번에도 그와 유사한 조치가 필요한데, 그것은 바로 표준화된 CBDC의 도입이다. 이 점은 화폐들이, 스스로 자초한 위기든 또는 어떤 일반적인 위기라는 환경에 의해 유발된 위기든, 조만간 위기를 겪는다는 사실에 의해서도 지지된다. 이러한 심각한 위기들 속에서 정부 보증 없는 민간 지급수단이 살아남을 수 있을 것 같지는 않다.

6.7.2 비트코인과 이더

무보장 암호화폐는 각자가 처해 있는 상황이 달라 보인다. 특히 시장가치가 6,400억 달러에 달하는 비트코인(Bitcoin)과 2,800억 달러에 달하는 이더(Ether)가 그러하다. 그 외 다른 코인은 모두 기껏해야 100억 또는 10억 단위로 작은 시장가치를 가지고 있다.[201] 비트코인의 특수성은 나카모토(Nakamoto)라는 익명의 신비스러운 개발자가 채굴 알고리즘을 고안했다는 데에 있다. 그래서 컴퓨터에 의한 신규 코인 채굴은 갈수록 더 많은 수고를 요구하며, 이미 채굴된 비트코인의 개수는 2,100만 개라는 한도에 가까워지고 있다. 이 한도의 90% 이상이 이미 채굴된 상태이기 때문이다.

　　비트코인은 그 수량 제한 때문에 금에 비견될 만한 것으로, 심지어는 금과 동일한 것으로 간주되기도 한다. 하지만 이런 동일시는 비상식적이다. 왜냐하면 금은 실제로 화폐를 부분적으로 보장하는 기능을 하며, 그 자체로

201　Coinmarketcap.com, 2022. 2. 22.

가치를 지닌 상품이기 때문이다. 금은 수많은 산업과 수공업에서 활용될 정도로 실물 사용가치를 가지고 있지만, 비트코인은 이러한 사용가치가 아예 없다.

이처럼 비트코인을 금과 비교하는 것은 부적절한 것임에도 불구하고 이러한 비교로부터 비트코인이 인플레이션 대비책이 될 수도 있다는 가정이 나왔다.[202] 금이 인플레이션 대비 기능을 어느 정도까지 수행할 수 있는지는 논쟁의 여지가 있지만, 이런 식의 가정은 화폐의 가치가 다른 상품들과 마찬가지로 그 희소성에 달려 있다고 보는 고전파 경제 이론에 기반을 둔다. 그러나 그 가치를 뒷받침하는 자산도 없고, 중요한 보증인도 없고, 실물 경제적인 사용가치도 없는 무담보 비트코인의 희소성에 누가 관심을 가질까? 비트코인은 사실 예술작품과 같다. 예술작품의 가치는 충분한 구매력을 가진 다수의 구매자가 존재할 때에만 유지된다. 그 가치는 불확실성이 존재하거나 심지어 위기가 발생할 때 급격하게 변할 수 있다. 그런데 지금까지 암호화폐들이 보여준 가격 변동성에 비하면 예술품 시장의 가격 변동은 오히려 안정성 모델에 가깝다고 하지 않을 수 없다.

기본적으로 다른 모든 화폐와 마찬가지로 비트코인도 아마 간접적으로는 인플레이션 대책이 될 수 있을 것이다. 즉, 비트코인의 가치가 안정되거나 상승한다는 가정 하에 가치가 하락 중인 화폐를 버리고 비트코인으로 갈아타는 경우가 그러하다. 이로써 문제는 화폐 경쟁과 화폐 투기라는 또 다른 측면으로 바뀌게 된다. 이 측면은 이미 서로 다른 암호화폐들 사이에서 상당한 정도로 나타나고 있으며, 여기에는 변동성이 낮은 스테이블코인을 비트코인으로 경기 순응적(pro-cyclical)으로[203] 구매하거나 판매하는

---

202 Cf. Karau(2021).
203 (옮긴이 주) 경기 상태에 순응하는 방식으로, 즉 호황이나 불황을 더욱 강화시키는 방식으로 반대로 경기 역행적(counter-cyclical)이라는 용어는 호황이나 불황을 억제하는 방식으로를 의미

현상도 포함된다. 동일한 이유로 약성 통화를 가진 나라는 암호화폐를 서둘러 구매하거나 판매하는 경우가 있다. 이는 통화 도피의 대상으로 암호화폐가 그동안 안전한 피난처로 간주해왔던 미국달러보다 더 용이하고 또 상대적으로 더 싼 대안이라고 생각하기 때문이다.

전체적으로 보면, 비트코인이 보편적 지급수단이 될 가능성은 지금까지 몇몇 사람들이 주장해온 것보다는 훨씬 더 작다. 비트코인과 그 아류 암호화폐들은 예측 가능한 미래에 특별한 선택지로, 즉 매우 특수한 사용자 집단을 위한 일종의 특수목적 도구로만 간주될 것임이 틀림없다.

두 번째로 큰 암호통화인 이더는 비트코인이 가질 수 없는 기회가 있을 것으로 보인다. 이더는 비트코인에는 없는 특징이 있기 때문이다. 블록체인 시스템인 이더리움(Ethereum)은 이더로 이루어지는 지급 거래에만 사용될 뿐만 아니라 비트코인과는 달리 앞서 언급한 디지털토큰이 가진 프로그래밍 가능성도 가지고 있다. 이더리움의 프로그래밍 언어는 스마트 계약과 여타 앱으로 암호화된 이더 토큰의 개발에 사용될 수 있는 것이다. 이리하여 이더는 화폐 대용물일 뿐만 아니라 계약, 여타 서류, 유·무형 재화의 관리 도구라는 사용가치도 가지고 있다. 만약 이것이 장기적으로 성공적인 것으로 판명된다면, 이더는 비트코인과 여타 무보장 화폐에 대해 결정적인 경쟁우위를 가질 것이다. 그러나 이 이점은 스테이블코인도 무관하지 않으며 단지 설계상의 문제일 뿐이다.

고도로 분산된 공개형 블록체인이 지닌 몇 가지 불리한 점과 단점이 남아 있는데, 이는 원형적으로 비트코인에 적용될 수 있다. 그중에 탈중앙집중화와 익명성이라는 과도한 자유지상주의(libertarian) 이데올로기에서 기인하는 효율성 부족이 있고, 이는 지속 불가능한 에너지 다(多) 소비와 경쟁력의 부분적인 약화를 초래하는 고비용을 동반한다.

한다.

이더는 스스로 이러한 단점을 벗어나고자 한다. 이더의 개발자 공동체는 거래 확인과 문서화 과정의 능률을 크게 개선하기 위해 수년 동안 노력해왔다. 이전의 합의를 통한 작업증명 절차에서는 모든 컴퓨터 노드(채굴자)가 모든 측면에 대해 합의에 도달해야 하는데, 이를 위해 시간, 에너지, 비용이 너무 많이 들어갔다. 이와는 대조적으로 이더가 새로 도입한 지분증명 절차에서는 참여자 중 일정 기준을 충족한 소수의 대형 컴퓨터 노드가 무작위로 선택된다. 이로써 컴퓨팅 노력과 에너지 소비가 99.9%까지 감소하는 것으로 알려져 있다.[204] 이에 따라 지급 속도가 급증하고, 그만큼 비용이 줄어든다. 또한 이 시스템은 운영 안전성을 제고하고, 블록체인과는 달리 확장성을 자랑하며, 개방된 접근(open access)으로 계속 대중성을 유지한다. 이리하여 이더는 다른 암호화폐에 비해 상당한 경쟁우위를 가질 것으로 보인다. 그러나 이더가 범용 지급수단으로도 될 수 있을지는 다른 비 기술적인 요인, 즉 화폐적 및 정치·경제적 요인에도 달려 있다. 이 요인들에 대해서는 아직 더 많은 논의가 필요하다.

6.8 진지하게 다루어져야 하는 본원화폐의 경쟁자, 스테이블코인

6.8.1 경쟁자가 있다면, 그것은 스테이블코인이다

무보장 암호화폐와 대비해 볼 때 그리고 화폐 사용자의 관점에서 볼 때 스테이블코인은 보장용 담보가 있고, 공식 통화와 1:1 교환을 약속한다는 중요한 이점을 가지고 있다. MMF 지분과 마찬가지로 1스테이블코인은 예를 들어 1미국달러와 같고, 후자는 미국의 은행화폐나 연준 준비금 또는 미래의 연준 CBDC 형태를 취할 수 있다. 이미 유럽연합에서는 스테이블코인의

---

[204] Ethereum.org/en/upgrades/merge.

1:1 보장이 (e-머니처럼) 의무화되어 있다. 미국에서도 아마 조만간 보장의 구성과는 무관하게 완전한 보장이라는 규제가 도입될 것이다.

스테이블코인의 이점은 이더리움의 프로그래밍 언어 또는 유사한 다른 언어를 사용할 때 더 커진다. 그래서 스테이블코인은 다목적 프로그래밍이 가능하다. 이는 은행화폐와의 경쟁에서 강점으로 작용하며, 이 강점은 이미 언급된 장부화폐와 대비되는 디지털토큰의 이점, 예를 들어 지급자로부터 수령자에게로 즉각적인 직접 이전, 처리의 용이성, 기본적으로 더 낮은 비용 등에 추가된다.

미국은 예측 가능한 미래에 스테이블코인 및 여타 암호화폐들과 특별한 관련성을 가질 것이다. 왜냐하면 대다수 암호화폐가 미국달러로 거래되며, 스테이블코인의 가치는 미국달러에 고정(peg)되어 있기 때문이다. 스테이블코인의 달러 고정은 암호화폐가 충분히 규제되고 새로운 클러스터 위험(cluster risk)[205]을 동반하지 않는 한 미국달러의 지배 통화 지위를 강화하는 데에 적합하다.

바로 이러한 달러 지배라는 측면이야말로 그동안 미국의 연준과 재무부로 하여금 페이스북의 다통화 기반 리브라(multi-currency Libra) 스테이블코인 프로젝트에 반대 입장을 취하게 만든 반면, 달러 표시 스테이블코인에 대해서는 좀 더 긍정적인 입장을 취하게 만든 요인이었다.[206] 그럼에도 불구하고 미국의 이러한 입장변경이 놀라운 까닭은 디지털토큰 지향 추세가 은행 계좌잔고(장부화폐)의 이체 관리를 위해 고안되었고, 미국의 연준달러와 은행달러의 지배하에 있는 현행 국제 지급결제 네트워크를 약화시킬

---

205 (옮긴이 주) 일반론적 의미로 '특정 지역'이나 '특정 산업'에서 인과적으로 발생하는 연쇄적인 문제를 지칭한다. 유사한 용어로 시스템 위험(systemic risk)이나 네트워크 위험(network risk)이 있다.

206 Federal Reserve of the U.S.(2022, p. 11).

수 있다는 점에 있다. 어쨌든 미국달러와 연계된 스테이블코인의 세계적인 사용은 달러 지배를 확대하거나 적어도 유지하는 데에 도움을 줄 것으로 보인다.

스테이블코인에 유리한 것으로 인용될 수 있는 이점들의 존재에도 불구하고 여전히 다음과 같은 의문은 남는다. 그것은 CBDC 형태의 디지털 원본이 사용될 준비가 되어 있음에도 불구하고 디지털 대용물을 사용해야 할 이유가 무엇인가라는 의문이다. 스테이블코인 발행자는 CBDC가 제공하지 않는 이점을 제공해야 할 것이다. 애당초 스테이블코인의 이점은 이체 속도와 비용 상의 우위 그리고 선진적인 암호화폐로서의 프로그래밍 가능성이었다. 현재의 CBDC 관련 구상들은 이 점에서 발전이 지체되고 있는 것으로 보인다.

6.8.2 스테이블코인 관련 잠재적인 문제들

민간 암호화폐는 은행화폐와 동일한 문제점과 위기 유발 가능성을 가지고 있다는 점에 유의해야 한다. 모든 무보장 암호화폐는 파산 위험에 크게 노출되어 있다. 이 점은 스테이블코인에게도 어느 정도 타당하다. 제2층 또는 제3층 화폐를 다른 화폐 대용물로 보장하는 것은 그 안전성에 대한 의구심 때문이며, 이는 증권의 보장에도 타당한 지적이다. 왜냐하면 금융자산의 가치는 등락하게 마련이고, 이에 따라 스테이블코인 관련 준비금 포지션의 가치도 증감할 수 있기 때문이다. 이 현상은 스테이블코인이 시간이 지남에 따라 수동적으로뿐만 아니라 능동적으로도 발행될 수밖에 없게 되면 더욱 심해질 것이다. 이런 일은 예를 들어 어떤 스테이블코인 발행자가 새로운 토큰을 암호화폐공개(ICO) 방식으로 판매하는 것이 아니라 새로운 토큰으로 직접 증권을 구입할 때 (증권의 판매자가 해당 스테이블코인으로의 지급을 수락한다면) 일어난다.

스테이블코인은 유럽연합에서 e-머니와 동일한 규제를 받고 있지만,

미국에서는 아직 스테이블코인의 보장에 관한 일관된 규제가 시행되지 않고 있다. 지금까지 스테이블코인의 1:1 보장은 대부분 자발적인 약속에 지나지 않는다. 그래서 보장의 실상은 약속과 크게 다를 수 있다. 예를 들어 스테이블코인 유에스디코인(USDCoin)은 달러 표시 은행화폐로 보장된다. 이는 일종의 협소은행 접근방식을 따르는 것으로, 그것은 화폐로, 이 경우에는 중앙은행 준비금이 아니라 은행화폐로, 완전히 보장되는 경향이 있다.[207]

시장가치가 700억 미국달러로 현재 규모가 가장 큰 스테이블코인임과 동시에 비트코인과 이더 다음의 세 번째로 규모가 큰 암호코인 테더(Tether)의 경우는 사정이 또 다르다.[208] 테더는 증권과 미수금(receivables)으로 보장되는데, 미수금은 테더의 운영조직 '유한회사 테더(Tether Limited)'가 자신이 대출을 제공한 채권자들에 대해 가지고 있는 청구권이다. 탈중앙집중화된 금융 행위자들에게 테더는 유동성의 중요한 원천이다.[209] 테더의 보장 기금 중 또 다른 일부는 비트코인으로 구성되는데, 이는 주로 기관 및 직업적인 트레이더가 테더를 비트코인으로 구매하기 때문이다.[210] 만약 스테이블코인의 100% 보장이 위험하고 불안정한 담보 자산으로 이루어진다면 그 안전성을 어떻게 확보할 수 있을까? 미국 정부의 의견과 연준의 권고에 따르면 스테이블코인 거래를 시스템적 관련성을 가진 은행업으로 분류하고, 관련 규제를 적용해야 한다는 것이다.[211]

그러한 규제를 적용한 후에도 스테이블코인이 100% 보장을 준수하지

---

[207] Vandeweyer(2021, p. 83).

[208] Coinmarketcap.com v. 2022. 2. 23.

[209] McKinsey Global Institute(2021, p. 4).

[210] Lopatto(2021).

[211] 대통령 직속 금융시장실무그룹(PWG), 연방예금보험공사(Federal Deposit Insurance Corporation), 통화감독청(Office of the Comptroller of the Currency)의 보도자료, 2021. 11. 1. Davis Polk, *Insights*, "미국 규제 당국이 스테이블코인 및 암호화폐 규제에 대해 말하다"(U.S. regulators speak on stablecoin and crypto regulation), 2021. 11. 12.

않을 가능성은 여전히 남는다. 게다가 금융 완화의 장기화 속에서 정치인과 당국은 스테이블코인에도 은행처럼 부분 준비금 제도를 적용하도록 설득당할 수도 있다. 이러한 사정에다 통화 가치 변동이 일어나면 결과적으로 부분 준비금 은행제도는 스테이블코인과 함께 계속될 수도 있다. 그렇게 되면 은행화폐에 대한 태환 쇄도(bank-run)가 일어날 수 있는 것처럼 스테이블코인에 대한 태환 쇄도가 일어날 수 있는 것이다. 무보장 암호화폐와 보장된 스테이블코인의 확산으로 이것들의 시스템적 관련성이 커질수록 '너무 커서 파산시킬 수 없다(too big to fail)'와 '너무 긴밀히 연계되어 있어 파산시킬 수 없다(too interconnected to fail)'는 문제도 그만큼 더 크게 재생될 것이다. 비중이 커진 스테이블코인이 위기에 빠지면, 중앙은행과 정부는 사태의 악화를 저지하기 위해 시스템적 연관성을 가진 이 민간 펀드들을 구제하라는 압력을 받을 수도 있다는 것이다.

6.8.3 은행화폐 및 중앙은행화폐와 경쟁하는 스테이블코인

리브라/디엠 프로젝트를 둘러싼 정치적 소란이 확실하게 보여준 것은 은행과 중앙은행들이 널리 확산되고 국제적으로 사용되는 스테이블코인을 위협으로 간주한다는 사실이다. 즉, 스테이블코인은 은행화폐와 중앙은행화폐 둘 다와 경쟁을 벌인다는 것이다.

은행화폐와의 경쟁과 관련해 보면, 스테이블코인은 CBDC와 달리 법정화폐가 아니며, 은행화폐와 달리 중앙은행과 정부의 보장을 받지 않을 뿐만 아니라 이런 부류의 특혜 중 어느 것도 지금까지는 고려된 바가 없다. 불확실성의 조건 하에서 스테이블코인의 신뢰성은 안전 스톡인 CBDC는 물론 심지어 준-주권적인 은행화폐의 신뢰성에 비해 확실치 않다고 볼 수 있다. 그래서 스테이블코인은 은행화폐에게 CBDC만큼 강력한 경쟁자는 아닐 것이다. 그러나 스테이블코인은 은행화폐에 정상적으로 압박을 가할 수 있을 정도로 충분한 강점을 지니고 있다. 은행은 이체 속도의 제고 또는 디지털화를 위해 아무리 노력을 한다 해도 결코 자신의 장부화폐가 앞서 언급된 처리, 효율성, 비용 및 프로그래밍 측면에서 디지털토큰으로서의 스테이블코인이 누리는 강점을 갖도록 만들 수는 없다.

더욱이 스테이블코인이 번성함에 따라 금융 거래가 은행에서 그림자은행으로 이동해가는 경향은 더욱 강해질 것이고, 이에 따라 전통적인 은행은 쇠퇴하고 그림자은행의 은행화폐 사용도 부분적으로 줄어들 것이다. 한편, 은행은 스스로 자체 법인 산하에 별도의 자회사를 설립하거나 외부 금융기관에 공동으로 자금을 제공함으로써 그러한 발전을 조장하고 또 그러한 발전에 필요한 자금조달에 공헌해왔다. 은행 법인이 투자은행업, 자산관리 및 중개업 같은 영역의 활동을 강화하는 동안, 비 은행 금융기관들은 지금까지 환전과 지급 서비스 그리고 대출과 광의의 투자은행업 같은 활동을 증대해왔다.

몇몇 대형은행은 이 과정을 역전시키기 위해 오늘날 과거에 한때 그랬던 것처럼 대 기업 고객 비즈니스와 투자은행업에 더욱 집중하고 있다. 그럼으로써 수많은 소규모 소매 고객 대상 비즈니스는 다른 신용 제공 기관들에게 넘겨주고 있다. 이러한 구조재편 그리고 은행과 그림자은행 간의 중첩이 계속 진행 중이다. 새로운 제3층 화폐 대용물의 관점에서 보면 화폐적 금융기관과 비화폐적 금융기관의 구별이 모호해지고 있는 것이다.

스테이블코인이 중앙은행화폐와도 경쟁한다는 것은 명백한 사실이 아닐 수 있다. CBDC와 스테이블코인의 경쟁적인 공존이 어떻게 전개될 것인지 현재로서는 확실치 않기 때문이다.[212] 사실 중앙은행화폐는 본원화폐이다. 그러나 중앙은행 현금은 더 이상 시스템 결정력을 갖고 있지 않으며, 은행화폐의 하위집합으로 전락하다시피 한 중앙은행 준비금은 은행 간 회로에 갇혀 있다. CBDC의 도입은 이러한 상황을 바꿀 수 있다. 그러나 CBDC

---

[212] Cf. McKinsey Global Institute(2021).

가 언제 소매 거래에 사용될 수 있을지 그리고 언제 그 수량이 임계점에 도달해 변화를 초래할 수 있을지는 현재로서는 두고 볼 일이다. 그러는 사이에 암호화폐 부문과 스테이블코인은 계속 발전하고 있다.

일단 CBDC가 널리 사용된다 하더라도 과거 은행화폐가 현금과 경쟁했던 것처럼 스테이블코인은 CBDC와 경쟁할 것이다. 은행화폐는 현금을 무력하게 만들었고, 시스템 운영상 불가결한 초과 준비금을 이선으로 물러나게 했다. 그럼으로써 은행화폐는 시스템적 관련성을 획득했고, 결국 지배적인 지위를 차지했다. 중앙은행은 은행화폐에 수동적으로 반응하면서 종속적인 위치에서 은행에 상설 재융자 제공 기관으로 전락했다. 주권 통화단위(원, 달러, 유로, 위안 등 국가 화폐단위—옮긴이)를 장악하고 있다 해도 주권화폐 스톡(시중 통화량—옮긴이)을 좌우하지 못한다면, 화폐 주권은 사실상 속이 텅 빈 껍데기에 지나지 않는다.

은행화폐가 현금과 준비금에 대해 했던 것과 같은 일을 스테이블코인이 CBDC에 대해 유사한 과정을 통해 할 수 있다는 가능성을 처음부터 배제할 수는 없다. 그러나 그런 일이 실현되지는 않을 것으로 보는 데는 확실한 이유가 있다. 그것은 특히 CBDC가 스테이블코인과는 달리 본원화폐로서 다른 화폐유형으로 태환될 필요가 없을 뿐만 아니라 오히려 다른 화폐유형들이 준거로 삼는 법적 토대 역할을 한다는 우위를 가지고 있기 때문이다. 그러나 이 우위의 실현은 중앙은행과 여타 관련 국가기관들이 그에 걸맞게 행동하고 또 기술적으로 고성능인(high-powered) CBDC가 화폐공급 전체의 구성을 좌우한다는 것이 확실해질 때 비로소 가능할 것이다. 이 문제의 향방을 결정하는 데 특히 중요한 것은 다름 아닌 CBDC의 설계 방식이다. 이 문제는 장을 바꾸어 논의하고자 한다.

제7장
CBDC 시스템 설계 원칙

> **핵심 용어**
> CBDC 설계 원칙, 통화 대체, 뱅크런 문제?, 은행의 CBDC 자금 조달, 스테이블코인의 보장.

이 장은 CBDC 설계 원칙과 관련해 논의되고 있는 문제들을 다룬다. 예를 들어 시스템 구축과 관련하여 디지털토큰은 분산 원장(블록체인) 방식으로 관리되는가 아니면 선진화된 전통 지급결제 인프라로 관리되는가, CBDC는 어떻게 유통 속에 주입되는가, CBDC와 은행화폐 간의 상호작용은 어떻게 작동해야 하는가, CBDC 때문에 뱅크런 위험은 증대될 것인가, 중앙은행과 정부는 지금처럼 은행화폐의 보증인 역할을 계속해야 하는가 등이다.[213]

이 문제들은 본질적으로 운영상의 기능 측면뿐만 아니라 정치와 패러

---

[213] 특히 IMF(2018), Kumhof and Noone(2018), Ingves(2018), Sveriges Riksbank(2017, 2018a,b), Meaning et al.(2018), Barrdear and Kumhof(2016), Bindseil(2019) 등에서 CBDC 설계 원칙에 대한 다양한 접근법이 다루어지고 있다.

다임 측면과도 관련이 있다. 후자의 측면은 화폐의 정치화를 두려워하는 사람이라면 기피할 수 있지만, 통화정책을 비정치적인, 그래서 순전히 기술관료적인 문제로 다루는 것은 사람들을 오도하는 것이다. 통화정책은 사실 '정치'에 관한 것이다. 정치는 두려워해야 하는 것이 아니라 투명한 방식으로 대처해야 하는 것이다.

7.1 CBDC를 어떤 시스템으로 구축할 것인가?

현 단계에서 CBDC 시스템을 유형화하려는 시도는 모두 다소간에 임시적인 성격을 면할 수 없다.[214] 그럼에도 불구하고 다음 세 가지 기본 구조는 식별할 수 있다.

- 전통적인 계좌 기반형(conventional account-based)
- 디지털토큰형(digital tokenised)
- 혼합형(hybrid).

이 스펙트럼의 한쪽 끝에는 전통을 계승하는 방식으로 표준적인 중앙은행 계좌 기반 CBDC, 즉 모두를 위한 지준금으로서의 CBDC가 있다. 그 예로 개인이 중앙은행 계좌에 '직접' 접근하는 방식을 들 수 있다. 여기서 말하는 계좌는 은행이 중앙은행에 개설하는 신용 또는 재융자 계좌가 아니라 몇몇 공공기관(중앙정부 등—옮긴이)이 개설해 사용하는 거래 계좌와 같은 것이다. 모두를 위한 개인별 거래 계좌는 은행 간 지급결제 네트워크에 연결될 수는 있다. 그러나 이 계좌의 잔고는 은행 재무상태표에 등재되지 않

---

[214] 예를 들어, Cunha et al.(2021, p. 9).

으며 고객이 직접 보유한다. 이 개인별 거래 계좌에는 증권이나 은행화폐가 아예 존재하지 않고 중앙은행 준비금만 존재한다는 점만 제외하면, 지급의 실행은 증권 계좌의 경우처럼 순수한 대 고객 서비스에 지나지 않는다. 중앙은행 계좌의 또 다른 버전은 '간접' 접근방식을 취한다. 이 경우 은행이나 지급 서비스 제공기관(PSP)이 중앙은행에 고객들을 위한 종합계좌(omnibus accounts)를 개설하고, 고객은 이 종합계좌에 개인별 지분을 예치한다. 이 방식은 기존의 온라인 뱅킹(online banking)에 적합하다.

 암호화폐 활성화에 따른 디지털화 경향이 통화정책에 영향을 미치기 이전인 2010년대 중반까지는 주권화폐 시스템 접근방식으로 직접 방식은 물론 간접 방식도 제안되었다. 간접 방식에 대해 중앙은행의 연구팀도 부분적으로 고찰한 바 있다. 전통적인 계좌 기반형 CBDC의 개발은 지금까지 상당한 진전을 보이긴 했지만, CBDC의 토큰화가 지닌 기술적인 잠재력을 경시하는 단점이 있다. 어쨌든 전통적인 계좌 기반형이 채택될 것으로 보이지 않는 이유는 중앙은행들이 모두를 위한 지급결제 서비스 제공자가 되고 싶어 하지 않는다는 데 있다. 이러한 중앙은행들의 불원(不願) 입장은 적어도 개인이 중앙은행 계좌에 직접 접근하는 방식에 대해서만은 확고해 보인다.

 CBDC 버전들의 스펙트럼에서 반대쪽 극단―말하자면 기술진보의 최전선―에 디지털토큰이 있다. 디지털토큰은 지참인 도구(bearer instrument)로서 각 보유자가 직접 보관하고 처분하며, 지급은 지급자가 수령자에게 직접 송금하는 방식으로 시행된다. 디지털토큰은 프로그래밍이 가능하며, 그 이체는 자연인과 법인(기관, 기업) 사이에서뿐만 아니라 사물 인터넷을 통해 기계와 제품 그리고 다른 인공지능 작동장치 사이에서도 이루어질 수 있다.

 접근 승인권(authorised access)을 가진 허가형(permissioned) 블록체인 시스템은 지급결제 인프라와 총괄(overall) 데이터베이스 역할을 할 수 있다. 이 시스템은 효율성, 에너지 소비, 비용 등의 측면 때문에 다소 중앙집중화된 시스템 또는 다중심 시스템이 될 것이며, 이에 수반되는 대형 서버들은 공유 데이터베이스를 관리하는 네트워크 노드로 작동한다.

중앙은행들이 현재 개발 중이거나 시행 중인 시스템은 순전히 전통적인 계좌 기반 시스템도 완전히 토큰화된 시스템도 아니다. 이 두 방식의 요소들을 결합한 하이브리드 방식이다.[215] 예를 들어 e-지갑(e-wallet)은 프로그래밍 가능한 토큰을 처리하거나 단순히 전통적인 계좌잔고를 처리할 수 있을 뿐만 아니라 계좌 내역을 보여줄 수도 있다. e-지갑은 휴대폰이나 유선 앱을 통해 획득되며, 어떤 기능은 전자 칩을 내장한 재래식 플라스틱 카드를 통해서도 획득될 수 있다.

지급결제 인프라는 전통적인 시스템이거나 분산원장기술(DLT)/블록체인 시스템일 수 있고, 실제로는 둘 다일 수도 있다.[216] 예를 들어 디지털 유로의 송금을 위해 유럽중앙은행이 고려하고 있는 준비금 기반 은행 간 실시간총액결제(RTGS) 시스템의 확장 버전인 실시간지급결제(TIPS) 시스템은 지급자와 수령자 간의 디지털 유로화 지급을 중개한다.[217] 실시간지급결제 시스템은 일주일 내내 24시간 거의 실시간 송금이 가능하다.[218] 스웨덴의 e-크로나 프로젝트 역시 유로시스템의 실시간지급결제 플랫폼을 사용할 계획을 가지고 있다.[219] 스위스국립은행과 바젤의 국제결제은행의 시험실행(test run) 결과는 전통적인 실시간총액결제 시스템과 분산원장기술/블록체인 플랫폼 둘 다 디지털토큰에 의한 최종지급에 적합하다는 것을 보

---

[215] Auer et al.(2020, 2021, p. 157), Fatas(2021, p. 52), 및 Auer and Böhme(2020).

[216] ECB(2020b, p. 26), Maechler and Wehrli(2021, p. 150) 그리고 Auer et al.(2021, p. 157).

[217] TIPS=TARGET Instant Payment Settlement. TARGET=Trans-European Automated Real-time Gross settlement Express Transfer system.

[218] ECB(2020b, p. 38).

[219] Flodén and Segendorf(2021, p. 103).

여주었다.[220]

　지금까지 실현된 최대 규모의 CBDC인 중국의 디지털 위안은 현재로서는 상대적으로 전통적인 계좌 기반 시스템에 가깝다. 중앙은행은 6개의 주요 국영은행(state banks)과 두 개의 주요 인터넷 은행(WeBank, MYBank)에 개설된 특정 계좌에 디지털 위안을 빌려준다. 개인 고객은 이들 은행에 e-지갑의 형태로 디지털 위안 계좌를 신청할 수 있다. 디지털 위안은 현금과 동일한 법정화폐 지위를 가진다.[221] 디지털 위안 e-지갑에 대한 접근은 공개 열쇠(public key)와 개인 열쇠(private key)를 갖춘 비대칭적인 암호화 기술에 기반을 둔다. 디지털 위안은 기본적으로 모든 구매의 지급수단으로 사용될 수 있고, 은행과 PSP의 서비스에도 사용될 수 있다. 그러나 기존의 전통적인 은행 계좌와 디지털 위안 계좌/e-지갑은 분리되어 있다. 현재 디지털 위안은 대중 유통 속에 디지털 위안을 발행하는 주요 8개 은행을 통해서만 은행예금과 상호 교환될 수 있다.[222]

7.2 목표와 기대효과

중앙은행들은 CBDC의 도입으로 일정 수의 목표와 기대효과를 실현하고자 한다. 여기서는 그중 가장 중요한 것만 요약해서 다루기로 한다.[223]

---

[220] Maechler and Wehrli(2021, p. 150). (옮긴이 주) 해당 프로젝트의 명칭은 Project Helvetia이며, 자세한 내용은 국제결제은행 혁신허브(BIS Innovation Hub) 홈페이지를 참조하라.

[221] De Bode et al.(2021).

[222] www.db.com/media/news?tags=asiapacific, 14 July 2021. *The Economist*, 2021. 5. 8, pp. 61-62.

[223] Georgieva(2022), Federal Reserve(2022), McKinsey Global Institute(2021, p. 7), De Bode et al.(2021), BIS(2021, pp. 65~95), Fatas(2021), Adrian and Mancini-Griffoli(2021), Boar et al.(2020, p. 4), OMFIF and IBM(2019, pp. 6, 13), 그리고 BIS(2019, p. 9).

7.2.1 화폐적 연결성(상호 운용성, 상호 전환성)

중앙은행들에 따르면, CBDC는 기존 화폐유형들에 부가되어야지 이것들을 대체해서는 안 된다. 이는 CBDC와 디지털 지갑 그리고 전송 채널과 이를 위해 사용되는 데이터베이스가 기술적으로 기존 화폐유형들의 지급결제 시스템과 연계되어야 한다는 것을 의미한다. 이러한 상호 운용성(interoperability) 요건은 일차적으로 은행화폐와 은행화폐 기반 e-머니에 연계된 기존 중앙은행 실시간총액결제 시스템에 적용된다. 상호 운용성 요건은 심각한 장애물이 될 것 같지는 않지만, 추가적인 기술적 노력과 그에 상응하는 비용을 수반할 것이다.

지급결제 시스템들 간의 상호 운용성 요건은 서로 다른 화폐유형들 간의 상호 전환성(convertibility) 요건 때문에 필요하다. 즉, CBDC, 은행화폐 및 현금이 상호 교환될 수 있어야 한다는 것이다. 화폐 간 상호 전환성이 필요하지 않다면 지급결제 시스템들의 상호 운용성은 아예 필요하지 않을 것이다.

스테이블코인과 여타 암호화폐들의 상호 운용성 및 상호 전환성에 대해서는 중앙은행과 은행들이 지금까지 그다지 큰 관심을 기울이지 않았다. 이는 아마 이들이 민간 암호화폐를 여전히 달갑지 않은, 그래서 피하고 싶은 경쟁자로 간주하기 때문일 것이다. 암호화폐 플랫폼들은 수요가 많은 전환 기능을 기꺼이 수행할 것이고, 그럼으로써 중앙은행과 은행들이 관심을 두지 않아 놓치게 될 이윤을 차지할 것이다.

7.2.2 효율성 증대, 비용 절감

CBDC로부터 기대할 수 있는 핵심 효과는 화폐 및 지급결제 관리에서 누릴 수 있는 효율성 이득(efficiency gains)이다. 여기에는 디지털 지갑이 약속하는 효과로서 현금 및 은행화폐보다 더 나은 사용 편의성이 포함된다. 이 약속은 온라인 사용에 오프라인 사용[224]을 부가하면 더 잘 지켜질 수 있다. 효율성 증대라는 기대효과를 실현해줄 주요인은 더 빠른 지급 실행이며, 그 목표는 지급의 실시간 완료이다. 그리고 이 목표는 서로 다른 통화 영토들 사이에서도 달성될 전망이다. 이 모든 목표와 기대효과에서 디지털 지갑과 송금의 안전성이 보장되어야 한다는 것은 당연하다.

효율성 증대가 비용 절감으로 이어질 것으로 가정할 수 있는 이유는 특히 현행 경상계정을 통한 은행 간 지급 과정에서 일정 수의 중간 단계가 생략될 수 있다는 데 있다. 이건 환영할 만한 일이지만, 상호 운용성과 상호 전환성의 실행에는 추가비용이 들기 때문에 최종적으로 비용이 얼마나 절감될지는 두고 봐야 안다.

7.2.3 효용 증대

CBDC의 기대효과에는 효율성 이득과 비용 절감 외에 사용가치 증대도 있다. 사용가치가 증대될 수 있는 것은 특히 디지털토큰의 프로그래밍 기능 그리고 이로부터 기대되는 스마트 계약과 사물인터넷 관련 금융혁신 덕분이다.

또 다른 사례는 자동 중간신용(automated interim credit) 프로그램이다. 이것은 잉여자금이 자체 규정된 틀 내에서 소액 신용선(micro-credit line)으로 개설되어 다른 사람이 직접 이용할 수 있다는 것을 의미한다. 여기서 주목할 것은 CBDC가 현금처럼 양수로만 표시되는 화폐 스톡이라는 점이다. 즉, CBDC 경상계정 잔고는 당좌대월에 의해 음수가 될 수 없다. 그러나 이용 가능한 신용선(dispo-credit line)이 기존의 돈 또는 상황에 따라 이용 가능해진 돈을 기반으로 제공될 수 있음은 물론이다. 자동 신용 프로그램을 활용하는 대부 고객은 이것이 이자 수익을 가져다줌과 동시에 나름의 위험

---

224 (옮긴이 주) 예를 들어 인터넷이 없어도 휴대폰을 서로 부딪쳐 지급하는 기능.

을 동반하는 일종의 투자이기도 하다는 사실을 명심해야 한다. 이로부터 발생하는 청구권과 부채는, 부분적으로 정부 보증을 받는 은행화폐와는 달리, 정부가 보증해야 할 이유가 전혀 없다.

7.2.4 사회적 포용

비용 절감이라는 기대효과는 사회적 포용(social inclusion)의 촉진이라는 목적과 연계될 수도 있다. 여기서 사회적 포용은 여태까지 은행을 이용하지 못하던 사람들이 CBDC 지급 거래와 기본적인 금융 서비스에 접근할 수 있음을 말한다. 신흥공업국 인구의 상당수가 그리고 수많은 개발도상국 인구의 대다수가 은행을 이용하지 못하고 있다. 이 점을 고려할 때 휴대폰 앱을 통해 사용하는 디지털 지갑은 추격형(catch-up) 경제발전에 도움을 줄 수 있다.

7.2.5 금융 프라이버시 보호, 실증성 및 합법성

CBDC는 일정 수의 법적 요건을 충족해야 한다. 오늘날 이 요건을 충족하기가 쉽지 않은 것은 상충하는 목표들이 존재하고 법적으로 보호되는 이익들 사이에 균형을 유지해야 하기 때문이다. 이러한 상황이 CBDC 도입으로 개선될 것으로 보이지는 않는다.

먼저, CBDC는 금융 프라이버시 및 데이터 보호, 특히 자금과 지급의 기밀성(confidentiality) 및 익명성(anonymity)을 실행 가능한 범위까지 그리고 법적으로 허용되는 수준까지 유지해야 한다. 이와 동시에 특정한 경우 지급 거래는 당국에 의해 또는 공식 명령에 따라 추적·확인될 수 있어야 한다. 은행, 지급 서비스 제공기관(PSP), 여타 관련 금융기관은 고객의 신분 파악(know-your-customer) 의무를 준수하고, 자금 세탁과 세금 도피 그리고 여타 불법행위의 추적에 도움을 제공해야 한다. 물론 이러한 의무는 그 시행상의 결함은 있지만 이미 시행 중이다.

CBDC의 부수효과 중 하나는 무현금 지급 거래 덕분에 은행권의 위조를 전보다 훨씬 더 쓸데없는 짓거리로 만든다는 점이다. 전문가들의 일반적인 의견은 디지털토큰의 위조가 그 암호화 기술의 특수성과 즉각적인 신분 확인으로 인해 불가능해질 것이 확실하다는 것이다. 그러나 토큰은 도난당할 수 있고, 이런 일이 지금까지는 특히 암호화폐 교환 플랫폼에서 발생했다. 그런데 이러한 도난을 예방하는 조치는 사용자의 신분 보호 요건과 충돌할 것으로 보인다.

7.2.6 통화정책 효과 개선 및 금융 안정성 증대

대다수 중앙은행은 CBDC가 통화정책의 효율성을 개선하고, 이로써 화폐금융 시스템의 안정성 및 회복성이 증대할 것으로 기대한다. 이러한 기대로부터 화폐 시스템과 중앙은행에 대한 전반적인 신뢰가 강화될 것으로 가정한다.[225]

CBDC의 광범한 유통의 결과 더 강력해진 수량 지렛대 덕분에 정책의 자극이 더 잘 전달된다면―CBDC가 많아질수록 정책 효과는 증가하고, CBDC가 적어질수록 정책 효과는 감소하기 때문에―통화정책의 효율성 제고를 기대할 수 있음은 확실하다. 이는 오늘날 통화정책의 효과가 불충분하다는 것 그리고 은행화폐 체제는 불안정하며 스스로 만든 위기로부터 회복할 능력이 없다는 것을 암시한다.

중앙은행들은 CBDC의 필요성을 정당화하기 위해 은행화폐 체제가 명료하게 드러내는 문제점들과 전통적인 통화정책의 실효성 상실을 공식적으로 언급하지는 않는다. 그들은 언제나처럼 자국민에게 중앙은행화폐(법정화폐)를 공급해야 할 임무가 있음을 환기할 뿐이다. 현금 사용의 감소 현

---

[225] BIS(2019, 2020), OMFIF and IBM(2019), and OMFIF(2020).

상만으로도 충분한 사유가 되는 것처럼 보이지만,[226] 이 현상의 배후에 있는 시스템 동학의 문제는 거론하지 않는다. 그러나 최근 유럽중앙은행 총재 라가르드(Chr. Lagarde)와 유럽중앙은행 집행위원회 이사 파네타(F. Panetta)는 공개 연설에서 디지털화폐를 갖지 못하면 중앙은행은 한계 상황으로 몰릴 것이고, 이 분야를 민간 지급수단에 맡겨두면 안 된다고 말했다. 화폐적 안정성을 위해서는 오히려 CBDC 형태의 "강력한 화폐적 닻(a strong monetary anchor)"이 필요하다는 것이다.[227]

7.3 탈중개화, 대체 그리고 CBDC와 은행화폐의 경쟁적 공존

CBDC 관련 논의에서 최신 주제 중 하나는 탈중개화(disintermediation)이다. 이 용어는 서로 다른 두 가지 의미로 사용되고 있어 자칫 엉뚱한 얘기를 하기 쉽다. 그중 한 가지 의미는 오히려 대체(substitution)라고 불러야 마땅한데, 이는 탈중개화의 결과 CBDC에 의한 은행화폐의 대체가 상당한 규모로 이루어질 것이기 때문이다.[228] 다른 한 가지 의미는 은행이 금융 중개—이로부터 탈중개화 용어가 도출된다—기능을 수행한다는 가정과 관련이 있다. 이 가정은 상업은행이 자기명의 거래를 위해 고객 예금을 대출 가능한 자금으로 사용한다고 본다. 그러나 이것은 그릇된 가정이며, 바로 이 그릇된 가정으로부터 은행화폐가 CBDC에 의해 대체되면 "일차 신용(primary credit)을 선제적으로 발행하는 은행의 능력"이 손상될 것이라는 우려가 나

---

[226] 이 점은 이미 스웨덴 크로나의 이론적 근거였다. 이에 대해서는 Sveriges Riksbank(2017, 2018a, b)를 참조하라. CBDC를 디지털 형태의 현금으로 보는 관점에 대해서는 Zellweger-Gutknecht(2021, pp. 31~36)를 참조하라.

[227] Lagarde and Panetta(2022).

[228] Assenmacher and Bindseil(2021, p. 115).

오고 있다.²²⁹ 달리 말해서 CBDC가 "은행이 예금으로 조달한 자금을 대출하는 행위를 침해할" 것이라고 보는 것이다.²³⁰

이미 설명한 바와 같이, 은행화폐 체제가 부상하면서 은행이 고객 예금을 운영 자금으로 사용한다는 생각이 널리 퍼져 있지만, 이런 생각은 일반적으로 부정확할 뿐만 아니라 그릇된 길로 이끌어간다. 은행의 자금중개 행위는 시재금(remaining cash)에 대해서만 이루어질 뿐 은행화폐(고객의 계좌잔고)에 대해서는 거의 이루어지지 않는다. 왜냐하면 은행은 은행화폐를 '창조하기' 때문이다. 즉, 은행은 은행화폐를 어딘가로 전달하기 위해 그것을 다른 어딘가에서 끌어오는 것이 아니라는 것이다.

이와는 반대로 그림자은행 부문에서는 금융 중개가 대규모로 시행된다. 그림자은행, PSP 및 여타 금융기관이 CBDC로 사업을 한다 해도 이들이 은행화폐로 사업을 할 때와 달라지는 건 아무것도 없다. 따라서 CBDC의 도입은 은행에 의한 은행화폐의 중개―사실은 존재하지도 않는―가 손상될 수 있음을 의미하는 것이 아니라, 정반대로 CBDC 중개가 은행에 의해서도 이루어질 수 있을 뿐만 아니라 오히려 요청된다는 것을 의미한다. 요컨대 '탈중개화'는 허구적인 문제의식으로서 올바른 인식을 저해하는 연막 같은 것이다.

문제를 CBDC에 의한 은행화폐의 대체로 본다면 사정은 달라진다. 그러한 화폐 대체―은행화폐와 중앙은행화폐의 양적 비율의 변화―는 매우 현실적인 현상일 것으로 예상되므로 제기될 수 있는 의문은 오로지 그러한 대체가 어느 정도로 일어날 것인지, 이로 인해 은행화폐가 시간이 흐르면 절대적으로 몰락하게 될 것인지 아니면 그 상대적인 비중만 감소할 것인지, 그리고 그러한 대체가 얼마나 빠르게 또는 느리게 일어날 것인지에 관

---

229 Broadbent(2016, p. 5).
230 Selgin(2021) 그리고 Niepelt(2015).

한 것이다. 이 대체 과정에서 은행 부문은 대출 가능 자금을 상실하지 않는다. 왜냐하면 현행 은행화폐 체제에서 은행은 어쨌든 대출 가능 자금의 상대적으로 아주 작은 부분에 해당하는 돈(현금과 준비금)만 있으면 되기 때문이다. 대출 가능 자금의 대부분이 사전에 확보해야 할 필요가 전혀 없는 까닭은 부분 지준금 제도를 기반으로 하는 제2층의 대용물로서 은행화폐가 사실상 주권 본원화폐에 준하는 지위를 가지고 있다는 사실에 있다.

　　CBDC가 도입되면 부분 지준금 제도에 따른 자금조달이라는 은행화폐의 특권은 CBDC의 확산으로 은행화폐가 대체되는 정도만큼 실제로 줄어들 것이다. 은행은 은행화폐가 계속 사용되는 한 이 특권을 유지는 하겠지만, CBDC가 은행화폐를 대체하는 만큼 CBDC 운용 자금은 전부 CBDC로 조달해야 한다. 이는 과거에 은행이 현금을 제공하기 위해 소요액 전부를 현금으로 조달해야 했던 것과 똑같다. 그리고 은행은 그만큼 은행화폐 창조를 통해 누리던 준-시뇨리지(quasi-seigniorage)도 상실한다. 여기서 준-시뇨리지란 은행이 비화폐적 금융기관 등 다른 모든 비 은행 주체들보다 더 낮은 자금조달 비용이라는 형태로 누리는 특별한 비교우위를 말한다.[231] 비 은행 주체의 경우 정상적이라면 스스로 창조한 화폐 대용물을 사용할 수 없고, 그래서 자신이 수행하는 모든 거래에 필요한 자금을 전액 조달해야 한다.

　　탈중개화에 관한 모든 언급은 은행이 (재)융자 특권의 일부를 상실할 것이라는 예상에 지나지 않는다. 그러나 은행이 CBDC 거래에 소요될 자금을 전부 CBDC로 조달해야 한다고 해서 은행의 기능에 어떤 문제가 야기되는 것은 아니다. 왜냐하면 은행화폐는 CBDC로 대체될 수 있기 때문이다.

---

[231] (옮긴이 주) 이처럼 은행은 중앙은행에서 언제든지 기준금리(시스템 전체에서 가장 낮은 금리)로 본원화폐인 준비금을 차입할 수 있다는 특혜 외에도 거의 비용을 들이지 않고 창조한 은행화폐의 대출을 통해 이자부 시뇨리지, 즉 예대금리차도 얻는다는 특혜를 누린다.

CBDC에 의한 은행화폐의 대체로 인해 은행이 은행화폐의 창조를 통해 누리던 이윤은 다소 줄어들 수 있다. 그러나 은행의 신용 및 투자 자금조달 능력에 관한 한 CBDC에 의한 은행화폐의 대체는 기능적으로 중립적이다.[232]

CBDC와 은행화폐 간의 경쟁은 불가피하다. 이 점은 애초 중앙은행 워킹페이퍼들에 명시되어 있었지만, 나중에 이 예상 가능한 경쟁을 경시하거나 오히려 평화공존으로 묘사하는 경향이 나타났다. 장기적으로 보면 이러한 경향은 현실과 부합하지 않는다. 물론 CBDC가 하룻밤 사이에 확산하지는 않을 것임은 확실하다. 사람들은 대부분 보수적인 화폐 사용자이며, 지급에 따르는 비용과 수익을 그다지 꼼꼼하게 계산하지 않는 경향이 있다. 오히려 새로운 화폐의 이점을 먼저 발견하는 것은 회사들일 수도 있다. 그래서 CBDC에 의한 은행화폐의 대체는 세월이 흐르면서 간헐적으로 일어날 것으로 보인다. 불확실성이 증대하거나 금융위기가 발생하지 않는 한, 그리고 중앙은행이 은행 부문의 유동성을 보증하고 정부가 고객의 은행화폐를 보증하고 있는 한, 고객들이 은행화폐를 버리고 CBDC를 사용해야 할 어떤 특별한 이유도 없을 것이다.

그럼에도 불구하고 은행화폐가 CBDC로 대체되는 한 은행은 CBDC가 필요할 것이고, 이 CBDC는 바로 은행이 일반적으로 이용할 수 있는 자금 조달원에서 확보할 것이다. 이 자금 조달원은 고객이 자신의 거래 은행에 CBDC로 지급하거나 상환하는 모든 것을 포함한다. 즉, 고객이 은행에 맡기는 이자부 CBDC 예금, 공개 화폐시장(open money market)에서 타 은행과 그림자은행으로부터 장단기 CBDC 차입, CBDC 채권 발행, 그리고 끝으로 필요하다면 신용선 개설, 규칙적인 자금조달 입찰 및 공개시장(open market) 운영[233] 등을 통한 중앙은행 융자 등이다. 이 모든 자금조달 방식

---

[232] Brunnermeier and Niepelt(2019) 그리고 Niepelt(2021)를 보라.
[233] (옮긴이 주) 공개시장 운영 또는 정책은 중앙은행이 통화량 조절을 위해 사용하는 정책수단

이 지금까지 현금에 적용되어왔듯이 CBDC에도 적용될 것이다.

 오늘날 관련 자금원들은 은행화폐에 부분적으로 더 낮은 수익을 가져다준다. 예를 들어 고객이 은행에 은행화폐로 지급하는 경우가 그러하다. 이 지급이 외부 고객에 의해 이루어지면 은행은 사용 가능한 준비금을 추가로 확보한다. 이와는 반대로, 이 지급이 내부 고객에 의해 이루어지면 이 돈은 해당 은행의 사용 가능한 자금(자산—옮긴이)의 증가가 아니라 해당 은행 부채(즉, 고객 예금잔고—옮긴이)에서 동액의 삭감으로 처리된다.[234] 준비금, 현금 및 가까운 장래에 존재할 CBDC는 은행을 위한 (자산으로서—옮긴이) 대출 가능한 자금이다(그러나 준비금은 은행 간 대출과 국채의 최초 구입에만 사용된다). 향후 고객이 은행에 CBDC를 제공한다면, 이 돈은 은행에 대한 이자부 대출(interest-bearing loan)이 된다.[235]

 은행들은 최근의 양적완화 정책의 결과 수조 달러의 초과 준비금을 수령했다. 만약 이 문제의 수조 달러가 은행에 CBDC로 제공되고, 그래서 대중이 은행을 통해 이 돈에 접근할 수 있게 된다면, 은행의 자금조달에 관한 근거 없는 우려는 애당초 헛짚은 것이다. 이로써 대체 문제와 허구적인 탈중개화 문제뿐만 아니라 아직 논의되지 않은 뱅크런 문제도 사라질 것이다.

의 하나로서 민간이 참여하는 국채시장에서 국채를 매입 또는 매각하는 것을 말한다. 국채 매입은 통화량을 증가시키고, 매각은 통화량을 감소시킨다.

[234] (옮긴이 주) 은행의 내부 고객이 은행에 지급하는 경우는 기존 대출의 상환(이나 이자 불입) 외에는 없기 때문이다. 이 경우 고객의 예금잔고가 감소함과 동시에 은행의 부채인 은행화폐가 그만큼 소멸한다.

[235] (옮긴이 주) 은행 역시 CBDC를 스스로 창조하지 못하고 외부에서 조달해야 한다. 고객이 은행에게 CBDC를 제공하는 것은 빌려주는 것이나 마찬가지이고, 그 역도 성립한다. 그리고 이는 대차거래로서 이자를 동반할 수 있다.

7.4 CBDC 설계 원칙에 대한 함의

현재 CBDC는 준비 단계에 있다. 그러나 많은 중앙은행가가 오랜 신념을 버리고 서두르고 있는 것 같다. 중앙은행들은 어떻게 하면 CBDC를 빠르게 그리고 대규모로 유통하도록 만들 수 있을지를 공개적으로는 고민하지 않는다. 그 대신 그들의 공개된 생각에 따르면, 그들은 맞든 틀리든 의심스러운 위험(탈중개화, 대체, 은행 파산)을 조금이라도 감수하지 않기 위해 어떻게 하면 CBDC의 도입을 제한하고 또 느긋이 추진할 것인가를 중심으로 논의할 뿐이다. 이미 전문가와 국민이 익숙한 현행 은행화폐 체제가 드러내는 중대한 위험들은 대수롭지 않은 것으로 간주하면서 아직 존재하지도 않는 데다가 이보다 훨씬 더 작을 것으로 보이는 CBDC 관련 위험들은 미리 투영해서 과장하고 있는 것이다.

7.4.1 시장 수요에 따른 CBDC 발행

CBDC가 중앙은행 현금을 계승한다면, 그 함의 중 하나는 은행이 고객의 CBDC 수요를 충족해야 할 의무가 있다는 것이다. 이는 오늘날 은행이 고객의 요구에 따라 은행화폐를 현금으로 전환해줄 의무가 있는 것과 마찬가지이다. 그러나 실제로는 고객 요구에 따른 CBDC의 제공 의무 자체가 중요한 역할을 하지는 않을 것이 틀림없다. 왜냐하면 그림자은행은 당연히 CBDC 신용을 기꺼이 제공하고자 할 것이므로 은행은 그림자은행 부문에 계속 더 많은 사업을 빼앗기지 않으려면 같은 일을 하지 않을 수 없기 때문이다. 정상적인 조건이라면 CBDC에 의한 은행화폐의 대체가 눈사태처럼 급격하게 일어날 것을 우려해야 할 이유가 전혀 없으므로 이 문제의 해결은 시장에 맡겨도 될 것이다.

7.4.2 무제한 접근 및 이용이 가능한 CBDC

CBDC의 도입 문제를 두고 많은 중앙은행이 스스로 주도권을 행사하는 것에 방어적인 입장이기 때문에 현재로서는 모든 중앙은행이 이 문제를 시장 수요에 맡겨두지 않고 행정적으로 제한한다는 계획을 가지고 있다. 예를 들어 몇몇 중앙은행은 모두를 위한 소매용 CBDC가 아니라 은행, PSP, 그림자은행 및 대기업 등 대규모 지급 거래자를 위한 도매용 CBDC를 개발 중이다. 이는 일반적으로 사용되는 일종의 현대적인 현금이라는 CBDC의 대의에 명백히 반하는 것이다. CBDC의 점진적인 도입과 연속적인 기술 최적화라는 현실적인 조건 하에서 그 실행 가능성을 검증하기 위해 CBDC의 초기 공급을 대형 지급 거래자에게 한정하는 것은 일단 이해할 수는 있지만, 이는 CBDC를 최대한 일찍 대중적으로 유통하는 보편적인 지급수단으로 도입한다는 전망을 전제로 할 때에만 수락할 수 있다. 이러한 전망이 CBDC 프로젝트의 불가결한 요소가 되어야 하는 이유는 CBDC가 전통적인 현금의 현대적인 계승자일 뿐만 아니라 신흥공업국과 개발도상국들이 목표로 삼고 있는 금융 포용을 실현하는 수단이기도 하다는 데 있다. 그러므로 CBDC는 문자 그대로 모든 사람과 모든 사물이 보편적으로 접근하고 또 사용할 수 있어야 한다. 달리 말해서 CBDC는 있을법한 모든 도매 용도와는 무관하게 소매 기반에서 사용할 수 있는 것이어야 마땅하다.

그러나 사용 가능한 CBDC의 수량에 제한을 두려는 CBDC 개발자들이 있다. 예를 들어 스웨덴 중앙은행 릭스방크(Riksbank)는 e-크로나를 구상하면서 오늘날 현금 지급에 적용되고 있는 법적 한도 같은 것을 검토해왔다. 이를테면 1회의 지급에 250유로 또는 달러라는 상한을 두는 것이다.[236] 다른 대안으로는 일정 기간에 CBDC와 교환될 수 있는 은행화폐의 금액에 한도를 설정하거나 사용 가능한 CBDC의 총액에 상한을 두는 방법도 고려

---

236 Sveriges Riksbank(2017, p. 21). 다음도 참조하라, ECB(2020a, b, p. 28).

중이다. 후자의 경우 예를 들어 M1의 10~20%로 제한하는 것이다. 이 수치는 지난 20~30년 동안 전통적인 현금이 M1에서 차지해왔던 비중이다.

이러한 수량 제한은 은행화폐를 CBDC와의 경쟁으로부터 보호하려는 조치로 받아들여진다. 통화정책 면에서 보면 이처럼 강력한 수량 제한 조치는 쓸데없는 일이 될 것이다. 왜냐하면 그럼으로써 은행화폐의 지배력이 의도적으로 유지되고, 이로써 통화정책의 상대적인 비 효과성도 거의 개선되지 못할 것이기 때문이다. 통화정책의 실효성을 실제로 회복하기 위해서는 CBDC의 비중이 점진적으로 증가해, 예를 들어 M1의 절반 이상이라는 임계치를 상회해야 할 것이다.

또 다른 관심사는 외국인에 의한 CBDC 사용이다.[237] 이것은 지배적인 준비통화의 문제로 널리 알려져 있고, 특별히 CBDC에만 해당되는 문제는 아니다. 그러나 이 문제는 전통적인 장부화폐의 현대적인 계승자인 디지털화폐로 인해 더욱 악화할 가능성이 있다. 이 문제는 약성 통화가 지배통화나 준비통화로 전환되는, 이른바 통화 도피 현상으로 나타나기 때문이다. 그리고 이 문제는 강성 통화국이 누리는 양면의 날을 가진 우위로서 오늘날 주로 미국달러에 타당한 것이긴 하지만, 스위스나 싱가포르 등 몇몇 다른 나라의 통화와도 전혀 무관하지는 않다. 이런 우위를 누리는 나라는 트리핀 딜레마(Triffin dilemma)에 빠질 수 있다. 이 용어는 외국인에게 미국달러를 추가로 창조하는 것이 지금까지는 미국의 경상수지 적자를 동반해왔다는 사실을 지칭한다. 이것은 어찌 보면 호사(好事)가 동반하는 문제이기도 하다.

현재 현금의 수량 또는 용도에 제한을 가하고 있는 것은 현금이 제약 없는 법정화폐이어야 한다는 법적 요건과 상충하는 조치이다. 이러한 현금의 이용성 제한을 계속 유지하는 것이 CBDC의 목표 중 하나가 아님은 확실하다. CBDC의 목표는 오히려 전통적인 현금 사용의 감소로 인해 중앙은

---

[237] Assenmacher and Bindseil(2021, p. 116).

행화폐의 대중적인 사용에 가해지고 있는 유감스러운 화폐적 제한을 극복하는 데 있다. 그러므로 CBDC 설계의 지도적인 원칙의 하나는 수량에서든 용도에서든 CBDC의 사용에 행정적인 제한을 가하지 않는 것이다. CBDC는 일반적인 시장 수요에 따라 보편적인 지급수단으로 사용될 수 있어야 한다. 그래야만 CBDC는 제약 없는 법정화폐가 될 수 있을 것이고, 이것이야말로 CBDC 도입의 근본 목적이다. 그렇게 하지 않을 바에야 차라리 CBDC를 도입하지 않는 게 더 나을 것이다.

7.4.3 CBDC는 이자를 낳는 것이어야 할까?

은행이 CBDC에 의한 은행화폐의 대체에 대응하기 위해 취할 수 있는 방법의 하나는 고객의 계좌잔고에 예금이자를 지급하는 것이다. 이 방법은 확실히 은행화폐에 유리하게 작용할 것이다. 그러나 은행은 과연 디지털화폐, 특히 CBDC와 경쟁하기 위해 예금이자를 지급할 여유가 있을까? 아마 그럴 수는 없을 것으로 보인다.

이와는 별도로, 만약 중앙은행 역시 CBDC에 이자를 지급한다면 은행이 고객 예금에 이자를 지급하는 것은 큰 도움이 되지 않을 것이다. 이 점은 CBDC 관련 몇몇 워킹페이퍼에서 이미 고찰된 바 있다.[238] 게다가 CBDC에 차등 금리를 적용하는 방안도 제안되었다. 예를 들어 3,000유로 이상의 CBDC 보유에 대해서는 그보다 작은 금액의 보유에 대해서보다 낮은 이자율을 적용하는 것이다.[239] 이미 중앙은행들은 기존의 준비금에 대해 때때로 차등 이자율을 적용해왔다.

어쨌든 CBDC 개발자 대부분은 본원화폐로서 CBDC는 이자를 낳아서는 안 된다는 의견을 가지고 있다. 여기에는 또 다른 이유가 있는데, 그것

---

[238] 예를 들어 Kumhof and Noone(2018, p. 8), Bordo and Levin(2017, 2019), 그리고 Adrian and Mancini-Griffoli(2021, p. 75).

[239] Bindseil(2020, p. 22).

은 아마 CBDC에 대한 이자 지급은 CBDC가 (디지털토큰 형태가 아니라—옮긴이) 전통적인 중앙은행 계좌잔고 형태일 때만 실행할 수 있다는 점이다. 이 경우 중앙은행은 순전히 실용적인 이유로 준비금 기반 CBDC에 은행의 예금금리와 유사한 수준의 금리 지급을 고려할 수 있다. 그럼으로써 은행화폐와 CBDC의 사용액이 어떻게 변하더라도 이에 대응할 수 있을 것이다.[240]

CBDC가 개인, 금융기관, 기업 등이 보유한 디지털 지갑 속에 토큰 형태로 존재한다면 사정은 달라진다. 중앙은행이 개별 디지털 지갑에 접근하는 것은, 설사 데이터 보호법이 허용한다 해도, 엄청 번거로운 일일 것이다. 은행 계좌번호의 경우와 마찬가지로 사람들은 세무서에는 자신의 디지털 지갑 주소를 털어놓을 수밖에 없을 것이다. 그렇다면 중앙은행에 대해서도 그래야 할까? 사람들은 이에 동의하지 않을 것이고, 중앙은행 자신이 이를 원하지 않을 것 같다. 적절한 기능 분리를 위해서는 독립적인 세무서가 중앙은행을 위한 서비스 제공자로 이용되어서도 안 된다. 그리고 은행은 CBDC에 관한 한 게임 참여자가 아니다. 은행은 고객의 기존 은행 계좌와는 달리 고객의 CBDC 지갑의 화폐적 관리와 관련해서는 할 일이 아무것도 없기 때문이다.

전통적인 현금은 입금이나 출금 시 이자를 동반할 수 없다. 이는 현대적인 디지털화폐에도 똑같이 적용해야 한다. 다른 한편으로, 화폐는 과거에도 현재에도 이자 낳는 금융 계약이 아니라 수많은 용도로 널리 사용되는 지급수단이다. 미국달러 지폐에 간결하게 적혀 있듯이 "이 지폐는 모든 공적 및 사적 채무를 변제하는 법정화폐이다(This note is legal tender for all debts public and private)."

---

240 (옮긴이 주-저자 설명) 은행화폐에는 예금 이자가 붙는데 CBDC에는 이자가 붙지 않는다면 고객은 CBDC보다 은행화폐를 선호하게 될 것이기 때문이다. 하지만 위기 상황에서는 상황이 반전될 수 있다. 이때는 CBDC에 이자를 지급하지 않는다 해도 고객들은 위협을 받는 은행화폐보다 안전한 CBDC를 선호할 것이기 때문이다.

이 문구는 화폐 보유에 대해 이자를 지급하거나 이자 지급을 요구하면 안 되는 핵심 이유가 무엇인지를 보여준다. 달러 지폐에 적혀 있는 이 명문(銘文)을 "이 지폐는 양도 가능한 신용이자 채무이다(this note is transferable credit and debt)"라고 해석해서는 안 된다. 지급수단이자 대출을 상환하고 채무를 변제하기 위한 지참인 수단인 화폐 그 자체는 신용이나 채무가 아니며, 그래서 이자를 낳는 것이어서는 안 된다. 이자는 오직 신용 관계에 의해서만 정당화되며, 채무자가 채권자에게 지불하는 것이다. 오늘날 경제학계에 널리 퍼져 있는 견해, 즉 신용과 화폐의 동일시('신용화폐'나 '채무화폐'라는 표현)는 오류이다. 신용이 중앙은행이나 은행에 의해 중앙은행 계좌잔고나 은행 계좌잔고의 형태로, 즉 특히 대출을 제공하거나 투자금을 만들기 위해 '허공에서(out of thin air)' 창조되는 비현금 화폐의 형태로 제공된다는 것은 맞다. 그러나 이런 방식으로 창조된 지급수단이 신용 관계는 아니다. 계좌잔고와 신용, 또는 신용액과 신용의 동일시가 언어적 단순화를 위한 것이라면 일단 이해할 수는 있다 해도 그로 인해 오해와 혼동이 야기된다는 사실에는 변함이 없다.

이러한 논지가 은행 계좌잔고에 대한 예금이자의 지급을 부정하는 논지는 아니다. 은행이 예금이자를 지급하는 데는 신용과 관련해 타당한 이유가 있다. 그러나 이 이자는 지급수단에 지급되는 것이 아니라 은행화폐로 개입된, 즉 '제공된' 신용에 지급되는 것이다. 이 은행화폐는 실제로 해당 대출금을 중앙은행화폐로 지급하기 위한 하나의 대용물이다. 왜냐하면 은행에 있는 계좌잔고는 고객의 요청이 있을 시 현금으로 지급한다는 약속 또는 이 지급액을 다른 고객의 수취 은행에 준비금으로 이체한다는 약속을 내포하기 때문이다. 즉, 은행화폐는 채권자인 고객에서 현금 채무자인 (그리고 고객이 다른 은행으로 은행화폐를 이체하는 경우에는 준비금 채무자인) 은행으로 가는 현금 대출과 관련이 있다.[241]

---

241 (옮긴이 주) 은행 경상계좌 잔고(즉, 은행화폐)는 사실 은행에 대한 고객의 현금 청구권(또는

이와는 반대로 중앙은행화폐는 중앙은행이 은행에 대출금을 지급할 때 발행될 수 있지만, 은행 신용처럼 '상호' 신용 관계를 창출하지는 않는다. 해당 은행은 중앙은행에 원금과 이자 부담을 지게 되지만, 중앙은행은 해당 은행에 추가로 져야 할 부담이 아무것도 없기 때문이다. 일체의 금본위제가 종식된 이후 중앙은행 본원화폐는 그 자신이 아닌 다른 어떤 화폐적 가치도 대변하지 않는다. 현금, 준비금 및 CBDC는 기반 수준의 명령화폐가 취하는 형태들로서 다른 화폐유형에 의한 보장도 중앙은행 자산으로의 태환도 필요하지 않다. 그러므로 공식적으로 중앙은행은 자신의 통화로 유동성 부족에 빠지는 일은 있을 수 없다. 기껏해야 중앙은행화폐의 서로 다른 형태들은 준비금과 현금이 교환되듯이 서로 교환될 수 있을 뿐이다. 물론 물리적으로 훼손된 은행권은 새 은행권과 교환될 수 있다. 그러나 신용 면에서 보면 중앙은행은 그 차입자에게 현금, 지준금 및 곧 사용될 CBDC의 형태로 본원화폐 지급 의무를 질 뿐이다. 이 의무를 제외하면 중앙은행은 중앙은행화폐를 사용하는 은행 및 비 은행 주체에게 다른 어떤 의무도 지지 않는다. 이는 현금, 지준금 및 CBDC의 보유자가 중앙은행에 대해 어떤 청구권도 갖지 않는다는 것과 전혀 다를 바 없다.

이러한 논지로부터 나오는 CBDC 설계 원칙은 적절하게 다루어진 CBDC는 이자를 낳지 않는다는 것이다. 이 원칙은 중앙은행 지폐에 항상 적용되어왔고, 준비금에도 적용되었어야 했다. 실제로 준비금에 대해 제로 예금이자를 적용해온 중앙은행이 있는 반면,—아무런 근거도 없이—예금이자를 지불했거나 지금도 지불하고 있는 중앙은행도 있다.

역으로 고객에 대한 은행의 부채)을 나타낸다. 따라서 은행 계좌 잔고를 보유한 비 은행 고객은 사실상 현금 채권자인 반면, 은행은 현금 채무자이다. 그러나 은행 고객의 이체 요청이 있을 시에는 수취 은행에 중앙은행 준비금을 이체할 책임이 있다는 점에서 준비금 채무자이기도 하다.

7.4.4 '양화'인 CBDC, '악화'인 은행화폐

악화(bad money)는 양화(good money)를 유통에서 내쫓는다. 이것은 16세기에 그레샴(Th. Gresham)과 코페르니쿠스(N. Copernicus)가 정식화한 경험법칙이다. 당시 이 법칙은 정규 은 함량을 지닌 양화는 소유자가 최대한 오래 보유하고자 하지만, 닳아서 또는 고의로 규정보다 적은 은 함량을 가진 악화는 가급적 빨리 처분하고자 한다는 것을 의미했다. 때로는 주화의 소재가 되는 금속들 간의 교환비율의 변동이 양화와 악화를 만들어낼 때도 있었다. 그레샴 법칙은 현대의 은행화폐와 중앙은행화폐에도 적용될 수 있다. 말하자면 준비금과 CBDC를 고성능 '양화'로 그리고 화폐 대용물—보장이 불충분하고 그래서 취약한 은행화폐는 물론 새로운 화폐 대용물(MMF 지분, e-머니, 암호통화)—은 '악화'로 보는 것이다.

이러한 유추는 은행은 자신의 은행화폐를 걱정할 필요가 없지만 중앙은행은 CBDC의 축장(hoarding)을 우려해야 할 이유가 있음을 의미하는 것은 아닐까? 이 의문은 현재로서는 가설에 지나지 않는다. 중앙은행과 정부가 은행화폐의 존재를 보증하고 있는 한 이 의문이 현실화되는 일은 없을 것이고, 중앙은행화폐에 대한 은행화폐의 1:1 평가도 의심받지 않을 것이기 때문이다.[242]

은이나 금과는 달리 현대의 증표화폐는 어떤 상품 가치도 지니지 않는다. 그래서 화폐 스톡의 안전성과 화폐 가치의 안정성에 의문이 제기된다. 이러한 관점에서 볼 때 중앙은행화폐는 항상 더 안전하고 또 더 안정된 화폐이다. 이 점이 지켜지지 않는 나라에서는 통화 도피와 병행통화의 문제가 나타나지만, 통화가 상당히 안정된 나라에서는 안전한 중앙은행 본원화폐가 보장이 없거나 불충분한 또는 보장이 증권으로 이루어지는 민간화폐에

---

242 CBDC와 다른 화폐유형들 간의 가치평가(parity) 문제는 Bjerg(2017, 2018, pp. 6, 9, 18)에서 논의하고 있다.

대해 우위를 가질 것이다.

오늘날에는 이러한 본원화폐의 우위의 상당 부분이 실제로 민간이 발행하고 보장 정도도 낮은 은행화폐에 이전되었다. 이는 중앙은행과 정부가 은행화폐의 대부분은 물론 시스템적 관련성을 가진 은행의 존립까지 보증하고 있기 때문이다. 제3층의 화폐 대용물(MMF 지분, e-머니, 스테이블코인)은 은행화폐를 기반으로 통용하기 때문에 이러한 신뢰(trust)가 이들 화폐 대용물에까지 이전되고 있는 것인지, 또 그렇다면 어느 정도까지 그러한지에 관한 의문이 들 수 있다. 이 의문은 특히 보장의 대부분이 증권으로 이루어지는 화폐 대용물일 경우에는 더욱 커질 것이다. 그러나 은행화폐 체제를 실제로 작동할 수 있게 해주는 중앙은행과 정부의 능력에 의구심이 들 때―그리고 이러한 의구심은 위기 발생 시 다소간에 실제로 생길 수 있다―은행화폐와 새로운 화폐 대용물을 처분하려는 움직임은 물론 아예 통화 도피 현상까지 나타날 수 있다.

어떤 미래 전망 시나리오에 따르면, 상기와 같은 일이 일어나면 은행화폐의 수용과 CBDC에 대한 은행화폐의 1:1 평가는 물론 은행화폐에 기반을 둔 새로운 화폐 대용물의 수용도 위협을 받을 수 있다. 그 결과 은행화폐와 새로운 화폐 대용물은 중앙은행화폐(현금, 준비금, CBDC―옮긴이)에 대한 그 평가(parity)보다 낮은 가치로 유통할 수 있다. 이때 헤지펀드들이 이 현상을 예상하고 소로스(Soros)가 영국 파운드를 대상으로 투기했던 것과 동일한 방식으로 투기를 감행할 수도 있다.[243] 그러나 이 경우에도 상황이 생각하는 만큼 분명하지는 않다. 예를 들어 칠레에서처럼 예상과 달리 상당수의 재화가 현금으로 지급할 때 더 높은 가격이 요구되고, 신용카드나 계좌이체 방식으로 현금이 아닌 은행화폐로 지급할 때는 더 낮은 가격이 요구되는 경우가 종종 있기 때문이다.

---

[243] Bjerg(2018, p. 14).

통화정책의 일반적인 '트릴레마(trilemma)'를 보여주는 모델이 있다. 이 모델은 세계 준비통화인 미국달러에 관한 좀 더 특수한 트리핀 '딜레마'(Triffin dilemma)에 기반을 두고 있지만 이 둘을 혼동해서는 안 된다. 통화정책의 일반적인 '트릴레마(trilemma)'는 자본의 자유로운 국경 간 이동과 통화 환율의 자유 변동 그리고 통화정책의 자율성이라는 세 가지 목표를 대상으로 하며, 이 세 가지 목표 중 어느 두 개만 동시에 달성할 수 있고 나머지 하나는 포기할 수밖에 없는 상황을 말한다.

예를 들어 자본의 국제적인 이동에 제약이 없고 환율이 자유롭게 변동하는 경우 중앙은행이 유일하게 할 수 있는 일은 이 두 가지 변수의 시장 동학을 충족시키면서 통화정책의 여타 목표와 조치는 무시하는 것이다. 그런데 만약 중앙은행이 그렇게 하지 않고 (자율적인 통화정책의 일환으로—옮긴이) 자본 이동성을 제한하거나 환율 관리 조치를 취한다면 나머지 두 개의 변수는 더 이상 자유롭게 변동할 수 없다는 것이다.

비예르그(O. Bjerg)는 통화정책의 트릴레마를 중앙은행화폐와 은행화폐의 공존에 적용했다.[244] 여기서 그에 상응하는 세 개의 목표는 다음과 같다.

- 은행화폐와 중앙은행화폐 간의 1:1 평가(parity)
- 이 두 가지 화폐유형 간의 무제한 상호 전환성
- 중앙은행 통화정책의 자율성.

여기서 이 두 종류의 트릴레마가 서로 얼마나 유사한지는 단정적으로 말할 수 없다. 그러나 이 세 가지 목표 중 하나 또는 두 가지를 달성하고자 한다면 나머지 하나 또는 두 가지 목표는 포기할 수밖에 없다는 것은 확실하다. 만약 중앙은행이 은행화폐와 CBDC 간의 관계를 최대한 통제하고자

---

[244] Bjerg(2017, p. 29, 2018, p.7).

한다면, 두 화폐 간의 교환성은 허용될 수 없다. 그러나 교환성 제한이나 디지털 CBDC에 대한 접근 제한은 은행화폐의 1:1 평가를 마비시킬 위험이 있다. 그리고 위기 상황에서 CBDC의 정부 보증이 이 위험을 제거할 수 있을지도 확실치 않다. 다른 한편으로, 자유로운 교환성이 보장되어야 한다면 중앙은행은 CBDC를 그 수요에 맞추어 공급하지 않으면 안 된다.

7.4.5 법정통화 이외의 지급수단에 대한 국가 지원의 단계적 폐지

정부는 자기만의 방식으로 CBDC의 확산에 공헌할 수 있다. 한 가지 효과적인 조치는 정부와 여타 공공기관이 자신의 지급 거래에서 은행화폐 대신 CBDC 사용을 점차 확대해가는 것이다. 이러한 CBDC에 의한 은행화폐의 대체는 CBDC의 확립과 그 촉진을 위해 명시적인 설계 원칙이 되어야 한다.

또 다른 CBDC 설계 원칙은 은행 예금에 대한 정부 보증의 축소이며, 이는 시스템과 관련해 근본적인 의미가 있다. 은행의 예금보험 제도는 점진적인 방식으로 완전히 민영화되어야 한다. 이와 마찬가지로 정부는 더 이상 곤란에 빠진 민간은행을 위해 자본 확충이나 일시적인 국유화 같은 속셈이 뻔히 보이는 짓을 정부 개입의 선택지로 삼아서는 안 된다.

중앙은행의 역할과 관련하여서는 은행을 위한 사실상의 유동성 보증인 역할에 좀 더 세부적인 제한을 가하거나 전면 재검토할 필요가 있다. 시중 통화공급 M1에서 CBDC가 차지하는 비중이 증가하는 만큼 은행화폐의 비중이 감소한다는 사실 자체로부터 이미 한 가지 변화가 일어난다. 즉, 은행은 소요자금을 CBDC로 완전히 조달하거나 그 일부를 준비금으로 재융자 받을 필요가 있다는 사실이 중앙은행에게 어떤 정책 옵션을 가능케 하는 것이다.

정부나 중앙은행의 그러한 정책적 조치들은 CBDC의 확산 범위까지는 효과를 나타낼 수 있다. 좀 더 일반적으로 말하자면, CBDC의 확산 덕분에 화폐 대용물 또는 비 법정통화 지급수단 각각에 대한 중앙은행 지원과 국가 보증의 점진적인 폐지가 요구될 뿐만 아니라 가능해진다는 것이다. 정부와 중앙은행이 민간화폐―은행화폐, MMF 지분, e-머니, 스테이블코인 및 무보장 암호화폐―를 용인한다 해도, 중앙은행, 정부, 납세자는 물론 은행 고객이 (베일-인을 통해) 민간화폐에 대한 책임을 떠맡는 경우는 결코 있어서는 안 된다.

7.5 뱅크런은 은행화폐의 문제이지 CBDC의 문제가 아니다. CBDC 설계 원칙을 위한 추가 함의들

오늘날 은행학파 교리의 후계자들은 CBDC의 도입이 화폐금융 시스템을 불안정하게 만들 것이라고 주장한다. 화폐 축장을 위한 산사태 같은 자금 이동이 일어날 것으로 보기 때문이다.[245] 너무 빠르고 너무 큰 규모의 은행화폐 대체를 진심으로 우려하는 은행가와 중앙은행가가 꽤 많이 있다. 이러한 우려는 지급결제 시스템 전체의 붕괴라는 위험을 동반하는 전면적인 뱅크런(general bank run)이 일어날 수 있다고 보는 것이나 다를 바 없다. 관련 설문에 답한 중앙은행가의 약 82%가 이러한 염려를 하고 있다.[246]

  이런 종류의 염려는 기존 은행화폐 체제에 불안정성과 위기 편향성이 내재되어 있음을 다시 한 번 암묵적으로 승인하는 거나 다름없다. 주목할 만한 것은 뱅크런 문제가 기존의 부분 지준금 시스템과 관련해서는 너무나 무시되거나 적어도 경시되는 반면, CBDC와 관련해서는 터무니없을 정도로 과장되고 있다는 점이다. 뱅크런은 정상적인 조건 하에서는 발생하지 않으며, 개별 은행이나 은행 부문 전체가 위기에 처할 때 비로소 임박한 사태

---

245 예를 들어 Selgin(2021).
246 OMFIF and IBM(2019, pp. 28, 30).

로 등장한다. CBDC의 도입으로 이러한 사정이 느닷없이 바뀌지는 않을 것이다. 특히 은행화폐에 대한 예금이자가 존재하고 중앙은행이—어느 정도까지—최종 대부자(lender of last resort)와 최종 브로커-딜러(broker-deadler of last resort)의 행동을 계속한다면 더욱 그러하다. 그렇지만 위기의 분위기가 감지되면 사람들이 은행화폐를 현금이나 CBDC로 인출하기 위해 은행으로 쇄도하는 일은 일어날 수 있다. 위기가 심각할수록 그리고 총통화공급에서 은행화폐의 비중이 클수록 뱅크런 규모도 그만큼 더 클 것이다.

그렇다면 뱅크런 문제는 어디에서 기인하는 것일까? 이 문제가 CBDC에 의해 유발되는 것일까? 아니다. 뱅크런은 은행화폐 체제의 부분 지준금 제도에 내재된 붕괴 메커니즘이다. 긴급 시에는 은행화폐를 현금이나 CBDC로 태환해줄 의무가 극히 부분적으로만 준수될 수 있는데, 바로 이 점이 은행화폐에 대한 신뢰를 무너뜨리는 근본요인인 것이다. 뱅크런은 은행화폐가 가진 태생적인 문제라는 진단은 전적으로 옳다. 뱅크런은 은행화폐 체제에 깊숙이 새겨져 있는 천형이나 다름없는 것이다. 이와는 반대로 중앙은행화폐는 태환을 위한 쇄도라는 문제가 아예 있을 수가 없다. 중앙은행화폐는 주권 본원화폐이지 태환을 약속하는 제2층 또는 제3층의 화폐 대용물이 아니기 때문이다.

공식 화폐로의 태환 쇄도가 타국 통화로의 도피라는 형태로도 나타날 수 있음은 물론이다. 이런 일은 은행 위기나 채무 위기 발생 시에 일어날 수 있고, 경제가 취약한 나라에서 또는 이와는 별도로 정부의 관리부실의 일환으로 국내 화폐 시스템 관리가 미숙한 나라에서 때때로, 심지어는 주기적으로, 일어날 수도 있다. 어떤 경우든 통화 도피 문제가 발생하면 중앙은행화폐 못지않게 은행화폐도 타격을 받을 것이다.

그러나 은행화폐와 중앙은행화폐의 관계에 한정해 보면, 중앙은행화폐가 안정화의 요인이라면 은행화폐는 불확실성과 불안정성의 요인이다. CBDC가 많아질수록, 그래서 은행화폐와 여타 화폐 대용물이 적어질수록,

뱅크런 발생 위험은 줄고 은행 및 금융 위기의 강도는 약해지고 그 잠재적 피해는 감소한다.

이로부터 CBDC의 설계 원칙으로서 다시 한 번 도출되는 결론은 CBDC를 행정적으로 제한하고 대중의 일상적인 사용을 못 하게 할 것이 아니라 대중의 요구만 있으면 얼마든지 사용할 수 있도록 해야 한다는 것이다. 은행화폐와 CBDC의 상호 전환성과 관련해 좀 더 자세히 정식화하면 다음 세 가지 원칙을 제시할 수 있다.

첫째, CBDC와 은행화폐는 일반적으로 상호 교환될 수 있어야 한다. 은행화폐의 중앙은행화폐(지금까지는 현금)로의 전환은 항상 보장되어 왔듯이 계속해서 보장되어야 한다. 이 원칙은 은행화폐의 일반적인 수용성을 위한 핵심 전제조건이며, 은행화폐와 중앙은행화폐의 등가(parity)를 유지하는 데에도 필수요건이기 때문이다.[247] 이 원칙은 은행화폐의 CBDC로의 전환에도 동일하게 적용될 것이다.

둘째, 전통적인 준비금과 CBDC가—은행과 중앙은행 간 거래뿐만 아니라 은행 간 거래에서도—상호 전환될 수 있다면 그리고 CBDC가 기존 준비금의 기능을 수행할 수도 있다면, 모든 관계자가 첫 번째 원칙을 좀 더 쉽게 준수할 수 있을 것이다.

셋째,—그리고 뱅크런 예방에 상당히 중요한 것으로—중앙은행은 CBDC 자금을 충분히 제공함으로써 은행화폐가 항상 CBDC와 교환될 수 있도록 상설 전환 보증제(standing conversion guarantee)를 시행해야 한다.

오늘날 중앙은행과 정부는 은행화폐의 구조를 위해 은행은 물론 (시스템적—옮긴이) 관련성을 갖게 된 비 은행 금융기관에게도 구제 금융을 제공

---

[247] Ingves(2018, pp. 2, 9).

해야 한다. 이것이 나름의 협박성을 띤 제약으로 작용하는 까닭은 고객의 은행 계좌잔고인 은행화폐가 은행의 재무상태표에 볼모로 잡혀 있다는 데 있다. 이와는 반대로 중앙은행화폐는 구조 자체가 필요치 않다. 중앙은행화폐는 은행이나 금융시장에서 무슨 일이 일어나든 안전한 스톡으로 보유되기 때문이다.

최근의 양적완화 조치로 인해 은행과 비 은행 금융 부문에 유동성이 넘쳐나고, 은행 부문은 대부분 원치 않은 초과 준비금을 갖게 되었다. 이 때문에 저금리와 심지어는 제로 금리 상태가 오랫동안 지속했고, 이것이 자산 인플레이션, 금융시장 및 부동산 거품은 물론 사회적 불평등과 정치적 불안을 조장했다. 이러한 상황은 자산 인플레이션이 실물경제 인플레이션으로 진전함에 따라 더욱 심각해졌다. 실물 인플레이션은 고삐 풀린 주택가격, 코비드19 팬데믹, 러시아-우크라이나 전쟁, 나아가 에너지 가격 급등, 공급체인 교란 및 부분적인 공급 부족을 초래한 여타 지정학적 갈등에 의해 격발되었다. 이러한 사태 진전을 중앙은행 준비금의 범람에서 직접 기인한 것으로 볼 수 없음은 확실하다. 그럼에도 불구하고 엄청난 자금이 비 GDP 금융에서 GDP 금융 및 생산 관련 지출로 흘러들어감으로써 실물경제 인플레이션 급등에 기여했다는 것도 분명한 사실이다.

준비금은 요청만 하면 CBDC로 전환될 수 있다. CBDC 수량이 충분하다면 은행화폐도 CBDC와 교환될 수 있다. 중앙은행이 CBDC를 충분히 제공할 수 있고 또 긴급 시에는 그렇게 할 것이라는 확신만 준다면, 사람들은 결코 공포에 질려 은행화폐를 태환하기 위해 은행으로 쇄도하지는 않을 것이다. 청구권의 실행을 확신할 수 있다면, 좀 더 자세히 말해서 은행화폐를 언제든지 CBDC로 상환할 수 있다고 믿을 수 있다면, 그 누구도 공황상태(panic)에 빠질 이유는 없는 것이다.

이 점이 옳다는 것은 2008년 이후의 위기에서 증명된 바 있다. 고객의 은행화폐를 보증한다는 정부의 약속 덕분에 대규모 뱅크런은 발생하지 않았다(사이프러스는 제외). 오늘날 정부들은 나라에 따라 은행화폐를 계좌당 100,000~250,000달러까지 보증한다. 총액으로 따지면 긴급 시에는 수십억 달러에서 수조 달러에 달할 것이다. 현실에서 정부와 의회는 그만한 금액을 단기에 동원할 수 없지만, 중앙은행은 기본적으로 정규 발행과 무관하게 그렇게 할 수 있다. 위기 상황에서 은행화폐가 계속 CBDC로 교환된다 해도 이로 인해 기존 통화량, 즉 신용과 채무의 규모는 조금도 변하지 않을 것이다. 이 점이야말로 오늘날의 사정과 다른 점이다. 만약 지금 그러한 상황이 조성되면 은행과 중앙은행 모두 재무상태표의 항목들이 급격히 확대함으로써 문제를 야기할 수밖에 없다.[248] CBDC가 은행화폐를 대체함으로써 통화공급의 구성은 당연히 바뀔 것이다.

첨언하건대 뱅크런 상황에서는 은행화폐와 중앙은행화폐의 1:1 평가가 문제를 일으킬 가능성이 배제될 수 없다. 특히 중앙은행이 은행화폐를 보호하기 위해 CBDC에 대한 수요가 상당히 증가하고 있는데도 그 공급을 엄격하게 할당할 수밖에 없는 경우가 그러하다. 오늘날 지급수단의 화폐유형이 달라져도 시장가격은 달라질 수 없다고 생각하는 것은 오류일 수 있듯이 자금조달 시 화폐유형이 달라지면 적용 이자율도 달라질 수 있다는 가능성도 완전히 배제할 수는 없다.

어떤 방식으로든 보장이 필요한 은행화폐와 여타 화폐 대용물이 존재하는 한 뱅크런 문제 역시 계속 남아 있을 것이다. CBDC는 뱅크런이 초래할 수 있는 피해를 제한하는 데 적합하다. 그리고 도대체 왜 우리는 스스로 불안전하고 불안정한 화폐라는 문제에 직면해야 하는가라는 의문이 다시 한 번 제기된다. 신용과 투자가 진정 안전한 것으로 되는 일은 결코 일어나지 않을 것이다. 사람들은 그런 일이 일어나기를 바라지도 않을 것임에 틀

---

[248] (옮긴이 주) 현행 화폐공급 시스템에서 은행과 중앙은행의 신용 확대는 회계상 예금이라는 부채와 청구권이라는 자산의 동시 증가를 가져오며, 이는 (중앙)은행의 재무상태표 양변 각각의 합계액을 동시에 팽창시킨다.

림없다. 자본은 이자, 배당, 여타 수익이나 시세 차익을 가져다줄 수 있지만, 이와 동시에 항상 일정한 위험도 동반한다. 그러나 금융경제와 실물경제의 기본 도구로서 화폐 자체는 그러한 위험에 노출되어서는 안 된다. 화폐의 가치는 가능한 한 안정적이어야 하며, 그리고 무엇보다 화폐 스톡은 절대적으로 안전한 것이어야 한다. 바로 이때문에 화폐 그 자체와 화폐 창조는 물론 유연하게 재조정될 수 있는 화폐 스톡이 위험을 내재하고 있는 신용 거래와 금융경제 일반의 일부가 되어 이것들과 구별할 수 없는 것이 되어서는 안 된다는 것이다.

7.6 CBDC를 유통에 주입하기

현재 CBDC에 관한 구상들은 CBDC를 지금까지 현금과 준비금이 유통에 주입되고 있는 것과 같은 방식으로, 즉 담보로 보장되는 신용-채무 화폐로 유통에 주입하는 것을 고려하고 있다. 중앙은행의 대 은행 신용의 경우, 담보는 주로 국채 등 적격한 증권으로 구성될 것이다. 은행의 대 고객 신용의 경우, 신용은 은행이 수락하는 담보를 받고 CBDC로 지급될 것이다. 이 때 은행은 담보로 주택 소유권이나 고객의 여타 자산을 선호할 것이다. 이처럼 화폐 창조는 여전히 은행의 선도적인(pro-active) 일차 신용(primary credit)에 의해 결정될 것인데, 이는 신용이 고객의 선호에 따라 부분적으로 CBDC로 지급되더라도 그러하다. 다른 한편, 현금의 경우와 마찬가지로 은행은 소요 CBDC 전액을 완전히 사용 가능한 상태로 보유해야 하는데, 은행은 이 돈을 화폐시장이나 중앙은행에서 차입하거나 준비금을 CBDC로 전환함으로써 확보할 수 있다. 은행은 소요 CBDC의 대부분을 고객의 대출 상환금을 통해 또는 고객의 예금과 투자금(savings and term investments)을 통해 수령한다. 그리고 이미 언급한 것처럼 양적완화 덕분에 은행이 가지게 된 엄청난 초과 준비금을 CBDC로 바꾸어주는 것도 권장할 만하다.

확실하게 시행할 수 있는 또 다른 방법은 근 1세기 전부터 시행되어온 중앙은행의 공개시장 운영이다. 통상적으로 이것은 민간이 보유 중인 기 발행 국채를 되사들이는 행위를 말한다. 이 방법을 확대 시행할 수 있는 이유는 그것이 더 이상 은행 부문에 준비금을 주입하는 것(그리고 채권을 판매하는 비 은행 주체들에게 은행화폐를 제공하는 것)이 아니라 좀 더 확산된 공개시장에서 은행을 넘어 다른 금융기관과 시장 참가자들을 대상으로 CBDC를 발행할 수 있다는 데에 있다.

이어지는 다음 단계는 중앙은행이 신규 발행 국채를 직접, 그러나 제한적으로, 매입하는 것이다. 중앙은행은 이 매입을 일차 딜러(primary dealers)와 채권 시장을 우회하며, 정부의 어떤 간섭도 받지 않고 오직 중앙은행의 자의적인 재량에 따라 시행한다. 달리 말해서 중앙은행에 의한 국채의 직접 매입도 '재정적 고려(fiscal dominance)'가 아니라 '화폐적 고려(monetary dominance)'를 우선시함으로써 결정되어야 한다. 많은 신고전파 경제학자들에게 이 방법은 여전히 금기에 가깝다. 그러나 역사적으로 이 방법은 결코 금지사항(off limits)이 아니었으며, 오늘날에도 특정한 위기 상황에서는 고려대상이 되고 있다.[249]

미국에서 연준에 의한 국채의 직접 매입은 의회가 이를 금지했던 1935년 이전까지 정부의 유동성을 보장해온 관행이었다. 제2차 세계대전 기간에는 이 금지 조치가 중단되었다. 1975년 이후에는 단기현금관리법(Short-Term Cash Management Bills)에 의거 면제조항이 존재하다가 1981년에 모든 금지 조치가 폐지되었다. 그 이후 연준 은행들은 기본적으로 의회, 재무부 및 연준의 동의만 얻으면 재무부 채권을 '직접' 매입할 수 있게 되었

---

[249] Adrian et al.(2021, p.29).

지만 이 조치가 실행된 적은 없다.[250]

영국에서는 1968년 이후 영란은행에 개설된 4억 파운드에 달하는 상설 정부 당좌대월 프로그램(standing government overdraft facility) 같은 세입담보 선대금 제도(ways-and-means advances)가 존재했다. 유럽연합 회원국이던 1973~2020년 동안 영국은 이 제도의 유지 권한을 가지고 있었고, 2008년 위기를 계기로 이 당좌대월 한도를 199억 파운드로 확대했다.[251]

캐나다은행은 국채의 직접 매입이 이미 실행되고 있었음을 보여주는 또 다른 사례이다. 캐나다은행은 국채 경매인으로 처신하며, 신규 발행 국채의 13~20%를 흡수한다. 이 비중은 일차 딜러와 정부증권 경매인 다음으로 높은 수준이다.[252] 이러한 실천이 말썽을 일으킨 적은 없으며, 이를 특별히 문제삼는 사람도 없다.

이와는 대조적으로 유럽연합의 경우 회원국 정부가 유럽중앙은행이나 자국 중앙은행에 국채를 '직접' 판매하는 행위는 TFEU(리스본 조약) 제123조에 의해 명확하게 금지되어 있다. 그러나 유럽중앙은행이 공개시장에서 국채를 매입하는 데는 어떤 제한도 없다. 이는 결국 정부지출 재원이 화폐적 (재)융자를 통해 간접적 또는 소급적인 방식으로 조달된다는 것을 말해준다. 국채를 맨 먼저 구입하는 일차 딜러(primary dealers)는 은행 콘소시움(consortium)이다. 이들은 구입한 채권의 거의 대부분을 다른 은행, 펀드, 보험회사 등에 재판매한다. 유로화 도입 이전에는 몇몇 유로존 회원국에서도 중앙은행 신용이 정부에 직접적으로 또는 적어도 수지 격차를 보전하기 위한 브릿지론(bridging loan)으로 제공되었다. 리스본 조약은 이처럼 소소한 것까지 철저하게 금지하고 있다.

---

250 Garbade(2014).
251 영국 재무부와 영란은행은 세입 담보 선대금 프로그램(Ways and Means facility)의 임시 연장을 발표했다. Bank of England, 2020. 4. 9.
252 Becklumb and Frigon(2015).

이 금지의 명분은 주로 공공 재정의 예산 규율 결여에 대한 공포이다. 그러나 이 공포는 과도한 정부채무에 자금을 공급해온 것이 언제나 은행이었다는 사실 그리고 은행과 그림자은행은 여타 민간 금융시장에도 자금의 과도한 범람을 반복해서 초래하는 경향이 있다는 사실에는 눈을 감는 것이다. 한 가지 확실한 것은 정부채무가 채권 트레이더와 그 보유자에게 엄청난 돈벌이 기회를 제공한다는 사실이다. 궁극적으로 세금으로 원금 상환과 이자 지급이 이루어지는 국채라는 '케이크'를 나눔에 있어 일차 채권 딜러와 연기금 그리고 여타 기관 및 개인 투자자가 우선권을 가져야만 하는 이유가 도대체 무엇일까?

상기 논의에서 도출되는 CBDC 설계 원칙은 비 은행 주체에 대한 은행 신용(대출)의 제공이나 은행화폐와의 교환을 통해서는 물론 제한된 범위 내에서 중앙은행에 의한 국채의 규칙적인 공개시장 매입, 중앙은행의 대 정부 당좌대월 프로그램, 중앙은행의 국채 직접 인수, 그리고 미래에는—그리고 아직은 해명될 것이 남아 있기는 하지만—대중의 지갑에 채무 없는 진성 시뇨리지의 제공 등을 통해서도 CBDC를 유통시키는 것이다. 지금까지 논의된 CBDC 설계 원칙을 요약하면 〈상자글 7-1〉과 같다.

〈상자글 7-1〉 CBDC 설계의 10대 원칙

1. CBDC는 전통적인 중앙은행 준비금(장부화폐)이 아니라 지급자의 디지털 지갑에서 수령자의 디지털 지갑으로 직접 이체되는 디지털 토큰의 형태를 취해야 한다.
2. CBDC는 은행과 여타 금융기관 그리고 개인은 물론 기업 고객이 접근하고 또 사용할 수 있는 무제약 법정화폐(unrestricted legal tender)

이어야 한다.
3. CBDC는 시장 수요에 따라 공급되고, 행정적으로 어떤 수량 제한도 가해져서는 안 된다.
4. CBDC는 이자를 낳는 것이어서는 안 된다.
5. CBDC가 확산함에 따라 은행화폐에 대한 정부 보증은 점진적으로 사라져야 한다. 제3층 화폐 대용물과 무보장 민간 화폐를 위해 중앙은행과 정부는 어떤 지원도 해서는 안 된다.
6. 국가기관과 여타 공법상의 기관은 자신의 지급 거래에서 CBDC 사용을 점진적으로 확대해야 한다.
7. 은행 간 거래와 중앙은행 자신의 거래에서 CBDC가 기존의 준비금을 대신할 수 있어야 한다.
8. 비 은행 주체들의 거래에서 CBDC와 은행화폐는 상호 전환될 수 있어야 한다.
9. 수요에 따른 CBDC 공급을 위해, 특히 뱅크런 예방을 위해 중앙은행은 상설 전환 보증제를 시행해야 한다.
10. CBDC는 비 은행 주체에 대한 은행 신용의 방식으로 또는 은행화폐의 CBDC로의 교환을 통해서는 물론 제한된 범위 내에서 중앙은행에 의한 국채의 공개시장 매입을 통해 그리고 중앙은행의 대 정부 당좌대월 프로그램을 통해서도 발행되어야 한다. 추가로 권고되는 발행 채널은 신규 발행 국채의 일부에 대한 중앙은행의 직접 인수 그리고 대중의 지갑에 채무 없는 진성 시뇨리지의 제공이다.[253]

---

[253] (옮긴이 주) 대중 지갑에 진성 시뇨리지를 제공하는 것은 이른바 국민(또는 시민) 배당금이나 기본소득 형태로 이루어질 수 있다.

7.7 스테이블코인 및 여타 제3층 화폐 대용물의 보장

CBDC 설계 원칙을 다룬 지금 남은 문제는 새로운 제3층 화폐 대용물과 무보장 암호화폐를 어떻게 처리할 것인가이다.

    새로운 화폐 대용물의 발행자는 종종 협소은행(narrow banks)으로 간주된다. 협소은행이라는 용어는 1929년 은행 위기에 대응하여 개발된 100% 지준금 은행제도라는 개념에서 나왔다. 이 개념에 따르면, 은행화폐는 미국 재무부나 연준이 발행하는 본원화폐로 100% 보장되어야 한다. 지난 수십 년 사이에 출현한 새로운 화폐 대용물—처음에는 MMF 지분과 e-머니—에 대해서는 부분 지준금 은행업의 반복을 피하기 위해 일찍부터 협소은행 원리가 적용되었다. 앞서의 화폐 분류학에서 언급되었듯이 1:1 보장 원리가 MMF 지분과 e-머니에 대한 규제에 뿌리내렸고, 나라에 따라 조금씩 수정 적용되고 있을 뿐이다.

    은행, PSP 및 여타 허가받은 e-머니 기관이 발행하는 e-머니는 은행화폐로 1:1로 보장되어야 하며, 그중 일정 부분은 금융 감독기관의 요건을 충족하는 단기 국채(government bills)로 보유될 수도 있다.[254] 한편, 은행의 e-머니는 해당 고객들의 계좌잔고 풀(pool)에 보관되지만 100% 준비금으로 보장되지 않는다. 여기서는 은행화폐가 누리는 특권의 일환으로서 중앙은행과 정부에 의한 100% 보증이 고려되었음이 명백하다.

    e-머니와는 달리 MMF 지분은 원래 지급수단이 아니라 화폐시장 증권으로 구상되었다. 납입 자금은 전부 단기채권, 레포 거래 등으로 운용된다. MMF는 최고 등급의 자산에만 투자할 의무가 있다. MMF는 항상 1펀드단위가 1 또는 10통화단위의 가치를 가지며 또 이 비율로 태환될 수 있도록 투자금 관리를 고객들에게 약속한다. 현재 스테이블코인에 대해서도

---

[254] Oliveros and Pacheco(2016) 그리고 Hess(2019).

이와 동일한 종류의 규제가 시행 중이다. 아직 해결되지 않은 한 가지 문제는 스테이블코인 발행자가 암호화 기술이 적용된 화폐 대용물을 창조하는 은행 같은 화폐적 신용기관으로 규제를 받아야 하는지 아니면 그림자은행이나 PSP 또는 여타 금융기관의 일종으로 규제를 받아야 하는지에 관한 것이다.

은행은 자신이 비은행 금융기관보다 더 엄격한 규제와 감독을 받는다고 생각한다. 그러나 이 생각이 항상 옳다고 볼 수는 없다. 사실을 말하자면 은행은 역사적으로 자신의 특권적 지위를 유지하기 위해 수많은 관료적인 요건을 수용해왔다. 그러나 이 과정에서 은행화폐 특권의 핵심인 부분 지준금 제도 자체가 제한된 적은 한 번도 없었다. 오히려 지준금 요건은 폐지되거나 대폭 완화되어왔고, 결국에는 위험 가중 자산의 6% 이상이라는 제1층 은행업의 핵심자본 비율(tier-1 banking core capital)보다 하위의 범주로 전락했다. 그리고 이 6% 자본 비율이 뭔가 대단한 것처럼 보일지 모르지만, 사실 긴급 상황에서는 너무 낮은 수준으로서 은행이 여전히 중앙은행과 정부의 도움에 의존할 수밖에 없음을 암시한다. 이렇게 보면 새로운 화폐 대용물들에 대해 이미 시행 중이거나 향후 시행이 예상되는 규제가 은행 규제보다 좀 더 일관적이고 또 좀 더 엄격하다고 볼 수 있다.

또 다른 논쟁적인 질문은 새로운 화폐 대용물들의 보장 수단에 관한 것이다. 이 보장이 본원화폐(전통적인 준비금, 미래의 CBDC)로 이루어져야 하는가 아니면 은행화폐로 이루어져야 하는가? 또는 둘 다 허용하고 또 이 둘의 결합도 허용할 것인가? 납입 자금의 어느 정도까지를 은행 간 화폐시장이나 그림자은행 화폐시장에서 빌릴 수 있게 할 것인가라는 문제와 관련해 발행자에게 넓은 범위를 허용할 것인가 아니면 좁은 범위를 허용할 것인가? 또는 현금 등가물과 여타 투자금도 보장 기금의 구성요소로 허용할 것인가? 만약 이들 선택지 중 여러 개 또는 전부를 허용할 수 있다면, 그것들 간의 구성비는 어떻게 할 것인가?

이런 질문들이 현재 주로 스테이블코인에 대해 제기되고 있다. 스테이블코인의 존재와 그 가치의 안정적인 유지를 실제로 책임지는 것은 누구인가? 스테이블코인이 개별적으로 또는 해당 부문 전체가 위기에 빠진다면 은행화폐와 은행처럼 구조되어야 하는가? 예를 들어 2008년 은행 위기 발생 이전까지 MMF 지분은 완벽하게 안전한 것으로 간주되어 왔지만, 동년 9월경부터 리먼브러더스(Lehman Brothers) 은행의 손실 여파로 리저브 프라이머리 펀드(Reserve Primary Fund)의 주가는 0.97달러, 즉 1달러 미만으로 폭락했다. 이로 인해 MMF 지분에 대한 전면적인 태환 쇄도가 일어났다. 미국 재무부는 투자자들에게 주당 1달러를 보증하는 '잠정 보증 프로그램(Temporary Guarantee Program)'을 도입할 수밖에 없다고 느꼈다. 지금까지 유사한 사건이 재발하지는 않았지만, 이 사건의 처리방식이 선례가 될 것이다. 분명한 것은 제3층 화폐 대용물이 100% 보장 준비금을 가지고 있다 해도 이 보장 기금이 무엇으로 구성되는가에 따라 안전할 수도 안전하지 않을 수도 있다는 사실이다.

화폐 대용물은 긴급사태 발생 시 중앙은행과 정부가 보증하지 않는 민간 화폐를 사용하고 있다는 사실을 화폐 대용물 사용자들에게 처음부터 알려주는 게 옳지 않을까? 이로부터 다음과 같은 권고가 나온다. 그것은 무보장 암호화폐뿐만 아니라 제3층 지급수단에 대한 국가 보증은 완전히 폐지되어야 하며, 이는 그 발행회사에게 중앙은행이나 정부가 어떤 지원이나 구조도 하지 말아야 한다는 원칙에 부응하는 것이다. 만약 그렇게 하지 않는다면 새로운 화폐 대용물들은 은행화폐가 오랫동안 겪어온 위기와 파산의 역사를 반복하게 될 것이고, 이것들의 구조를 위해 중앙은행과 정부가 나설 수밖에 없는 상황이 조성될 수 있다는 위험이 상존하게 될 것이다.

암호화폐와 스테이블코인에 관한 한 유럽연합위원회(EU Commission)는 유럽연합 금융시장이사회(EU Financial Markets Directive)가 부분적으로 보장하는 증권으로 간주한다. 이 점은 특히 비트코인과 여타 무보장 암호화폐로 이루어지는 거래에 적용된다. 다른 한편, 스테이블코인이 암호화폐 시장 외부에서 지급수단으로 사용될 때는 유럽연합 전자화폐이사회(EU Electronic Money Directive)의 감독을 받는 e-머니로 취급된다.[255]

미국 대통령 산하의 한 위원회가 2021년에 작성한 스테이블코인 관련 보고서는 미국 내의 스테이블코인 발행기관을 연방 차원의 보험예금기관(federally insured depository institutions)으로 규제할 것을 권고했다. 여기에는 예금은행(상업은행)과 저축은행이 포함되어 있다.[256] 스테이블코인 발행기관을 예금은행으로 분류하자는 제안은 그것을 미국 예금보험제도의 회원이면서 연준의 표준 수익(standard benefits) 제도에 적격인 기관으로 만듦으로써 긴급 상황에 연준과 미국 재무부의 유동성 지원도 받을 수 있도록 하자는 주장이나 다름없다. 이렇게 되면 스테이블코인은 은행화폐와 동일한 방식으로 그리고 동일한 정도로 국가 보증을 받게 된다. 이 권고는 민간 지급수단에 대한 중앙은행과 정부의 보증이라는 은행 규제와 관련해 저질렀던 기본적인 오류를 반복하는 것이다.

이와 동시에 '스테이블코인에 관한 미국 대통령 위원회 보고서'는 스테이블코인의 보장 방안을 제시하지 못했다. 스테이블코인에 관한 사실상의 기준은 스테이블코인이 언제든지 은행화폐뿐만 아니라 비트코인과 재교환될 수 있도록 은행화폐는 물론 비트코인과 매도가 용이한 유가증권을 충분히 확보하게 만드는 것이다. 스테이블코인 발행자는 1스테이블코인을 발행하는 대신 1달러 또는 동액의 비트코인을 확보한다. 이 보장 기금이라는 수입을 어떻게 처리할지는 지금까지 해당 후원기관에 맡겨져 왔다. 그러나 스테이블코인 발행자가 미국달러와의 상시적인 태환을 약속한다면 이 태환이 어떻게 가능한지를 감독당국에 입증해야 할 것이다. 만약 입증하지 못하면, 그는 일종의 브로셔 사기꾼[257]이 될 것이다.

---

255 European Parliament(2021).
256 President's Working Group(2021, p. 16).
257 (옮긴이 주) 가짜 명함이나 브로셔 등으로 고객을 속여 이득을 챙기는 사람을 지칭한다.

또 다른 한 전문가 보고서는 '스테이블코인에 관한 대통령 보고서'와는 반대로 스테이블코인 발행자를 예금은행으로 분류할 것이 아니라 특수한 보장 요건을 부과하자고 제안한다.[258] 즉, 스테이블코인 발행자에게 MMF와 유사한 특수목적 투자회사 지위를 부여하자는 것이다. 여기서 특수목적이란 그 화폐적 가치가 미국달러에 닻을 내린 또는 종합적으로 고정된(pegged) 스테이블코인을 발행하는 것이다. 관련 입법안에는 다음과 같은 보장 요건이 포함되어 있다. 보장의 적어도 10%는 유동적인 미국 은행화폐나 1일물 레포로 그리고 적어도 20%는 유동적인 은행화폐나 잔여 만기가 7일 이하인 증권으로 보유하도록 할 것, 고등급 증권만 적격 자산으로 인정할 것, 채무자(발행자—옮긴이) 위험을 분산하기 위해 동일 발행자가 보장 준비금의 5% 이상을 제공할 수 없도록 할 것 등이다.

이 요건들이 강조하는 바는 보장 준비금이 1일물 은행화폐(미래에는 CBDC도), 준-화폐 및 여타 현금 등가물로 비례적으로 구성되어야 한다는 것이다. 그러나 이 제안은 별 탈이 없는 평상시 거래를 염두에 두고 설계된 것이 분명하다. 이 요건들의 강도가 너무 약해 위기 시에는 유동성 부족과 태환 불능 사태가 발생할 위험이 큰 것으로 보인다.

종합적으로 볼 때 스테이블코인 관련 규제 원칙에는 다음 사항들이 포함되어야 한다.

- 스테이블코인은 자신만의 고유 명칭을 가져야 한다. 스테이블코인은 해당 국가의 공식 통화의 명칭이나 이것을 포함하는 복합명칭을 가져서는 안 된다. 스테이블코인이 공식 통화와의 교환비율을 고정하고 있는 경우에도 마찬가지이다.
- 스테이블코인, MMF 지분 및 e-머니는 은행화폐, 중앙은행 준비금

---

[258] Michel and Schulp(2021).

및 CBDC 중 어느 하나 또는 둘 이상과의 1:1 교환을 기반으로 발행되어야 한다.
- CBDC가 확산함에 따라 스테이블코인 발행자가 모집할 기금에서 은행화폐와 CBDC의 구성비는 그 각각이 통화지표 M1에서 차지하는 비율에 따라야 한다.

  은행화폐와 CBDC 이외의 다른 모든 지급수단은 제3층의 화폐 대용물, 특히 비트코인(현재 스테이블코인에 대해 가장 많이 사용되는 변동성 높은 보장 수단) 같은 무보장 암호화폐의 구매에 사용할 수 없다.
- 납입금은 물론 이 돈으로 획득된 모든 자산은 국내통화로 표시되고 해당 통화 영역 내의 금융회사나 정부기관에 의해 발행된 것이어야 한다.
- 발행자는 자신의 스테이블코인의 가치를 항상 100% 보장해야 한다. 보장이 화폐 외에 현금 등가물을 포함하는 경우에는 보장의 절반 이상이 CBDC와 1일물(overnight) 은행화폐로 구성되어야 하고, 이 양자의 구성 비율은 각각이 M1에서 차지하는 비율에 따라야 한다. 그 나머지 부분의 보장에서 현금 등가물이 이것들보다는 작은 부분을 차지할 수 있고, 상급 장기 증권도 가장 작은 부분을 차지할 수 있다.
- 현금 등가물과 증권으로 구성된 보장에 있어서 한 명의 동일한 발행자(채무자)는 그중 작은 일부—예를 들어 최대 5%—만 제공해야 한다.
- 제3층의 화폐 대용물은 중앙은행과 정부의 어떤 지원이나 보증도 받지 않는다는 사실이 법률로 명시되어야 한다.

위에 열거한 조건들이 충족된다면 중앙은행 통화정책의 자극은 새로운 통화 대용물들에까지 제대로 전달될 수 있을 것이다. 그러나 예상과는 달리 무보장 암호화폐가 일정한 임계수량에 도달할 정도로 확산한다면 어떤 일이 벌어질까?

서구 나라들에서는 가까운 미래에 중국에서처럼 암호화폐 거래가 금지될 것으로 보이지는 않는다. 이 나라들보다 더 작은 나라들에서는 암호화폐 플랫폼이 해외에서 운영되고 있어 인터넷(www) 접근을 차단하지 않는 한 이러한 금지 조치는 실행조차 의심스럽다. 동일한 이유로 무보장 암호화폐의 수량 제한도 거의 불가능해 보인다.

그러나 CBDC와 스테이블코인이 이미 존재하는 상황에서 무보장 암호통화에 대한 예방책은 반드시 필요하다는 결론이 내려져 있는 것은 아니다. 왜냐하면 CBDC는 물론 은행화폐와 스테이블코인도 그 화폐적 가치를 어느 정도 예측할 수 있다는 점에서 높은 변동성으로 불안정한 무보장 암호화폐보다는 대다수 사람의 이익에 더 잘 부합할 것이기 때문이다.

만약 자유시장경제에서 개인과 기업이 암호화폐 지급을 수락하고 있다면, 이를 정당한 이유 없이 금지해서는 안 될 것이다. 화폐 주권과 화폐·금융 안정은 물론 불법 금융의 예방은 정당한 금지 사유가 될 수 '있다.' 그러나 현재 지배적인 이해관계를 가진 자들은 암호화폐를 이런 식으로 보고 싶어 하지 않는 게 확실하다. 무보장 암호화폐의 법적 처리에 관한 국제 합의가 이루어질 때까지 암호화폐 시장은 신나는 투기는 물론 지하경제, 돈세탁 및 조세 회피를 위한 매개체로서 가격 변동이 심한 소란스러운 곳으로 계속 남아 있을 것으로 보인다.

최종결론은 스테이블코인에 대한 관대한 규제는 불안정한 지준금 은행제도의 새로운 버전을 낳을 것이며, 이 버전은 꼭 부분 지준금 제도가 아니라 해도 안전성이 불충분한 제도가 될 것이라는 점이다. 화폐 주권과 통화정책의 실효성을 회복하기 위해서는 새로운 화폐 대용물들이 반드시 1:1로 보장되어야 할 뿐만 아니라 이 보장이 최대한 CBDC와 은행화폐로 각각이 M1에서 차지하는 비율에 따라 구성되어야 한다. 이는 은행화폐의 지속에 얼마 동안 기여할 수는 있겠지만, CBDC의 부상과 이에 따른 화폐공급의 재편을 막지는 못할 것이다.

제8장

CBDC 도입 이후의 중앙은행과 통화정책

> **핵심 용어**
> 독립적인 통화당국으로서의 중앙은행, 화폐·재정·민간 신용의 책임기관들 간 역할 분담, CBDC로 수행하는 통화정책의 목표와 수단, 화폐적 재정조달-헬리콥터 머니, 자산 전용(asset-only) CBDC의 화폐적 회계

8.1 통화정책의 목적은 화폐 창조, 인플레이션, 이자율, 성장 및 고용의 통제인가?

CBDC와 화폐 시스템의 발전에 관한 고찰은 중앙은행의 발전에 관한 고찰 없이는 완결될 수 없다. 중앙은행은 규정상 CBDC 발행기관이자 화폐 시스템 관장 기관이며, 적어도 그래야 마땅하다. 중앙은행의 역할은 그 출현 이래 줄곧 진화해왔다. 좁은 범위에 한정된 업무에서 광범한 권한까지 포괄하는 그 역할 스펙트럼은 전문직업적으로도 정치적으로도 논란의 대상이었다.

중앙은행이 그 제도적 편제와 통화정책에 대해 취하는 입장은 나라와 역사에 따라 다를 수 있다. 모든 중앙은행은 일정한 책무를 공유한다. 즉,

각국 중앙은행은 국가의 화폐 주권 수호자이자 공식 통화의 관리자라는 것이다. 이 책무에는 화폐적 요인들로 귀속될 수 있는 화폐 구매력 보전이 포함되며, 이 보전에는 통화의 대외 환율 관리가 포함된다. 그러나 이 국가화폐의 수호자들은 오랫동안 '화폐' 주권을 소홀히 해왔다. 이러한 행태는 특히 국가화폐(지급수단) 스톡의 통제와 총 화폐공급의 구성 그리고 통화정책의 효과를 가장 먼저 보장하는 주권화폐의 충분한 공급 등의 면에서 뚜렷이 드러났다.

통화정책에 관한 중앙은행들의 공식적인 발언과 논의로부터 받을 수 있는 인상은 중앙은행의 책무가 인플레이션과 이자율 수준의 통제에 있지 경제에 화폐를 공급하고 화폐스톡 전체를 통제하는 데 있지 않다는 것이다. 현재의 조건에서 이러한 인상은 핵심을 완전히 잘못 짚은 것은 아니지만 중앙은행의 존재이유를 오해하고 있다. 중앙은행이 행정부의 직접적인 간섭을 받지 않고 할 수 있는 일은, 첫째 중앙은행화폐(지폐, 준비금, 미래의 CBDC)의 창조이고, 둘째 중앙은행화폐의 금리 설정이다. 이 두 가지야말로 중앙은행이 실제로 수행할 수 있는 일인 반면, 그 외 다른 일—특히 은행화폐와 여타 화폐 대용물의 창조에 영향을 주는 것, 통화의 대외 환율과 인플레이션 및 금리 수준에 영향을 주는 것 등—은 모두 시도는 할 수 있다 해도 대개 그 성공의 여부 및 정도는 확실치 않은 일들이다.

중앙은행의 창설 이유와 그 최초의 임무는 화폐—당시에는 지폐—즉, 중앙은행 지폐의 발행이었다. 19세기 마지막 수십 년 전부터 점진적으로 추가된 과업은 시스템 유지를 위한 대 은행 재융자와 은행에만 제공되는 중앙은행 장부화폐(중앙은행 계좌 상의 준비금)의 공급이다. 중앙은행화폐의 발행은 처음부터 다음과 같은 질문을 피할 수 없었다. 그것은 중앙은행화폐는 얼마나 많아야 하는지 그리고 원치 않는 부작용, 특히 인플레이션을 초래하지 않으면서 유통할 수 있는 돈의 양은 어느 정도인지라는 질문이다.

이리하여 화폐 창조는 화폐 수량설(monetary quantity theory)의 맥락

속에 놓이게 되었다. 화폐 수량설의 기원은 16세기 이래 스페인의 은 인플레이션을 계기로 보댕(Bodin)이 정식화한 인플레이션 이론이다. 그의 이론에 따르면, 인플레이션은 과도한 화폐공급에 기인한다. 인플레이션에 관한 이 기본적인 접근방식은 수 세기 동안 지속되어 수량 이론의 마지막 극단적인 버전으로 발전했고, 프리드먼(M. Friedman)은 이 버전을 통화주의(monetarism)라 불렀다. 통화주의는 1960~1980년대를 지배했던 케인스주의를 반박하는 개념으로 확산했다. 프리드먼은 인플레이션을 "언제 어디서나 화폐적인 현상"으로 정립했다.[259]

이 단순한 견해에 따르면, 더 많은 돈은 더 많은 수요를 의미하고, 이러한 수요 증가가 이와 동시에 일어나는 공급 증가에 의해 충족되지 않는다면 인플레이션율의 상승이라는 결과를 초래한다는 것이다. 이 이론의 통화정책적인 함의는 결론적으로 인플레이션 대책이 화폐공급 증가세 둔화 내지 화폐공급 증가율 고정에 있다는 것이다. 이때 고정할 대상은 예를 들어 지금(地金) 준비 스톡이나 일정한 연간 통화량 증가율(프리드먼은 연간 3% 또는 4%를 제안했다) 또는 2,100만 개의 비트코인일 수 있다. 그리하여 화폐공급의 둔화 내지 심지어는 고정 시도가 빈번하게 이루어져 왔지만 한 번도 좋은 결과를 얻었던 적이 없었다. 그 이유로 가장 최근에 제시된 것이 바로 은행화폐 체제의 정착과 이에 따른 은행의 화폐 창조에 대한 중앙은행의 통제력 상실이다. 은행의 중앙은행 준비금 포지션 제한이 은행화폐 창조를 제한하지 못하게 된 것은 화폐 창조의 주도권이 은행에 의해 행사된다는 사실에 기인한다. 중앙은행에 의한 중앙은행화폐 공급은 통화 승수를 제한하는 기반으로 작용한 것이 아니라 오히려 중앙은행이 은행에 재융자를 제공할 수밖에 없도록 만드는 실제적인 제약이 되었다. 따라서 은행화폐량의 일정한 비율로 반응적으로 요구되는 중앙은행 본원화폐(부분 준비금)는 시간이

---

[259] Friedman(1991, p. 16; 1992, p. 198).

지남에 따라 점점 더 줄어들었다.

　　금리 정책은 통화량 정책의 대안이다. 은행은 중앙은행화폐(지폐와 준비금)의 재융자에 의존하며, 그 의존도가 감소해왔다 하더라도 여전히 그러하다. 은행은 중앙은행화폐를 은행 간 화폐시장에서 또는 중앙은행 신용을 통해 직접 조달한다. 이로부터 다음과 같은 가정이 나온다. 즉, 중앙은행 금리의 인상/인하는 은행 간 금리의 동일한 상승/하락을 가져오고, 이는 상업은행의 준비금 차입은 물론 간접적으로 비 은행 금융기관과 대중을 상대로 하는 은행의 대출 및 은행화폐 창조를 억제/조장할 것이다.

　　이러한 금리 정책의 효과는 통화량 정책 못지않게 빈약한 것으로 드러났다. 이는 부분 지준금 제도에 의거 재융자되어야 하는 현금과 준비금의 양이 은행화폐의 양보다 훨씬 더 적다는 사실, 그리고 나아가 은행의 이자 마진은 거의 언제나 충분히 높다는 사실, 즉 은행이 자신의 은행화폐 대출로 취할 수 있는 금리가 은행이 지준금을 확보하기 (은행은 자신이 창조하는 은행화폐의 작은 일부에 해당하는 지준금만 필요로 한다) 위해 중앙은행에 지불하는 금리와 화폐시장에서 지불하는 은행 간 금리보다 통상 충분히 더 높은 수준이라는 사실에 기인한다.[260]

　　금리 정책의 효과가 미약하다는 주장을 반박하기 위해 시장은 중앙은행 금리의 변화에 크게 신경을 쓰고 있으며 은행은 은행화폐 대출금리 변경

---

[260] 금리(이자율)에 관한 용어법은 국제적으로 전혀 일률적이지 않다. 이 책에서 사용하는 용어법은 다음과 같다. '중앙은행 금리(central-bank rate)'는 은행이 중앙은행에서 차입할 때 지불하는 이자를 뜻하며, 줄여서 '은행 금리(bank rate)' 또는 '재할인율(rediscount rate)'이라고도 한다. '은행 간 금리(interbank rate)'는 은행들이 상호 대출하는 준비금에 대한 금리로서 '1일물 금리(overnight rate)'라고도 불린다. '은행업 금리(banking rate)'는 은행이 대출을 받은 비 은행 고객에게 부과하는 이자이며, 연간 이자율(APR: annual percentage rate)이라고도 불리고, 오해를 초래하는 기준금리(base rate)라고도 불린다. '자본시장 금리(capital-market rates)'는 예를 들어 채권과 기타 증권 그리고 은행 및 기타 금융기관에 의한 장기 대출 금리를 말한다. [(옮긴이 주) 본 역서에서는 저자의 이러한 미국 관행에 따른 용어법을 따르지 않고 한국의 용어법을 따르고 있음을 밝혀둔다[참조 본서 3장의 주8]]

시 중앙은행 금리를 중요하게 고려한다는 사실이 강조될 수 있다. 그러나 은행의 대 고객 사업과 자본시장에서 사용되는 은행화폐의 양이 중앙은행의 재융자와 은행 간 대출에 사용되는 중앙은행화폐의 양보다 몇 배나 많음에도 불구하고 은행 금리는 물론 자본시장 금리조차 중앙은행 금리와 은행 간 금리를 기계적으로 뒤따라간다고 보는 것이 타당한 것일까? 중앙은행의 대 은행 대출금리와 은행 간 1일물 준비금 금리는 둘 다 은행 금리를 기계적으로 결정하지 않으며, 하물며 자본시장 금리의 경우라면 더 말할 것도 없다.

여기서 이러한 금리 효과가 제대로 전달된다고 해도 이것이 실제 수요-공급의 맥락에서 유연한 가격 설정으로 결정되는 시장 메커니즘을 통한 것이 아니라 부문 차원 정책 리더십의 소통 메커니즘을 통해 이루어지는 것인지는 여전히 분명하지 않다. 이 소통 메커니즘은 '인지적 복잡성 감소(cognitive reduction of complexity)'로 알려져 있다. 은행가와 여타 금융 관계자들이 이 메커니즘을 높이 평가하고 있음은 확실하지만, 결코 유연한(soft) '중앙계획'으로—실제로 그렇게 보일 수 있어도—간주하지는 않는다.

이 점에서 큰 관심을 끄는 것은 경기변동에서 인플레이션이 탈인플레이션으로 바뀌거나 금리가 상승에서 하락으로 바뀔 때 또는 역으로 인플레이션률과 금리가 하락에서 상승으로 바뀔 때 나타나는 경기변동 상의 전환점이다. 예를 들어 2020년에 경기가 역전되기 시작했을 때, 이 역전을 주도한 것이 주요 시장 참여자들이 아니라 중앙은행들이었던 것처럼 보일 수 있다. 그러나 중앙은행들은 인플레이션 압력이 이토록 빠르게 가속할 것이라고 예상하지 못했고, 또 그렇게 되기를 바랐던 것도 아니었음이 확실하다. 양적완화로 유발된 부동산 인플레이션을 제외하면, 그러한 인플레이션 압력을 격발한 요인은 중앙은행의 탓으로 돌릴 수 없는 것들이다(그것은 코비드19 팬데믹, 러시아의 우크라이나 침략 전쟁, 지정학적 교란 및 공급 체인의 붕괴 등 복잡하게 뒤얽힌 일련의 요인들이었다).

금리 역전과 더불어 사태는 훨씬 더 명료해졌다. 미국 연준과 영란은행과는 달리 유럽중앙은행은 사실 그동안 중앙은행들이 경기 순응적으로 추구해왔던 금융 억압(financial repression) 정책261을 계속 견지하기를 바랐다. 그러나 은행과 여타 금융기관들에게 제로 금리에 가까운 저금리는 그들의 마진을 축소함으로써 운영난을 심화시켰다. 유로존과 다른 곳들에서도 마이너스 금리는 오히려 생산에 역효과를 초래한 것으로 밝혀졌다. 중앙은행들은 특히 부동산 시장의 자산 인플레이션을 억제하는 조치를 취할 수밖에 없었고, 여러 금융 행위자들은 스스로를 위해서라도 금리 인상을 개시해야 했다.

(1) 중앙은행 금리(central-bank rates), (2) 은행 간 금리(interbank rates), (3) 은행 금리(banking rates), (4) 자본시장 금리(capital-market rates) 간의 인과관계는 중앙은행에서 자본시장으로 내려가는 일방적이고 단선적인 길을 따르는 것이 아니라 복잡한 양방향 동학을 내포한다. 일련의 피드백 회로(loops)를 포함하는 전체 과정에서 중앙은행의 결정력마저 제한된다. 중앙은행이 행동 리더인지 오피니언 리더인지 식별하기 어려운 경우도 있다. 즉, 중앙은행은 시장이 자신의 지침을 따를 것이라는 기대가 있을 때는 오피니언 리더가 되는 경향이 강하지만, 시장에 압도적인 충동이 이끄는 방향이 존재할 때는 시장의 실제적인 리드를 뒤따라가기 때문이다.

오해를 피하기 위해 굳이 말하자면 중앙은행은 당연히 비중 있는 시장 참여자이며, 중앙은행의 정책이 변화를 만들어내지 못하는 것은 아니다. 이와는 반대로 문제는 오히려 중앙은행 금리가 (중앙은행 화폐공급의 짧은 지렛대를 가지고) 전반적으로 균형 잡힌 화폐공급의 전개와 최적의 금리를 유도할 수 있는지, 아니면 중앙은행이 이런저런 확대해석과 금융적 및 신용적 과잉

---

261 (옮긴이 주) 다양한 방식으로 저금리를 강제하거나 저금리 환경을 조성하는 정부나 금융당국의 행위. 협의로는 인위적인 저금리 정책을 지칭하지만, 광의로는 정부의 금융시장 개입을 포괄한다.

행동을 유발하는 것은 아닌지에 있다.

1930년경 이후 통화정책 접근방식들이 계승되어온 과정은 갈수록 지배력을 강화해 온 은행화폐 체제를 길들이고자 하는 반복된 시도들이 실패해온 역사로 해석할 수 있다. 미국에서 1930~1940년대에 거론되었던 100% 지준금 접근방식은 화폐공급의 증가 또는 화폐적 신용의 확대에 대한 통제력 회복을 목적으로 구상된 것이었다. 이 구상은 그 목적과는 별 관련도 없는 분할 은행업 시스템(separate banking system)에 대한 정치적 선호로 인해 무산되었다. 그래서 통화정책으로는 오로지 금리 정책만 남았고, 은행화폐 체제의 확산과 더불어 그 정책 효과는 감소했다.

뒤이어 등장한 통화주의가 다시 화폐공급에 초점을 맞추었다. 그러나 지준금 포지션, 즉 은행이 사용할 수 있는 중앙은행화폐의 양을 통해 은행화폐 창조를 통제하려는 시도 역시 중앙은행 금리를 통해 더 큰 통제력을 확보하려는 시도와 똑같은 이유로 효과가 감소했다. 그것은 화폐공급의 구성에서 중앙은행화폐의 비중은 감소한 반면 은행화폐의 비중이 계속 증가해 은행화폐가 지배력을 장악했다는 사실 때문이었다. 중앙은행은 결국 그 당시에 시작되어 지금까지 계속되고 있는, 거칠게 말해서 '조건 없는 수용(unconditional accommodation)' 정책으로 말미암아 은행 부문의 부속기관으로 전락했다.

통화정책의 미약한 전달력은 미래의 중앙은행화폐, 즉 CBDC가 은행화폐를 대체해 화폐공급의 지배적인 구성요소가 되고 또 그럼으로써 중앙은행 금리가 실제로 지도 금리가 될 때 비로소 극복될 수 있다. 그러나 향후 그렇게 되었을 때조차 통화정책이 물가와 이자율의 수준을 결정해야 한다는 생각은 현실에서 관철되지 못하고 있듯이 그릇된 정책으로 이끌어갈 것이다.

통화주의는 화폐공급과 물가수준의 관계와 관련하여 단순하고 결정론적인 견해를 갖고 있었다. 이와는 반대로 중앙은행 수용주의 이론은 화폐 수량설을 통째로 기각하는 경향이 있었다. 그러나 화폐공급과 물가수준 사이에는 어떤 연관도 존재하지 않는다는 주장이 2021~2022년까지는 더 자주 들리곤 했지만, 사실 이 주장은 이론적으로도 경험적으로도 전혀 근거가 없다. 화폐 수량설이 근본적인 실체를 가지고 있다는 데는 의문의 여지가 없기 때문이다. 그러나 시급히 필요한 것은 이 이론을 최근 상황에 적합하게 차별화·상대화하는 것이며, 이러한 노력은 무엇보다 다음 세 가지 요소를 포함할 것이다.

첫째, 형식적으로 비활성화된 돈(예를 들어 M2/M3/M4 또는 이와 유사한 방식으로 집계된 통화량 지표에서 은행예금 형태를 취하는 돈)은 물론 실제로 비활성적인 돈(예를 들어 여분의 중앙은행 초과 준비금 형태를 취하는 돈)은 수요 견인 인플레이션(demand-induced inflation)에 전혀 영향을 주지 않는다. 따라서 이 돈들은 여기서 다루는 문제와는 관계가 거의 없다. "돈 뭉치들" 자체가 인플레이션을 유발하는 것은 아니다. 활발하게 유통 중인 돈만 고려해야 한다. 인플레이션은 구조적으로 유효수요가 실제 공급을 초과하는 정도만큼 발생한다. 그러나 수요 측면에 "돈 뭉치들"이 존재한다면 공급자들이 판매가를 인상하려는 유인을 가질 것임은 확실하다.

둘째, GDP 금융과 비 GDP 금융의 구별에 뒤따라 GDP에 영향을 주는 돈의 용도와 GDP에 영향을 주지 않는 돈의 용도가 구별될 수 있고, 더 나아가 실물경제 인플레이션(소비자 물가지수)과 자산 인플레이션도 구별될 수 있다. 그리고 소비자 물가상승과 자산 인플레이션의 관계를 좀 더 자세히 탐구하면 거시부문별 통화정책을 위한 중요한 함의를 얻을 수 있을 것이다.

셋째, 인플레이션 유발 요인으로는 화폐적 요인 외에 다양한 비화폐적 요인도 있을 수 있다. 비화폐적 요인으로는 주로 노동 공급, 노동자 숙련과 자질 또는 자원 공급, 에너지, 운송, 주거 등 요소 공급의 구조적인 부족이 거론된다. 이와 같은 문제는 잘 알려져 있지만, 통화정책으로는 대응하기 어려운 것으로 보인다. 예를 들어 요소 부족에 기인하는 인플레이션에 금리 인상으로 대응하면 당장 스태그플레이션으로 이어지고, 이로써 요소 공급 부족 상태는 해소되는 것이 아니라 오히려 악화할 것이다. 또한 금리 인상 조치는 반 인플레이션 대책으로 사용되는 경우는 줄어드는 반면 통화의 대외 환율과 관련해 더 자주 취해지는 경향이 있다.

통화정책이 물가와 금리의 동학에 미치는 영향력에 대해 지금까지 거론된 바는 중앙은행의 또 다른 주요 목적인 실물경제 발전과 고용에 대한 지원과 관련하여서도 준용될 수 있다. 통화정책을 통한 경제의 촉진과 관련해 애당초 좀 더 분명한 사실은 중앙은행이 경기변동의 완화에는 도움을 줄 수 있지만 정상적인 경우라면 그 변곡점을 통제하지는 못한다는 것이다.

유럽연합의 리스본 조약(TFEU 제127조)은 중앙은행의 경제정책 관련 과업을 물가 안정이라는 목표에 한정했다. 미국 등 많은 다른 나라들에서는 이처럼 목표들 간의 우선순위를 아예 설정하지 않는다. 어쨌든 의회와 정부 그리고 사법부 각자에게 그들이 할 수 없는 일을 기대할 수 없듯이, 이는 중앙은행에 대해서도 마찬가지이다. 화폐가 경제활동의 화폐적 기반임에는 틀림없지만, 이 사실로부터 화폐적 기반이 물가, 금리, 금융 사이클, 경기변동, 고용 수준을 결정적으로 통제할 수 있다는 결론을 도출할 수는 없다.

중앙은행은 자신이 부분적으로만 그리고 간접적으로만 영향을 줄 수 있는 일에 대해 일차적인 책임을 져서는 안 된다. 그러나 중앙은행은 자신이 할 수 있는 일, 즉 자신의 통화로 화폐를 창출해 경제에 충분히 그리고 적절한 방식으로 유통하게 만드는 일에는 완벽한 책임이 있다. 중앙은행의 가장 기본적인 과업은 사실 경제에 돈(소득이 아니라 유통하면서 소득을 창출하는 돈)을 공급하는 것이다. 이것이야말로 중앙은행이 할 수 있는 일이거나 포괄적으로 당연히 할 수 있어야만 하는 일이다. 그것은 화폐공급 또는 적어도 지배적인 본원화폐 공급량을 창조하는 일, 그리고 이를 위한 지급결제 시스템을 운영하면서 화폐 대용물들에 대한 밀착 통제를 유지하는 일이다. 오늘날 중앙은행들은 이런 일을 거의 하지 않고 있으며, 혹시 하고 있다 해도 시늉만 내고 있을 뿐이다.

　　중앙은행이 전체 화폐공급에서 CBDC가 지배적인 비중을 차지하도록 통제할 수 있다면, CBDC 공급의 완화/축소 또는 중앙은행 CBDC 금리의 인상/인하를 통해 시행하는 통화정책이 금융경제와 실물경제의 작동에 미칠 수 있는 영향은 지금보다 훨씬 더 효과적일 것이다. 물론 그럴 때조차 통화량 및 금리 정책이 모든 것을 결정할 수도 없고 또 결정하지도 않겠지만, 정책의 실효성만은 거둘 수 있을 것이다. 정책 효과가 어느 정도 전달되는가는 중앙은행화폐 공급이 일반적인 대중 회로에서 차지하는 비중뿐만 아니라 비 은행 금융과 은행 간 회로에서 차지하는 비중에도 달려 있다. CBDC의 양이 증가할수록 통화정책의 실효성도 커질 것으로 볼 수 있는 까닭은 전체 화폐공급에서 CBDC가 차지하는 비중이 커질수록 중앙은행 금리와 CBDC 수량이라는 두 개의 전달 지렛대 모두 그만큼 강력해진다는 데 있다.

8.2 중앙은행의 독립성—정부로부터는 물론 은행 및 금융으로부터

8.2.1 은행들의 은행? 국가의 은행?

통상적인 구별에 따르면 중앙은행은 '은행들의 은행(bank of the banks)'일 뿐만 아니라 '국가의 은행(bank of the State)'으로도 묘사된다. 이 점에서도 상황은 근본적으로 바뀌었다. 중앙은행은 1668년 스웨덴, 1694년 영국, 1800년 프랑스, 1816년 호주 및 다른 나라들에서 일단 '국가의 은행'으로 시작했다. 그 후 대다수 중앙은행은 왕과 군주에 대한 민간 대출자로서 국가 통화단위 표시 지폐의 유통을 담당하는 특권을 부여받았다. 그렇다고 해서 은행과 여타 민간 차입자에 대한 대출이 배제되지 않았음은 물론이다. 오늘날에는 이와는 정반대로 대다수 나라의 중앙은행이 국영 통화당국이 되었음에도 거의 전적으로 '은행들의 은행'으로 처신하며 정부지출의 직접적인 자금조달에는 거의 또는 사실상 전혀 기여하지 않는다.

이제 통화정책은 지난 금융위기들을 거치면서 이렇게 설정된 틀을 넘어설 정도로 변모했다. 한편으로, 중앙은행은 공개시장에서 국채의 대규모 매입을 통해 채권 보유 은행과 그림자은행에 재융자를 제공한다. 이로써 이미 채무로 조달된 정부지출 자금에 대해 간접적으로 재융자를 제공하는 셈이다. 중앙은행은 이런 일을 2008년 이전에도 오랫동안 해왔고, 2008년 이후에는 양적완화라는 위기 대응책을 통해 대규모로 확대 시행했다.

다른 한편으로, 중앙은행은 은행들의 은행 역할을 확대해왔다. 이제 중앙은행은 은행 부문에만 개입하는 것이 아니라 그림자은행과 민간 금융 부문 전체에 대해서도 직·간접적으로 개입한다. 시스템적 관련성을 가진 비 은행 금융기관의 유동성 및 상환능력을 보장하는 것이 중앙은행의 기능으로 추가된 것이다. 이러한 기능 확대는 법률이 아니라 사실에 의거해 이루어졌다. 그 사실이란 그림자은행이 은행화폐로 그리고 부분적으로는 은행화폐 기반 새로운 화폐 대용물로 사업을 하며, 그 사업 규모가 은행의 그것에 비해 동등하거나 심지어는 훨씬 능가한다는 것을 말한다.

이러한 중앙은행의 역할 확대라는 시각에서 보면 중앙은행은 '민간 금융의 은행(bank of private finance)'일 뿐만 아니라 간접적으로는 당분간 '공공 금융의 은행(bank of public finance)'이라고도 말할 수 있다. 은행화폐가 존재하는 한 중앙은행은 은행들의 은행—은행 부문을 위해 부분 준비금을 재융자한다는 의미에서—역할을 계속할 것이다. 중앙은행의 (재)융자 제도에 적격한 금융기관의 범위는 시간의 흐름과 더불어 확대되어왔다. 이와 마찬가지로 CBDC를 대중 회로에 배포하는 것도 은행만의 일이 될 것으로 보이지는 않는다. 은행화폐가 지배력을 상실함으로써 은행의 이런 종류의 특권도 지속되지 않을 것이다.

'민간 금융의 은행'이나 '공공 금융의 은행' 같은 표현이 중앙은행은 모든 사람과 사물을 대상으로 하는 보편적인 대출기관이어야 한다는 것을 의미하는 것으로 오해해서는 안 된다. 그렇지 않다는 것은 확실하다. 유일한 쟁점은 중앙은행의 제한된 '화폐적' 임무이다. 중앙은행은 자신의 통화를 관리하고 경제 전체에 최적의 화폐량을 공급할 책임이 있다. 중앙은행화폐가 신용과 채무라는 방식으로 유통 속에 주입되고 있는 한, 이 주입은 은행에 대해 그리고 적절한 경우 비 은행 금융기관과 정부기관에 대해서도 중앙은행 신용을 제공하는 방식으로 이루어질 뿐만 아니라 공공 채권과 때로는 민간 채권을 맨 먼저 직접 구매하거나 이차 공개시장에서 간접 구매하는 방식으로 이루어진다.

중앙은행의 신용은 본원화폐 신용으로서 그 신용은 본원화폐의 양을 증가시키지만, 중앙은행 신용의 상환은 본원화폐의 양을 감소시킨다. 본원화폐는 중앙은행이 '통화'정책상 이유로 적절하다고 생각하는 양만큼 현금, 준비금 및 CBDC 형태로 존재해야 한다. 그 외의 모든 일은 은행, 그림자은행 및 여타 금융기관을 망라하는 화폐시장과 자본시장 일반의 대출 및 투자 활동에 맡겨져야 한다. 특히 이 활동이 중개적 신용(intermediary credit)과 관련된 것이라면 더욱 그러하다. 중앙은행은 통상적으로는 이들 시장에 참여하지 않으며, 참여하는 경우에도 공개시장 운영의 경우에서처럼 기껏해야 통화정책상 필요한 만큼만 참여할 것이다. 그럼에도 불구하고 중앙은행은 민간 주체가 '화폐적' 신용(monetary credit), 즉 보장과는 무관하게 화폐 대용물(당연히 은행화폐를 포함함―옮긴이)을 창조하는 방식으로 신용을 제공하는 경우에 대해서는 필요하다고 판단하면 간접적으로는 물론 심지어 직접 개입하는 권한을 보유해야 한다.

8.2.2 재정 및 예산 기능으로부터의 독립

M1에서 CBDC가 차지하는 비중이 유의미한 수준에 도달하면 중앙은행화폐와 통화정책의 화폐적 결정력은 지금보다 더 커질 것이다. 그런데 이미

오늘날에도 중앙은행의 역할 증대라 하면 거의 반사적으로 과도한 권력을 휘두르는 관료적인 비히머스(behemoth)²⁶²의 이미지부터 떠올리는 비판적인 논자들이 있다. 그러나 리바이어던(leviathan) 같은 통화당국이라는 이미지는 물론 중앙 금융 '계획' 당국이라는 이미지조차 비현실적인 투영의 산물이다. 중앙은행의 역할은 종종 공공 금융에 대한 비판과 연계해 과장되거나 부분적으로 왜곡되는 반면, 은행 부문의 결정적인 역할과 비 GDP 금융의 특수한 역할은 경시되거나 묵살되는 경향이 있다.

CBDC가 높은 비중을 차지하게 되는 경우 그리고 실제로 중앙은행이 화폐 발행을 독점하게 되는 경우에조차 중앙은행은 특수한 지침을 내리는 권한을 갖지는 않을 것이다. 중앙은행은 경제의 '화폐적' 틀(monetary framework of the economy)을 구축하는 데 초점을 두어야 한다. 이 점에서 중앙은행들은 공동 책임이 있다. 그러나 당연한 일이지만 이것은 지침을 통한 직접적인 개입에 관한 것이 아니라 화폐적 틀의 구축을 통한 거시경제의 화폐적인 조건(monetary macro-conditioning) 설정에 관한 것이다. 중앙은행이 자국 통화와 이 통화로 표시된 화폐에 대한 권한을 가지는 것은 당연한 일이지만, 이 권한을 넘어서 중앙은행, 민간 금융기관 및 공공 금융 간의 필요하고도 바람직한 상호작용의 공간을 침해해서는 안 된다.

국가 권력기관들 간의 견제와 균형의 원리에 입각한 입헌 국가에서 중앙은행의 국가적 지위는 그 독립성 못지않게 확립되어 있다. 이 점은 역설적으로 보일 수도 있지만 사법부의 독립성에 비견될 정도로 완벽한 일관성을 가진다. 현대 화폐와 중앙은행이 이룬 발전을 고려할 때 중앙은행을 예를 들어 재무부처 내부의 상위 당국처럼 행정부의 한 부서로 간주하는 것은 더 이상 적절치 않다.

중앙은행이 일국의 화폐 주권을 행사하는 통화당국으로서 행정부와

262　(옮긴이 주) 성서에 나오는 거인 또는 거수.

입법부 그리고 사법부 다음가는 사실상의 제4부로 되어 가고 있다는 사실은 갈수록 분명해지고 있다. 이러한 기능을 수행하는 통화당국이라면 사법부 못지않은 독립성을 가져야 마땅하다. 중앙은행의 독립성은 통화정책 관련 문제 전반 그리고 특히 화폐 창조와 총 화폐공급 통제 관련 문제들과 연관이 있다. 이 문제들을 다룸에 있어서 중앙은행은 정부의 지시를 받아서는 안 되며, 중앙은행의 목적과 권한 그리고 법률로 충분히 자세하게 규정된 과업을 기반으로 통화정책 관련 결정을 독자적으로 내릴 수 있어야 한다. 하지만 아직은 중앙은행 활동의 법적 기반이 충분히 다듬어져 있지 않은 상태이다. 물가 안정을 일차적인, 심지어는 유일무이한 목표로 설정하는 것 그리고 이 목표에 무엇이 포함되고 무엇이 포함되지 않는지, 어떤 수단으로 이 목표를 달성할 것인지를 중앙은행 집행이사회의 자의적인 해석에 맡겨두고 있는 것은 적절한 법적 장치가 아직 완비되지 않았음을 말해준다.

중앙은행이 정부 특히 재무부처로부터 화폐적 독립성을 누린다는 것은 두 기관 간의 역할 분담을 전제하는 것이다. 중앙은행은 '화폐' 관련 책임을 지는 대신 '재정'과 '예산' 관련 권한을 아예 갖지 않으며, 정부지출의 자금조달에 대해 어떤 공동책임도 지지 않는다.[263] 재정 관련 책임은 오로지 정부와 의회의 몫이다. 정규의 정부지출 자금은 세금, 벌과금, 기타 세입 및 차입을 통해 조달된다. 중앙은행에 의한 화폐적 재정조달(monetary financing)[264]이 정부지출에 일정한 역할을 할 수는 있지만, 이 역할은 건전 재정을 위해 제한적으로만 그리고 예산 및 재정정책이 아니라 통화정책에 의거하여 수행되어야 한다.

통화정책은 '화폐적으로' 결정되어야 하고, '화폐적 지배(monetary

---

263 다음도 참조하라, Buiter(2007, 2014b).

264 (옮긴이 주) 중앙은행이 발권력을 행사하여 정부의 재정자금을 조달해주는 행위로서 보통 중앙은행에 의한 국채의 직접 인수를 지칭한다. 중앙은행이 국채시장에서 국채 보유자들로부터 국채를 사들이는 경우는 간접적인 화폐적 재정조달로 볼 수 있다.

dominance)'의 원칙에 부합해야 한다. 이 말은 사소한 것도 동어반복도 아니다. 그 명시적인 의미는 통화정책이 '재정적 지배(fiscal dominance)' 하에 놓여서는 안 되며, 좋든 나쁘든 공공 금융에만 일방적으로 봉사해야 한다는 것이다. 그리고 통화정책은 일방적으로 '은행 부문'의 지배하에 놓이거나 좀 더 일반적으로 '금융시장'의 지배하에 놓여서도 안 된다.

중앙은행이 통화정책을 독립적이고 화폐적으로 결정해야 한다고 해서 중앙은행이 대 정부 신용 제공이나 미래에 적용될 수도 있는 진성 시뇨리지의 재무부 이전 같은 일을 해서는 안 된다는 것은 아니다. 중앙은행이 외환거래, 대 은행 재융자 및 공개시장 거래를 통해 얻는 이윤—즉, 이자부 시뇨리지—을 재무부로 이전하는 것은 정당한 일이다. 중앙은행의 신용 제공 활동과는 무관하게 중앙은행이 주권화폐 창조로부터 얻는 이득—즉, 진성 시뇨리지—은 다른 어떤 용도도 가질 수 없다. 여기서 핵심은 본원화폐 신용과 진성 시뇨리지에 관한 결정은 내각이나 의회가 아니라 중앙은행이 스스로 내린다는 데 있다. 화폐공급에서 CBDC의 비중이 증가함에 따라 중앙은행이 주권화폐 창조에서 얻을 수 있는 이득—이자부 시뇨리지든 진성 시뇨리지든—도 커질 것이다.

중앙은행은 독립적인 통화정책의 틀 속에서만 특수한 방식으로 공공 금융에 기여할 수 있고 또 기여해야 마땅하다. 이 특수한 방식에는 시뇨리지 외에 중앙은행이 재무부에 제공하는 상당한 규모의 당좌대월 프로그램도 포함된다. 또 다른 방식은 중앙은행이 신규 발행 국채의 제한된 일부를 직접 인수하는 것이다. 이 방식은 중앙은행에 의해 순전히 화폐적인 고려사항을 기반으로 공식적으로 규정된 틀에 맞추어 제한적으로 사용되어야 한다. 이 고려사항에는 얼마나 많은 중앙은행화폐를 유통에 주입할 것인지 그리고 이를 위해 어떤 채널을 사용할 것인지에 관한 결정이 포함된다. 그리고 긴급 상황에 대비하기 위한 예외조치도 마련되어야 한다.

예산 및 재정 관련 책무와 화폐 관련 책무의 분리는 중앙은행이 정부

프로그램 실행 자금을 조달해주거나 통화정책을 정부 정책의 특수한 목적에 연계해야 할 의무가 없다는 것을 함의한다. 이 특수한 목적이 예를 들어 아무리 사회적으로나 환경적으로 또는 기술적으로 공익을 위한 목적이라 해도 그러하다. 상당수의 시민 캠페인이 '녹색 통화정책' 또는 심지어 예를 들어 조건 없는 기본소득이나 에너지와 농업 분야의 환경 개선 프로그램을 위한 자금조달에 중앙은행이 공동으로 참여할 것을 요청하고 있다.[265] 만약 그렇게 되면 중앙은행은 내각과 의회의 책임에 너무 많이 얽혀들게 되고, 자본시장에도 지나치게 관여하게 될 것이다.

물론 '정부'는 자체 프로그램의 소요자금을 조달하기 위해 중앙은행 신용과 시뇨리지를 이용할 수 있다. 왜냐하면 화폐의 창조와는 달리 화폐의 사용은 시장과 정부가 해야 할 일이며, 거시 프레임워크의 경계선에 걸치는 몇몇 경우를 제외하면 원칙적으로 중앙은행이 해야 할 일은 아니기 때문이다. 또한 이 점은 중앙은행이 주권화폐 창조로부터 얻는 이자부 시뇨리지와 진성 시뇨리지를 무엇을 위해—예를 들어 경상지출, 공공채무 감축, 감세, 시민 배당금 또는 기후 대책—사용해야 하는가라는 대중적인 질문에도 적용된다. 그러나 이 모든 것은 여전히 의회와 정부의 내각이나 관련 부처가 해야 할 일이다. 법원이 부적절한 입법을 보완하기 위해 존재하는 것이 아닌 것처럼 중앙은행은 정부가 충분히 수행하지 못하는 과업을 대신 떠맡기 위해 존재하는 것은 아니다.

8.2.3 은행과 금융으로부터의 독립

중앙은행 독립성이 가진 또 다른 차원은 은행 부문 및 민간 금융 일반과의

---

265 보편적 기본소득을 위한 자금을 조달하기 위해 중앙은행의 화폐 창조를 사용하는 방법에 대해서는 Crocker(2020, pp. 42~68)를 참조하라. 녹색 통화정책에 대해서는 Jourdan and Beckmann(2021) 그리고 Jourdan and Kalinowski(2019)를 참조하라.

관계에서의 독립성이다. 중앙은행은 정부로부터 독립적이어야 하듯이 이들로부터도 독립적이어야 한다. 그러나 오늘날의 은행화폐 체제에서 중앙은행이 은행 부문에 대해 그리고 지금은 그림자은행에 대해서도 독립적으로 행동한다고 보는 것은 그야말로 환상에 지나지 않는다. 중앙은행이 은행 부문의 부속기관이라는 굴레를 스스로 짊어졌다는 것은 틀린 말이 아니다. 화폐 발행 주도권은 거의 전적으로 은행에 주어져 있다. 은행이 먼저 화폐 관련 현실을 만들어내고, 중앙은행은 이 현실을 수용하는 것 외 다른 선택지가 없다. 그러나 중앙은행이 계속 이런 상황에 머물러 있을 수는 없을 것이다. CBDC와 함께 그리고 아마 스테이블코인과도 함께 화폐공급의 구성이 재편되는 만큼 은행과 중앙은행 간의 연계는 느슨해질 것이고, 총통화공급에서 중앙은행화폐의 비중이 커질수록 이 연계는 더욱 느슨해질 것이기 때문이다.

은행 및 민간 금융의 당면한 요청들로부터 통화정책의 독립성을 확보하는 것 역시 그에 상응하는 기능 분담을 내포한다. 이 기능 분담은 '통화정책' 기능(외환정책 포함)과 '일반적인 신용 및 금융시장' 기능 사이에서 이루어진다. 이 점에서 현재 관련 경계선들은 흐릿하기 짝이 없다. 왜냐하면 먼저 화폐적 측면에서 보면, 오늘날 화폐적 신용(중개적 신용과 구별되는)의 방식으로 시행되는 화폐 창조가 이 특권을 가진 중앙은행에 의해서뿐만 아니라 주로 은행 그리고 제3층 화폐 대용물 및 암호화폐 발행자들에 의해서도 이루어지고 있기 때문이다. 다음, 금융적 측면에서 보면, 중앙은행은 일반적인 신용 및 금융시장에 항상 개입할 수밖에 없는 처지에 놓여 있다. 중앙은행의 공개시장 운영이 화폐적 이유로 필요하다 해도 이는 채권시장에 개입하는 것에 다름 아니다. 중앙은행이 일반 신용 및 금융시장에 개입할 수밖에 없는 또 다른, 확실히 유일하게 예외적인 이유는 2008년 이후와 같은 위기상황이다. 양적완화 조치는 민간 금융과 공공 금융 전체의 안정화를 위해 채택되었다. 이 사례에서 은행가, 금융시장 및 금융 부처 모두 명백히 무상의 지원을 제공한 중앙은행이라는 '비히머스'에 대해 너무나 만족했다는 사실이야말로 진짜 아이러니가 아닐 수 없다.

중앙은행은 화폐공급의 거시적인 관리에 책임을 지며 또 그래야 마땅하다. 그런데 현행 시스템은 화폐 창조가 은행 부문과 여타 화폐 대용물 발행자의 대출 및 투자 활동과 밀접하게 연계되어 있다는 점에서 화폐와 신용의 그릇된 동일시에 바탕을 두고 있다. 중앙은행은 화폐 영역 전반에 대한 거시적인 통제를 유지해야 한다. 그런데도 지난 수십 년을 거치는 사이에 실제로는 화폐적 통제가 중앙은행의 과업에서 사라져버렸다. 이 역시 주로 화폐와 신용의 그릇된 동일시에 기인한다. 이처럼 화폐와 신용이 야누스의 두 개의 얼굴처럼 결합되어 있는 한, 중앙은행에 의한 화폐공급의 통제는 민간 기관의 화폐적 신용 확장뿐만 아니라 이와 동시에 또 다른 방식으로 이루어지는 민간 화폐 발행 같은 금융 활동도 통제할 때 비로소 가능해질 것이다. 사람들은 당연히 중앙은행에 의한 이토록 광범한 금융 통제를 바라지 않을 것이므로 민간 신용/채무 화폐의 일반화라는 조건 하에서는 중앙은행이 화폐공급 전반에 대한 통제권을 상실할 수밖에 없는 것이다.

이러한 이유로 현재의 조건에서는 화폐적인 것과 금융적인 것을 구별하기는 상당히 까다로운 일일 수 있다. 그렇지만 적어도 중앙은행이 본원화폐 공급, 중앙은행 금리 설정, 총 화폐공급에 대한 거시적인 통제에 기반을 두는 통화정책에 책임을 진다는 점까지는 일단 화폐적인 것으로 분류할 수 있다. 이와는 반대로 중개적 화폐시장은 물론 자본시장과 금융경제 일반도 기본적으로 중앙은행의 사업 영역은 아니다. 그러나 중앙은행화폐가 (채무 없는 진성 시뇨리지 방식이 아니라) 대출이나 국채 매입이라는 방식으로 발행된다면, 중앙은행은 특히 국채시장에서 부분적으로 자본시장 행위자로 남아 있을 것이다.

신용은 금액, 만기, 이자율 및 상환 조건과 연계된다. 더욱이 신용은 (당좌대월의 경우는 제외) 거의 언제나 특정한 용도에 결박된다. 은행과 그림자은행이 이처럼 신용에 용도를 표시하는(earmarking) 것은 이른바 은행의 계획경제(planned banking economy)로 간주되지는 않는다. 중앙은행 신용의 경우에도 대 은행 대출이 거시경제 부문(GDP 금융과 비 GDP 금융, 민간 금융과 공공 금융)을 지칭하는 거시-구조적인 용도와 연계될 수 있다. 그러나 이는 여전히 경제의 화폐적 틀 짜기의 조건과 관련된 것이지 일종의 중앙계획으로 볼 수는 없다.

중앙은행 신용을 결박하는 거시적 조건 설정의 한 사례는 유럽중앙은행의 '목표설정형 장기 재융자 프로그램'(TLTRO)이다. 이 프로그램에서 은행은 실물경제에 기여하는 지출 및 투자 자금조달용 대(對) 기업 대출에 대해서만 특혜성 재융자를 받을 수 있다. 이처럼 특정한 용도에 결박된 중앙은행 대출 총액은 2021년 중엽에 2.2조 유로에 달했다.[266] 이 프로그램은 특히 '실물경제를 위한 양적완화' 정책의 성공적인 부분으로서 양적완화 정책의 나머지 부분들처럼 '비 GDP 금융을 위한 양적완화'로 전락하지 않을 수 있었다.

이 원칙은 녹색 TLTRO, 즉 에너지, 농업, 운송, 건설, 광업, 물 관리 등 환경 현대화에 공헌하는 은행 대출의 재융자에도 적용될 수 있다.[267] 이러한 프로젝트에 자금을 제공하는 것은 은행과 그림자은행이며, 중앙은행은 단지 거시부문별 기준에 의거하여 특혜성 재융자 조건을 제시할 뿐이다. 녹색 TLTRO의 경우에는 경제의 여러 하위부문에 광범하게 걸쳐 있는 환경경제에 특혜성 자금을 제공한다. 그러나 중앙은행은 이러한 거시 구조적인 면에서의 특수한 요건을 넘어서까지 은행과 여타 금융기관의 대출과 투자 활동에 영향을 주어서는 안 된다.

---

266 Barbiero et al.(2021).

267 Cf. van't Klooster and van Tilburg(2020) 그리고 Jourdan et al.(2021). 유럽중앙은행 총재 라가르드(Chr. Lagarde)는 녹색 TLTRO를 지지하는 입장을 분명히 밝혔다.

8.3 반응적인 통화정책의 준거 변수와 수단

주어진 상황에 반응하며 불필요할 정도로 수용적일 수 있는 통화정책을 고찰함에 있어 다음 세 가지 측면을 나누어볼 수 있다. 그것은 (1) 적절한 준거 변수(reference variables)와 (2) 통화정책의 유형(type) 그리고 (3) 그 수단(instrument)이다.

준거 변수에는 화폐 및 금융 안정, 경제발전 및 고용에 관한 일군의 변수가 포함된다. 통화정책 관련 조치는 이 핵심 변수들의 변동을 분석하고 평가한 결과의 산물이다. 그동안 중앙은행은 이 변수들과 관련된 쟁점 그리고 지표의 범위는 물론 사용할 수단의 범위도 확장할 수밖에 없다는 것이 분명해졌다. 그러나 유럽중앙은행은 유럽연합 법률이 화폐 및 금융 안정과 양립 가능한 범위 내에서 경제정책 지원 활동을 허용하고 있음에도(TFEU 제127조) 스스로 자신의 임무를 소비자 물가 안정에 한정했다. 반면, 미국의 연준은 경제정책을 위한 화폐적 지원에 훨씬 더 큰 방점을 둔다.

통화정책의 가장 중요한 준거 변수로는 다음과 같은 것들이 있다.

- 통화의 대외 환율
- 실물경제 물가수준
- 이자율
- 경기변동과 실물경제 성장, 구조 변화와 고용
- 자산 가격
- 금융 사이클 그리고 자산 인플레이션 및 거품의 가능성.

화폐공급 또는 통화량은 준거 변수가 아니다. 통화정책은 화폐공급을 목표로 삼으면 '안' 된다. 이 말이 직관에 반하는 것처럼 들릴 수 있지만, 화폐공급 자체는 목표, 즉 달성해야 하는 목적이 아니라 통화정책의 '수단,'

즉 목적 달성을 위한 방법이기 때문이다. 화폐공급은 어떤 이유와 요인들이 가져다주는 결과임에 틀림없다. 적절한 통화량을 예측하거나 사전에 설정하려고 애쓰는 것은 쓸데없는 일이다. 그런 일은 통화주의의 기본적인 오류를 저지르는 것일 뿐만 아니라 새로운 금본위제를 요청하는 것이기도 하다. 경제 상황은 항상 변하게 마련이다. 통화정책은 공급 및 수요의 동학이 때로는 경기 순응적으로 때로는 확실하게 경기 역행적으로 항상 변동한다는 사실을 유연하게 고려할 수 있어야 한다.

아주 오랫동안 중앙은행들은 공식적으로는 자산 가격의 변동과 비 GDP 금융이 통화정책과 특별한 관련이 있다고 보지 않았다. 중앙은행들이 자산 가격의 폭등을 예의 주시해왔음은 확실하지만, 금융 사이클에서 나타나는 과도한 화폐공급에 대해 특별히 그리고 명시적으로 반응했던 적은 없다. 경제학과 통화정책은 금융 사이클과 실물경제의 경기 사이클이 상대적으로 서로 독립적일 수 있으며, 이 두 개의 사이클이 항상 공시적으로 전개되지는 않는다는 사실을 반영해야 마땅함에도 여전히 그렇게 하지 않고 있다. 이러한 사정은 2008년 이후의 위기 대응책을 계기로 다소 바뀌고 있다. 자산 가격과 금융자산의 양이 화폐 및 금융 안정과 매우 긴밀한 연관을 가진다는 사실이 분명해졌기 때문이다.

자산 인플레이션까지 고려하기 위해서는 좀 더 광범한 분석 도구가 필요하다. 그중에는 거품 형성을 포착하는 경험적인 방법처럼 당장 이용할 수 있는 도구도 있지만, 경제의 화폐적 흡수 능력(monetary absorptive capacity)과 금융적 시행 능력(financial carrying capacity)의 한도를 결정하는 방법처럼 새로 개발해야 할 도구도 있다.

준거 변수는 먼저 지표로 이해되어야 한다. 이 지표는 달성해야 하는 목표치로서 잠정적으로만 정량화될 필요가 있다. 해당 변수들은 항상 변하기 마련이기 때문이다. 정량화된 목표를 설득력 있게 입증할 수 없고 그 달성을 확실하게 약속할 수도 없는 상황에서 통화정책은 목표치 달성을 위한 '정확하게' 측정된 정책을 내세움으로써 스스로를 곤란한 처지에 빠뜨려선 안 된다. 이는 수학자이자 컴퓨터 과학자인 존 본 노이만(John von Neumann)이 "확실하게 틀리는 것보다는 대충 맞는 것(about right rather than exactly wrong)"을 선호했던 이유이기도 하다.

통화정책 관련 준거 변수들은 부분적으로 서로 상충하기도 하므로 적절한 비교평가가 요청되기도 한다. 통화정책 결정 이사회는 변수들의 동학에 관한 상시적인 분석과 평가를 기반으로 화폐공급을 늘릴 것인지 아니면 줄일 것인지, 어느 정도 늘리거나 줄일 것인지 그리고 금리와 통화량 중 어느 것을 택할 것인지를 결정해야 한다. 변수들의 동학은 수학적으로 계산할 수 없으며 알고리즘으로 시뮬레이션해볼 수도 없다. 설사 그렇게 할 수 있다 해도 적어도 그 결과를 신뢰할 수는 없다. 통화정책 역시 있을 법한 것(the possible)을 추정하는 기법의 하나로서 확실히 전문가를 필요로 하지만, 그렇다고 해서 기술관료에 의해서만 수행되어야 하는 그런 직무는 아니다. 그런데도 사람들이 종종 그렇게 생각하는 것은 이 문제의 복잡하고 정치적인 본성을 잘못 판단하기 때문이다. 그러나 중앙은행은 자신의 결정과 이를 위해 숙고한 내용을 공개적으로 설명할 의무가 있다. 아마 추정컨대 대중은 "2% 안팎의 인플레이션"처럼 얼핏 구체적인 것처럼 보이지만 실제로는 정확한 실행이 어려운 추상적이고 물신적인 목표치보다는 그러한 숙고가 가진 의미와 목적을 더 잘 이해할 것이다.

인플레이션률은 확실히 언제나 중요한 관심사였다. 1970년대에 토빈(J. Tobin)은 특히 고용과 경제성장을 고려해 약 3%라는 '유연한(grease)' 인플레이션률을 권장했다.[268] 그러나 1980년대 말 이전까지는 목표 인플레이션률이라는 게 없었다. 그 사이에 중앙은행들은 '정확하게' 특정된 목표 인플레이션률—일반적으로 2% 소비자 물가 인플레이션(CPI)—을 설정한

---

268 Tobin(1972).

뒤, 이를 기준으로 실제 측정된 인플레이션률을 평가했다. 이와 동시에 중앙은행들은 사전적으로든 사후적으로든 목표 물가와 금리 수준이 안정적으로 달성될 수 있도록 만들 수는 없다.

그 대신 중앙은행이 확실하게 할 수 있어야 하는 일은 앞서 언급된 매개변수들(parameters)에 주목하면서 중앙은행 금리와 이에 반응하는 본원화폐 공급 중 어느 하나 또는 둘 다를 조정하는 것이다. 중앙은행은 한편으로는 본원화폐 공급을 통해 (이로써 금리에도) 영향을 줄 수 있을 뿐만 아니라 다른 한편으로는 중앙은행 금리를 통해 (이로써 통화량에도) 영향을 줄 수 있다. 그러나 1980년대 이후 중앙은행은 화폐공급 통제 노력과 통화량 정책 시행을 포기했다. 은행화폐가 지배력을 행사하고 시스템을 결정하고 있는 한, (지준금 포지션을 통한) 전통적인 통화량 정책은 실행 불가능한 것으로 되었고 금리 정책의 효과도 제한적이었기 때문이다.

2008년 이후로 시행되어온 국채 매입과 이에 따른 은행의 지준금 범람은 물론 증권을 판매한 그림자은행의 은행화폐 범람은 사실상 대규모 통화량 정책을 대변한다. 그렇지만 이것은 일종의 자포자기적 성격의 '비전통적인' 조치였다. 그러나 전통적인 통화정책이라는 조건 하에서도 CBDC의 공급 증가는 통화량 정책의 중요성을 다시 부각시킬 것이 틀림없다. 지배적인 화폐가 된 CBDC의 공급과 더불어 두 가지 접근방식―중앙은행 금리와 CBDC 통화량 정책―모두 기본적으로 실효성을 가질 것이기 때문이다.

중앙은행이 자국 통화로 화폐를 공급하는 것은 굳이 말하자면 중앙은행의 핵심 사업이다. 이는 사실의 문제이지 규범적인 금언이 아니다. 중앙은행화폐 창조와 이에 수반되는 중앙은행 금리 설정은 중앙은행이 확실하게 할 수 있는 일이며, 이러한 통화정책은 총 화폐공급에서 CBDC의 비중이 커질수록 더 큰 효과를 거둘 수 있다. 통화정책의 도구 세트는 이미 주어져 있다. CBDC의 비중이 증가함에 따라 중앙은행이 사용하는 수량 및 이자 입찰, 상설 신용 프로그램 및 공개시장 운영 등 정책수단의 효과는 증대한다. 이 정책수단은 은행에 신용 프로그램을 제공하고 은행 및 여타 금융기관으로부터 국채를 매입할 뿐만 아니라 재무부에 대출하고 재무부 채권을 직접 인수하는 것으로 확장될 수 있다.

8.4 화폐적 재정조달, 국가채무의 중립화, 헬리콥터 화폐

8.4.1 정부지출의 화폐적 재정조달

2008년 위기 대응책으로 시작된 화폐적 재정조달은 그 후로도 계속되고 있다. 화폐적 재정조달이란 정부지출 자금조달에 중앙은행이 기여하는 것을 의미한다. 최초의 제안자 중에는 당시 영국 금융당국(British Financial Services Authority) 수장인 터너(A. Turner)와 런던 소재 신경제재단(New Economic Foundation)이 있다.[269] 사실 화폐적 재정조달은 이미 1930년대의 대공황과 제2차 세계대전을 극복하기 위해 실행된 바 있었다.

실제로 2008년 이후 중앙은행은 은행, 투자펀드 및 보험회사가 이미 보유 중인 국채를 대규모로 매입함으로써 정부지출에 간접적으로 그리고 사후적으로 기여하기 시작했다. 이러한 수용할 수 없는 실천을, 직접적인 화폐적 재정조달을 금지하고 있는 TFEU(리스본 조약) 제123조를 위반한 불법행위(non-statutory transgression)로 선언하려던 시도는 유럽사법재판소(European Court of Justice)에서 기각되었다.

화폐적 재정조달 메커니즘은 정부가 신규 국채를 발행해 자금을 조달하고, 그 즉시 중앙은행이 이 국채의 일부를 그 보유자들에게서 사들이는 것이다. 이러한 재무부(채권 발행으로 조달한 자금의 정부지출)와 중앙은행(공개

---

[269] Cf. Turner(2016, pp. 227~240), Buiter(2014a), Buiter and Kapoor(2020), Jackson and Dyson(2013), Ryan-Collins(2015), 그리고 Ryan-Collins and van Lerven(2018).

시장에서의 국채 매입을 통해 은행과 그림자은행이 국채 매입용으로 조달한 자금을 재융자하는 것)의 파소 도블레(paso doble)[270] 덕분에 정부는 언제든지 원하는 금액의 돈을 사용할 수 있게 된다. 이로부터 정부는 자국 중앙은행의 도움을 받아 국내통화로 차입할 수 있기 때문에 채무불이행에 빠질 이유가 아예 없다는 결론이 나온다. 물론 이 결론을 무제한 채무 만들기(unrestrained debt-making) 허가증으로 오해해서는 안 된다. 만일 그렇게 한다면 인플레이션율이 폭등하고, 통화의 대외 가치가 파괴되고, 결국 나라 전체가 파산할 수도 있기 때문이다.

중앙은행이 공개시장에서 국채를 매입할 때 재융자 대상은 채권 보유자이지 재무부가 아니다. 이와는 달리 화폐적 재정조달은 엄격히 말해서 정부지출에 중앙은행이 '직접' 공헌하는 것을 의미한다. 이때 사용되는 방식은 중앙은행의 대 정부 상설 당좌대월 프로그램이나 여타 신용 프로그램 또는 국채의 직접 매입일 수 있다.

중앙은행이 국채를 매입하면 정부의 대 민간 채무는 그만큼 감소한다. 국채가 자국 중앙은행에 의해 보유되면 이자율은 기본적으로 무의미해진다. 왜냐하면 재무부가 중앙은행에 지급하는 이자는 중앙은행의 영업수익이 되고, 이 수익은 재무부로 환급되기 때문이다. 그럼에도 재무부는 국채 만기가 도래하면 중앙은행에 원금은 상환해야 한다. 만약 원금 상환이 이루어지지 않는다면, 중앙은행은 그만큼 손실을 보게 되고 조만간 자본잠식(negative equity) 상태로 운영할 것이다.

8.4.2 국가채무의 무력화

재무부가 채무 원금의 상환 대신에 선택할 수 있는 방법은 만기 채무의 차

---

[270] (옮긴이 주) 파소 도블레는 스페인 투우장에서 행진곡에 맞추어 추는 춤이다. 여기서는 재무부와 중앙은행이 함께 춤을 추듯 협력한다는 것을 의미한다.

환(revolving)이다. 이것은 재무부가 만기 채권을 상환함과 동시에 신규 채권을 발행하고, 중앙은행이 공개시장에서 그중 일부를 사들이는 방법이다. 중앙은행이 취할 수 있는 훨씬 더 원대한 방법은 만기 도래 국채를 만기 없는 무이자 채권인 '무이자 영구채권'(zero-coupon perpetual consols)으로 차환하는 방법이다.

이렇게 해서 중앙은행 재무상태표에 등재된 무이자 영구채권은 상환되지 않고 마치 얼음 속에 응고된 것처럼 무력화(neutralisation)된다. 이 채권은 국가의 중앙은행에 대한 채무임과 동시에 중앙은행의 대 정부 청구권이자 중앙은행의 화폐적 재무상태표 상의 부채(monetary balance-sheet liability)(=중앙은행화폐)로 남게 된다. 이처럼 응고된 정부채무액에 상응하는 양의 중앙은행화폐가 줄어들지 않고 경제 속에서 계속 유통한다. 은행, 펀드 및 개인이 사적으로 보유하고 있는 국채는 손실을 보지 않으며, 발행 조건에 따라 이자를 수령한다. 장기적으로 채무 총액의 실질 가치는 감소하는데, 이는 연간 물가상승률이 상대적으로 낮은 수준이라 해도 장기적으로는 물가가 상승할 것으로 전망되기 때문이다. 미국의 경우 1835년 이후 국가 채무의 절대액이 줄었던 적은 단 한 해도 없다.

기본적으로 공공채무의 차환뿐만 아니라 그 무력화(응고)는 무한히 계속될 수 있다. 이는 적어도 공공채무가 지나치게 늘어나지 않고, 인플레이션이 완화된 상태를 유지하고, 교조적 경제학자들이 이에 대해 너무 흥분하지만 않는다면 가능한 일이다. 1980~1990년대 이후의 일본이 그러하고, 일본보다 정도는 좀 덜하지만 좀 더 긴 기간 동안 미국이 그러하다. 마찬가지로 유로화 도입 이전의 몇몇 유럽 나라들이 그러했고, 유럽중앙은행도 2009~2010년 이후에는 국채를 매입해왔다. 2018년에 자국 중앙은행 보유 국채의 비중은 미국이 25%, 일본은 50%였다. 장기(10~30년) 국채의 경우에는 이 비중이 확실히 더 높았다. 2020년부터 시작된 코비드-19 팬데믹과 2022년 2월에 개시된 러시아의 우크라이나 침략 전쟁으로 인해 추가적인 정부지출이 이루어진 결과 중앙은행들의 국채 보유액은 다시 급증했다. 그 이후 발행된 신규 국채의 약 50~75%가 해당국들의 중앙은행에 의해 즉각 매입되었다.271

이렇게 보면 화폐적 재정조달 요청은 이미 오래전부터 수용되어왔음을 알 수 있다. 국채에 대해 그리고 어느 정도까지는 회사채에 대해서도 중앙은행의 최종 대부자 기능은 실제로 최종 브로커-딜러(broker-dealer of last resort) 기능 또는 최종 시장조성자(market maker of last resort) 기능에 의해 보완되었다.272 이 점에서도 지금은 많은 중앙은행가가 자신의 기존 신념을 넘어 훨씬 앞서나가고 있는 것으로 보인다.

이제 공공채무에 대해 정직해야 할 시간이 왔다. 허드슨(M. Hudson)이 말했듯이 "상환될 수 없는 채무는 상환되지 않을 것이다(Debts that can't be paid won't be paid)."273 이 말은 사실에 관한 진술로서 금융 형태를 현실에 맞추자는 요구이다. 양적완화를 통한 중앙은행 재무상태표 확장의 반대 현상은 양적긴축(Quantitative Tightening)을 통한 중앙은행 재무상태표의 수축이다. 양적긴축은 문제를 초래할 수 있다. 균형 예산 정책조차 심각한 투자 부족을 초래할 수 있기 때문이다. 더 큰 규모의 긴축 정책 또는 달리 말해서 자금 회수(contractionary) 정책이 대단히 반(反) 생산적인 이유는 그것이 디플레이션과 유사한 효과를 창출한다는 데 있다.

또한 양적긴축 정책이 가진 본질적인 문제는 '화폐적' 신용(화폐 창조)과 '중개적' 신용(기존 화폐의 재사용)의 차이에서도 명백하게 드러난다. 중개적 신용은 예를 들어 누군가가 자신의 은행 계좌잔고의 일부를 어떤 투자펀

271　Lennkh et al.(2019). fred.stlouisfed.org/series/TREAST. *The Economist*, 2020. 6. 20, p. 62. 미국에서는 국가 후원 부동산 금융기관인 패니매(Fannie Mae)와 프레디맥(Freddie Mac)뿐만 아니라 여타 공공기관도 국채를 대규모로 보유하고 있다.

272　Mehrling(2011, p. 132), Buiter(2014b) 그리고 Lennkh et al.(2019).

273　Hudson(2018, p. xxiv).

드에 넣는 것을 말한다. 펀드(이건 은행이 아니다)는 은행화폐를 채권에 투자한다. 채권이 매각되거나 상환될 때 펀드는 은행화폐를 수취하며, 이 돈은 향후 다른 거래에 사용될 수 있다. 이와 마찬가지로 고객이 자신의 펀드 지분을 매각하면 해당 금액을 은행화폐로 되돌려 받는다. 이처럼 해당 은행화폐는 소멸되지 않고, 비 은행 주체들 사이에서 계속 유통한다. 그러나 중앙은행과 은행에 의해 확장되는 화폐적 신용은 이와 다르다. 은행 대출이 상환될 때마다 해당 은행의 재무상태표에서 은행화폐가 해당 금액만큼 삭제된다. 그리고 중앙은행 신용이 상환될 때마다 중앙은행 재무상태표에서 본원화폐가 해당 금액만큼 삭제된다.

이처럼 현행 신용-채무 화폐 시스템에서는 화폐적 신용의 순상환이 일어날 때마다 화폐공급은 감소한다. 중개적 신용에서는 이런 일이 일어나지는 않지만, 그에 앞서 화폐적 신용을 필요로 한다. 어쨌든 화폐적 신용-채무가 사라지면 화폐가 사라지고, 화폐가 사라지면 지출과 투자가 줄고, 소득도 줄어든다. 그러므로 현행 시스템에서 그리고 공공지출이 GDP의 40~60%를 차지하는 상황에서 화폐적 신용으로 조달된 정부채무가 조금이라도 줄어들면 문제가 생기는 것이다.

이러한 사정은 공공채무의 감소분이 민간 차입의 증가분에 의해 상쇄된다는 기대를 할 수 없을 때 훨씬 더 심각해진다. 요컨대 국가채무의 상당한 부분은 일종의 보완적 성격을 띠는데, 그 이유는 민간의 차입과 투자 및 소비지출이 주기적으로 정체 또는 감소한다는 데에 있다. 공공채무의 발생에 어떤 식으로든 제한을 가해야 한다는 생각은 확실히 일리가 있다. 그러나 경직적인 긴축과 기계적인 채무 감축은 경제 전체에 해를 끼칠 것이다.

상환의 대안으로 공공채무 탕감이 제시되기도 한다. 채무 탕감 요청은 개도국의 대외 채무와 관련해 자주 제기되곤 했지만, 2010~2011년 유로존의 국가채무 위기 이후에는 고 채무 산업국에서도 제기되고 있다.[274] 그러

---

[274] Cf. Goodhart and Hudson(2018).

나 채무 경감은 채권자(금융기관, 은행 및 중앙은행)가 충분한 자기자본(equity capital)이라는 쿠션을 가지고 있을 때에만 가능하다. 채무자로부터 돈을 받을 권리의 상각은 자산 손실을 초래하는데, 부채―유통 중인 신용화폐―는 그대로 남아 있기 때문이다. 이는 해당 은행이 문제의 장부화폐를 창조한 경우이든 또는 원칙적으로 고객의 지급 거래를 통해 외부에서 수령한 경우이든 상관없이 그러하다. 채무 탕감으로 인한 재무상태표 손실은 애당초 화폐공급의 감소를 초래하지는 않지만 채권자의 자기자본을―이것이 소멸할 때까지―감소시킨다. 이로 인해 이른바 재무상태표 교란(balance-sheet trouble, 차변 합계와 대변 합계의 불일치―옮긴이), 심지어는 은행 파산마저 일어날 수 있다. 은행이 파산하면 은행화폐도 같이 사라질 것이다.

당장 효과를 낼 수 있는 남은 방법은 중앙은행 재무상태표에 등재된 정부채무의 무력화(neutralisation)이다. 무이자 영구채권은 장기적으로 만족스러운 해법이 아니다. 그렇다고 해서 기존의 상업회계와 재무상태표 관례를 준수한다면 채무불이행(default) 외에는 어떤 건전한 해법도 존재하지 않는다. 더욱이 채무불이행 조치는 채무자에게는 긴축에 따른 고난을, 채권자에게는 자본 손실을 초래할 뿐이다. 따라서 공공채무를 중앙은행 재무상태표에 응고시키는 것은 회계적으로 현실적인 해법이 마련되기 전까지는 실용적인 방법이 될 수 있고, 이로써 설사 문제가 생긴다 해도 손실이 발생하는 것은 아니다. 나중에 그러한 가능성의 하나에 대해 논의할 것이다.

이 와중에도 화폐적 재정조달은 계속 시행되고 있다. 금융 억압은 2020년에 이르러 한계에 봉착했다. 그 이후 시작된 고 인플레이션과 금리 폭등의 파도가 고수준의 채무를 지고 있는 공공기관을 비롯한 수많은 채무자를 곤란에 빠뜨릴 것이다. 그다음엔 무슨 일이 일어날까? 이미 시작한 일은 계속할 수밖에 없을 것이다. 중앙은행은 의도했던 대로 국채 매입을 축소하지 못하고 오히려 국채의 막대한 부분을 계속 매입하라는 압박을 받게 될 것이다.

이와는 달리 유럽연합 회원국이 아닌 나라들은 직접적인 화폐적 재정조달이라는 은행학파의 금기를 곧장 깨버렸고, 그 사례들은 이미 다룬 바 있다. 예를 들어 미국에서는 의회, 재무부 및 연준이 이와 관련해 필요하다고 생각하는 것을 실행에 옮기는 데 있어 기본적으로 자유로우며, 영국에서는 영란은행이 대 정부 상설 당좌대월 프로그램을 개설하고, 캐나다에서는 신규 국채의 일부를 캐나다은행이 직접 인수한다. 어느 나라든 이 길 또는 이와 유사한 길의 확장을 거부하면 이르든 늦든 중대한 금융적 및 경제적 붕괴를 맞을 것으로 보인다. 이것이 바로 정부지출의 직접적인 화폐적 재정조달을 금지하는 리스본조약(TFEU) 제123조가 일부 수정되거나 전부 폐지되어야 하는 이유의 일단이다. 이 조항은 기능적으로 합리적인 것을 금지하고 있어 현실 앞에서 버틸 수 없다.

화폐적 재정조달과 관련해 빈번하게 언급되는 공포는 무절제와 오용 그리고 그 귀결로서의 인플레이션과 통화의 평가절하이다. 이 문제를 경시해서는 안 된다. 그러나 이 문제는 적어도 국가에 의한 화폐 창조에만 타당한 것이 아니라 민간에 의한 화폐 창조에도 그 못지않게 타당하다. 사실 이 문제는 화폐적 재정조달 자체와는 아무런 관계도 없다. 그렇지만 주기적으로 반복되는 민간 화폐의 과도한 창조에다 국가의 과도한 화폐 창조까지 부가되지 않도록 조심하는 것은 적절한 일이다. 이는 국채의 첫 번째 용도가 주로 실물경제와 관련된 지출 자금의 조달에 있다는 점에서 더욱 그러하다. 이와는 대조적으로 최근까지 민간 화폐의 창조는 대부분 비 GDP 금융으로 곧장 흘러들어갔고, 이는 자산 인플레이션과 거품 형성을 조장하고 금융소득과 부의 불평등을 증대시켰다.

8.4.3 헬리콥터 머니

2010년대 중반부터 헬리콥터 머니(helicopter money)가 통화정책의 비전통적인 조치로 논의되어왔다.[275] 이 아이디어는 더글러스(C. H. Douglas)의 시민 배당금(citizen's dividend)이라는 개념까지 거슬러 올라간다.[276] 헬리콥터 머니를 시민 배당금으로 민간 가계에 직접 주입해야 한다는 제안이 있다. 중앙은행이 하늘에서 떨어지는 식량처럼 또는 프리드먼의 은유법에 따라 헬리콥터에서 비 내리듯 살포되는 달러 지폐처럼 모든 사람에게 일회성 지급을 시행하자는 것이다. 헬리콥터 머니의 목적은 (간접적인 또는 심지어 직접적인) 신용에 의한 화폐적 재정조달과는 달리 상환이 필요 없는 중앙은행 화폐를 은행 부문과 채권시장은 물론 정부 예산 절차조차 거치지 않고 국민에게 직접 배분하는 것이다.

프리드먼은 인플레이션률이 꾸준히 상승하고 있던 1969년에 헬리콥터 머니라는 은유를 사용했다. 프리드먼의 은유는 그러한 조치가 경제의 산출에는 조금도 공헌하지 못하고 인플레이션만 조장할 것임을 그럴듯하게 보여주려는 의도에서 만든 하나의 사고 실험이었다. 이와는 달리 인플레이션과 이자율이 매우 낮았던 2010년대 중반 위기로 치닫고 있던 금융 세계는 헬리콥터 머니를 가치 있는 선택지로 간주했다. 예를 들어 블랙록투자연구소(BlackRock Investment Institute)는 향후 위기에서는 금리의 재상승으로 정부 예산을 조작할 수 있는 여지가 완전히 사라질 것으로 예상하고 헬리콥터 머니를 제안했다. 그런 위기에서는 통화정책이 재정정책을 '직접' 대체할 수밖에 없다는 것이다.[277]

헬리콥터 머니를 국민에게 직접 배분하는 것은 미묘한 점을 건드린다. 이 경우 통화정책과 재정정책의 근본적인 기능적 분리를 흐리지 않고 또 통

---

275   예를 들어 Buiter(2014a), Ryan-Collins and van Lerven(2018), Diessner(2020), Jourdan(2020), Gali(2020) 그리고 Martin et al.(2021).

276   Douglas(1974 [1924]).

277   BlackRock Investment Institute(2019).

화정책의 독립성을 유지하면서 이 두 정책 간의 협력을 어떻게 도모할 수 있을까? 그리고 시민 배당금의 지급은 어떻게 실행될 수 있을까? 은행이나 세무서를 통해 가능할까? 오늘날 우체부를 통해서는 더 이상 돈을 보낼 수는 없다.[278] 무엇보다 헬리콥터 머니를 어떻게 해석해서 중앙은행 재무상태표에 반영해야 할지는 여전히 불분명한 상태로 남아 있다. 2014년까지 미국 연준 의장이었던 버냉키(B. Bernanke)도 급박한 위기 상황에서 최후 수단으로 헬리콥터 머니를 고민했을 때 이 문제에 대한 답을 내놓지는 못했다.[279]

8.5 화폐의 회계 처리 관련 문제들

8.5.1 화폐의 회계 처리에서 오랫동안 올바르지 않았던 것

중앙은행은 화폐를 진성 시뇨리지로 재무부에 이전해야 한다는 제안이 있다. 그러나 현행 규칙들에 따르면 이 제안은 '바로 그대로' 시행될 수 없다. 그 이유 중 하나는 그러한 직접적인 화폐적 재정조달이 유로존과 일본을 비롯한 많은 나라에서 (미국과 영국은 제외하고) 금지되어 있다는 데 있다. 또 다른 이유는 현행의 '일반회계원칙'(Generally Accepted Accounting Principles; GAPP)[280]과 '국제회계기준'(International Financial Reporting Standards; IF-RS)[281] 하에서는 이 제안을 '바로 그대로' 시행하는 것 자체가 불가능하다

---

278 (옮긴이 주) 이 말은 무엇보다 미국의 우편 시스템이 가진 문제점을 염두에 둔 것이다.

279 Bernanke(2016).

280 (옮긴이 주) 회계규정 자체, 구체적인 회계 실무 지침 또는 실무로부터 발전되어 광범위하게 인정되는 회계기준을 의미한다.

281 (옮긴이 주) 기업의 회계 처리와 재무제표에 대한 국제적 통일성을 높이기 위해 국제회계기준위원회(IASC : International Accounting Standards Committee)에서 마련해 공표하는 회계기

는 데 있다.[282]

17세기 말부터 19세기의 상당한 기간에 이르기까지 민간 은행권은 은행이 신용을 확대할 때 은행의 부채로 고객에게 발행되었다. 이것이 이치에 맞는 까닭은 당시에는 은행권이 주권명령화폐가 아니라 약속어음이라는 데 있다. 즉, 이 약속어음은 그 지참인이 요구하면 해당 금액을 은화로 지불한다는 약속을 동반하는 일종의 무기명(지참인) 채무증서(bearer debt instrument)였던 것이다. 그러나 19세기가 지나면서 중앙은행에 의한 지폐 발행 독점이 시작되고 이와 연계해 금본위제가 확립되면서 당시 국가 지폐는 국가의 금 보유고에 의한 보장이라는 원칙에 기반을 두었다. 그러나 늦어도 1971년에 미국의 닉슨 대통령이 더 이상 신뢰할 수 없을 뿐만 아니라 오히려 장애물로 전락한 미국 달러의 금 태환 제도를 폐지했을 때 포트녹스(Fort Knox)의 골드핑거(Goldfinger) 신화는 영원히 종식되었다.

그 후 중앙은행화폐의 보장이라는 환상(illusory cover)과 다른 자산으로의 태환 의무는 공식적으로 사라졌다. 오늘날 중앙은행화폐는 화폐적인 어떤 것에 의해서도 보장되지 않는, 순수한 명령화폐이다. 은행화폐도 통상 그 총액 중 극히 작은 일부만 중앙은행화폐로 보장될 뿐이다. 중앙은행 대출이 보통 적격한 증권(보통 국채—옮긴이)을 담보로 잡는다면, 은행 대출은 주택, 여타 자산이나 현재 소득 또는 제삼자의 보증인을 담보로 잡는다. 그러나 이러한 담보물이 화폐의 가치를 보장하는 것은 결코 아니다. 그것은 채무불이행(즉, 신용 디폴트) 발생 시 손실을 볼 채권자를 보호하기 위한 안전 장치에 지나지 않는다.

그럼에도 불구하고 현재에도 여전히 중앙은행이 보유한 금 재고는 올바르게 '자산'으로 기장되는 반면, 준비금과 은행권 그리고 미래의 CBDC

준. 국제재무보고기준이라고도 한다.

282 이 규칙들은 (IFRS의 경우 유럽연합 및 영국의) 국제회계기준위원회와 (GAAP의 경우 미국의) 재무회계기준위원회에서 정한다.

는 중앙은행이 은행에 신용을 제공할 때 중앙은행의 '부채'로 기장된다. 이처럼 중앙은행화폐는 그 자체로 권리를 갖는 주권본원화폐가 아니라 여전히 마치 하나의 화폐 대용물처럼 하나의 지불약속을 대변하는 것으로 간주된다. 화폐 대용물은 '진짜' 화폐가 아니라 여전히 은이나 금으로 태환되어야 하는 일종의 부채이다.

중앙은행이 직면하고 있는 모순은 다음과 같다. 그것은 신용이 화폐(현금―옮긴이)로 지급해야 할 부채로 기장되는데, 이 신용이 지폐로 지급될 때조차 이 부채는 장부에서 다시 삭제되지 않고 재무상태표 부채 란의 "유통 중인 은행권(banknotes in circulation)"이라는 항목에 계속 남아 있다는 데 있다. 이와 동일한 모순이 준비금에도 적용된다. 준비금은 화폐로 지급해야 할 부채로 기장되지만 실제로 지급되지는 않으며, 적어도 신용액이 은행의 중앙은행 계좌에서 사용 가능한 것으로 될 때조차 (중앙은행) 장부에서 다시 삭제되지 않는다. 즉, 부채 자체가 화폐로 기능하는 것이다. 이와 동일한 회계적 관행이 은행과 비 은행 고객 사이에서 사용되는 은행화폐에도 적용된다. 법원은 고객의 은행 계좌에 입력된 신용(대출금이자 예금―옮긴이)을 지급이 완료된 것으로 해석한다. 요컨대 계좌잔고는 진짜 구매력을 대변하는 것이다. 그런데 이 자금은 어디에서 왔을까? 그것은 해당 은행 또는 중앙은행이 이전의 어떤 사업 거래에서 번 돈일까 아니면 어떤 다른 계좌에서 빼 온 돈일까?

현행 판례법에 따르면, 신용이 사용 가능한 것으로 되는 것은 신용으로 제공된(credited) 금액이 채권자의 자산에서 떠나 차입자의 자산에 완전하게 그리고 최종적으로 부가되는 시점부터이다. 그런데 이러한 자산 이전(transfer of assets)은 은행이 현금을 지급하는 경우에만 일어나며, 신용창조를 통해 경상계좌에 입금하는 경우에는 아예 일어나지 않는다. 중앙은행에서는 자산 이전이 오직 주화의 경우에만 일어나며, 지폐와 준비금의 경우에는 일어나지 않는다. 지폐와 준비금은 둘 다 중앙은행 재무상태표에 부채로 계속 남아 있기 때문이다. 결국 중앙은행화폐의 창조는 자산 란에서는 대출금을 상환해야 할 은행에 대한 청구권 뒤에, 그리고 부채 란에서는 중앙은행의 신용 부채와 은행의 자산을 동일시하는 그릇된 관행 뒤에 숨겨져 있다. 은행의 경우에도 동일한 지적이 가능하다. 여기서는 은행화폐의 창조가 자산 란에서는 각 대출금을 상환해야 할 고객에 대한 청구권 뒤에, 그리고 부채 란에서는 은행의 신용 부채와 고객의 계좌잔고(고객의 자산—옮긴이)를 동일시하는 그릇된 관행 뒤에 숨겨져 있다. 전체적으로 볼 때 중앙은행 신용과 은행 신용에 관한 오늘날의 회계 관행은 정합적이지 않다는 것이다. 이러한 회계 관행을 일종의 합법화된 거짓 회계(false accounting)로 보는 평가도 있다.[283]

8.5.2 채무가 아닌 것으로 가정되는 '채무화폐'

최근의 화폐 개혁 운동은 주권화폐를 '채무 없는 화폐'—우리는 '진성 시뇨리지'라는 표현을 선호한다—로 유통시키는 것에 관심을 가져왔다. 새로 창조될 중앙은행화폐는 사실 현재 우리가 사용하고 있는 신용-채무 화폐이어야 할 이유가 없다. 그 대신 그것은 이자와 상환에서 해방된 주권화폐의 안전하고 안심할 수 있는 스톡일 수 있고 또 그래야 마땅하다. 주권화폐는 부채가 아니라 항상 플러스 수치를 갖는 화폐 자산으로서 신용 확대와 여타 금융 거래의 신뢰할 수 있는 기반으로 기능한다. 이 자산은 채권자와 채무자 모두로부터 독립적이며, 이는 그것이 화폐와 신용의 그릇된 동일시를 넘어 안전한 지급수단 스톡으로 기능한다는 사실에 기인한다. 이 그릇된 동일시로 인해 대출이 대규모로 위험에 처할 때 그리고 은행이 유동성 부족과 채무불이행이라는 위협을 받을 때 화폐도 같이 위험에 빠지는 것이다. 주권

---

[283] Schemann(2012, pp. 37~59). 일군의 신오스트리아 경제학자들도 부분 지준금 제도를 기반으로 하는 신용-채무 화폐에 관한 회계 처리 관행을 일종의 사기로 간주한다. 예를 들어 Huerta de Soto(2009, chs. 2 and 3)을 보라.

화폐―중앙은행의 대출을 통해 또는 진성 시뇨리지로 발행되는―는 신뢰할 수 있는 지급수단으로서 그 존재는 위기 발생 시 금융시장에 나타날 수 있는 어떤 혼란스러운 연쇄반응에 의해서도 위협을 받지 않는다.

단언컨대 채무 없는 화폐조차 완벽한 공짜는 아니다. "펜 놀림으로" 또는 "마우스 클릭으로" 창조되는 화폐와 같은 표현은 은행직원과 IT 기기 등 은행의 운영비를 고려하지 않는다. 준비금이나 CBDC의 창조에서 얻는 이윤의 크기는 액면가 전체가 아니라 주화의 경우와 마찬가지로 액면가에서 공급 비용을 뺀 부분이다.

이와는 별개로 '채무 없는 화폐'라는 표현은 엄격히 말하자면 동어반복이다. 왜냐하면 화폐 그 자체는 신용 계약의 대상으로서 채무를 동반하지 '않기' 때문이다. 그런데 IFRS와 GAAP 같은 현행 회계규칙에 따르면 화폐는 '허공에서'(ex nihilo) 만들어질 수가 없다. 모든 신용 입력은 선행하는 거래를 뒤이어 나타나는 하나의 거래로 가정된다. 하나의 자산은 다른 어딘가에서 나온 것이거나 또는 다른 무엇인가의 산물이므로 그에 상응하는 반대급부의 입력이 있어야 한다. 돈을 어떤 반대급부도 없는 보조금이나 증여금으로 수령하는 경우는 있을 수 있다. 그러나 자기 소유의 장부에 마법을 부리듯이 '허공에서' 화폐를 창조하는 것, 이런 일은 있을 수도 없을 뿐만 아니라 중앙은행조차 할 수 없는 일이다. 바로 이 때문에 은행과 중앙은행이 화폐를 창조하는 경우 신규 창조된 화폐의 입력을 신용 청구권 뒤에 숨기고, 화폐가 사용 가능한 것으로 될 때 화폐를 장부에서 삭제하는 것이 아니라 부채로서 계속 유통하게 만듦으로써 회계규칙을 왜곡하는 것이다.

단지 형식적으로만 채무이며 실체적으로는 채무가 아니라고 보는 영구 채무(perpetual debt)라는 아이디어, 즉 채무 없는 채무(debt-free-debt)라는 모순어법은 채무라는 개념을 왜곡한다. 이는 사업 거래에서 나오는 이윤이 없는데도 진성 시뇨리지를 이윤으로 간주하는 것이 수입이나 소득이라는 개념을 지나치게 확장하는 것이나 전혀 다를 바 없다.[284] 그래서 베제머(D. Bezemer)는 2015년에 주권화폐를 위한 아이슬란드 의회의 이니셔티브를 논의할 때 채무 없는 화폐를 '마른 물(dry water)'이라는 표현처럼 있을 수 없는 것으로 간주했던 것이다.[285] 화폐와 신용의 그릇된 동일시를 용인한다면, 이 말은 참인 것으로 보인다. 그러나 자기 모순적이고 모호하기 짝이 없는 은행학파의 준거 틀을 넘어서서 생각하는 순간 채무 없는 화폐의 발행이라는 전망이 활짝 열릴 것이다.

8.5.3 자기자본 또는 사회적 자본으로서의 본원화폐

관련 논의를 살펴보면 미래에 새로 창조될 모든 중앙은행화폐는 과거 주화 발행의 경우처럼 하나의 자산으로 다루어야 한다는 제안이 있다.[286] 이 제안은 새로 주조된 주화의 액면가에서 생산비를 공제한 몫을 지칭하는 진성 시뇨리지의 원리로 되돌아가자는 주장이다. 주화는 해당 주권자의 지출을 통해 유통 속에 주입된다. 주화에 관한 한 이 점은 지금도 타당한 것으로 보인다. 국영 주조소가 주화를 생산하고, 재무부는 이 주화를 중앙은행에 판매한다. 오늘날의 실천이 과거와 다른 점은 중앙은행이 주화를 가지려면 정부의 중앙은행 계좌에 해당 금액의 준비금을 입금한다는 데 있다. 이로써 중앙은행은 주화를 추가 자산으로 그리고 발행된 계좌잔고(즉 준비금―옮긴이)를 추가 부채로 갖게 된다. 이처럼 주화는 중앙은행에 의해 유통에 주입

---

[284] 최근의 화폐개혁 운동은 처음에는 더 나은 접근방식이 없었기 때문에 '진짜(real)' 채무를 대변하지 않는, 즉 정부에 대해 이자와 상환이 없는 순전히 형식적인 신용이라는 개념을 채택했다가 나중에 철회했다(Huber and Robertson, 2000; AMI, 2010; Jackson and Dyson, 2012). 이와는 대조적으로, '현대화폐이론(Modern money theory)'은 신용, 부채 및 자본이라는 용어의 왜곡된 재해석을 비롯해 '채무 없는 채무(debt-free debt)'라는 일관성 없는 견해를 지금까지도 교정하지 않고 계속 견지하고 있다.

[285] Bezemer(2019, p. 164).

[286] 최근의 화폐 개혁에서 이 개념들은 Benes and Kumhof(2012, p. 6)에서 처음 제안되었다.

될 때 채무로부터 완전히 자유롭지 않다. 중앙은행에 미상환 부채로 남아 있기 때문이다.[287]

만약 중앙은행이 하나의 산업기업이라면 그는 신규 창조한 화폐를 '스톡'이나 '재고' 항목으로 처리할 수 있을 것이다. 그러나 하나의 은행으로서 중앙은행은 자신의 화폐 창조를 이런 식으로 처리할 수는 없다. 중앙은행은 특별히 중앙은행화폐의 발행에 대해 그러한 '화폐 스톡' 절차를 실제로 도입할 수 있었을 것이다. 이를 위해서는 IFRS와 GAAP 규칙을 수정하거나 이에 관한 특별한 법적 규칙을 도입하는 것으로 충분하다.

주화와의 유사성(coin analogy)이라는 아이디어의 기본적인 의미는 다음과 같다. 중앙은행화폐는 하나의 자산으로 창조되어야 하고, 이 자산은 유통 속에 직접 지출되거나 아니면 자산 교환 방식으로 대출되어야 한다는 것이다. 그리고 이러한 지출과 대출이라는 두 가지 방식 모두에서 화폐는 오늘날의 지폐와 준비금의 경우처럼 발행자의 부채(issuer liability)로 간직되는 것이 아니라 실제로 지급되고 또 종결된다는 것이다. 바로 이러한 맥락에서 메이어(Th. Mayer)는 '자산 화폐(asset money)'(화폐는 자산으로만 존재하고 유통한다)와 '부채 화폐(liability money)'(화폐는 발행자의 부채로 기장된다)라는 용어를 만들었다.[288]

중앙은행 입장에서 주화, 지폐, 준비금 및 CBDC는 무엇보다 먼저 절대적으로 자산으로 존재해야 한다. 그런 연후에 중앙은행은 이 자금을 지출

---

[287] (옮긴이 주) 이 설명은 주화 발행권이 중앙은행이 아니라 정부(재무부)가 가지고 있는 미국의 경우에 관한 것이다. 그래서 누군가 재무부가 1조 원짜리 동전을 발행해 어마어마한 정부채무를 모두 상환하자고 주장했다. 얼핏 농담처럼 들리지만 사실은 실행 가능한 상상임에 틀림없다. 한국처럼 주화 발행권이 중앙은행(한국은행)에 있는 경우 주화 발행으로 누리는 진성 시뇨리지는 중앙은행이 누린다는 점만 다를 뿐 화폐 시스템의 작동방식은 다를 바 없다. 게다가 만약 현대통화이론(MMT)처럼 정부와 중앙은행을 사실상 하나의 몸으로 본다면 주화의 발행권이 재무부에 있든 중앙은행에 있든 사실상 달라지는 것은 아무것도 없다.

[288] Mayer(2014, pp. 22, 146~161).

이나 대출 또는 투자로 사용할 수 있다. 이때 재무상태표에는 부채와는 무관하게 자산 교환(asset swap)만 존재한다. 해당 금액은 중앙은행의 자산에서 차감되고, 어떤 한 은행의 자산에 부가된다. 이러한 절차는 오늘날의 지배적인 법적 견해에 부합한다. 그 대신 중앙은행은 은행에 대해 해당 금액의 청구권(자산)을 가지고, 은행은 이자를 지불하고 원금을 상환할 의무(부채)를 진다. 그래도 남게 되는 의문은 자산으로서의 돈이 맨 처음에 어떻게 재무상태표에 존재할 수 있는가라는 것이다.

이 의문과 관련해 중앙은행은 자기자본(equity)으로 기장해야 한다는 제안이 있다. 이를 지지하는 논자로는 잭슨/다이슨(Jackson/Dyson), 시구르존슨(Sigurjonsson), 셰만(Schemmann), 메이어(Mayer), 보손느(Bossone) 및 코스타(Costa) 등이 있다.[289] 이 제안에 따르면 본원화폐는 중앙은행 재무상태표 차변의 '화폐 자산(monetary asset)' 계정에 기입되고, 대변의 자본란(equity account)에 설정되는 '화폐 창조(money creation)'라는 특별 계정에 기입된다. 또는 다음과 같은 방법도 가능하다. 그것은 발행된 화폐를 재무상태표에 자산으로도 자본으로도 아예 등재하지 않는 것이다. 이 방법이 가진 작은 약점은 중앙은행 재무상태표가 본원화폐의 현재 스톡 총액을 반영하지 않는다는 점이다. 따라서 발행된 화폐 스톡은 별도의 통계로 기록되어야 한다.

그러나 자기자본 접근방식에 대해서는 근본적인 반론이 남아 있다. 현재 부채 란에 있는 본원화폐를 자기자본(equity capital)의 새로운 범주로 기장하는 것은 개념들의 이중 왜곡을 동반한다는 비판이 그것이다. 즉, 재무상태표 상의 이윤 개념뿐만 아니라 자기자본 개념도 왜곡된다는 것이다. 중앙은행화폐는 중앙은행의 자기자본이 아니라는 점을 고려하면 신규 창조된

---

[289] Jackson and Dyson(2012, pp. 210, 311~321), Sigurjonsson(2015, p. 81), Bossone(2018, 2021) 그리고 Bossone and Costa(2021).

돈은 책임을 동반하는 기업의 자본과는 뭔가 다른 것이다. 이와 마찬가지로 중앙은행화폐의 창조로 얻는 이득(진성 시뇨리지)은 이자 수익(profit from interest)처럼 손익의 합계로 얻는 이득과는 다른 것이다.

쿰호프 외(Kumhof et al.)는 유사한 방식으로 생각의 흐름을 따라갔다.[290] 이 저자들에 따르면, 본원화폐는 중앙은행 재무상태표 상의 부채여서는 안 되지만, 그렇다고 중앙은행의 자산이나 자본이어서도 안 된다. 그것은 오히려 "사회적 자본(social equity)"이나 "국민의 자본(equity of the nation)"이어야 한다고 본다. 의미론적으로는 이것이야말로 정곡을 찌른 것이다. 왜냐하면 중앙은행화폐는 다름 아니라 한 국민 또는 다(多)국민 공동체가 가진 기본적인 화폐 재산으로 가정되기 때문이다. 그렇다면 이 점을 (회계적으로—옮긴이) 어떻게 반영할 것인가? 중앙은행화폐는 중앙은행 재무상태표에 반영되어야 한다는 것 그리고 그것은 부채가 아니라 자산으로 반영되어야 한다는 사실을 피해갈 방법은 존재하지 않는다.

8.6 화폐와 신용의 그릇된 동일시를 넘어서

8.6.1 화폐등록부로 중앙은행의 화폐 창조를 중앙은행의 은행업에서 분리하기

진성 시뇨리지는 이자 수익에서 나오는 것이 아니라 화폐 창조라는 주권 행사로부터 나온다. 신규 창조된 돈은—이자부 시뇨리지와 중앙은행의 총이윤처럼—재무부로 가서 정부의 경상지출을 통해 유통 속에 지출될 수도 있고 또는 중앙은행의 신용 업무로 가서 운용될 수도 있다. 이것은 화폐 창조와 정규 은행 거래는 서로 다른 행위로 구별될 수 있음을 함의하며, 이 구별은 지금처럼 이 두 개의 행위를 일관성 없이 불분명한 혼합물로 보는 것과

---

[290] Kumhof et al.(2021, pp. 15, 26).

대비된다.

이러한 비일관성을 해소하는 방안으로 별도의 기관을 설치하자는 제안이 나왔다. 예를 들어 피셔(I. Fisher)는 물론 게젤(S. Gesell)도 각자 자신의 시대에 재무부처의 예산 기능과 중앙은행의 상업 업무에서 분리된 별도의 '화폐 창조 통화위원회(money-creating currency board)' 설치를 제안했다. 그러나 화폐 창조 관련 회계의 독특성을 고려할 때 별도의 기관을 반드시 설치해야 하는 것은 아니다. 오히려 일관된 통화정책을 수행하려면 하나의 기관이 통화정책과 관련된 모든 의사결정을 내리는 것이 더 낫다. 그렇게 한다고 해서 중앙은행의 주권화폐 창조와 은행 업무 간의 기능적인 구분이 훼손되지는 않는다.

이러한 의미에서 앞서 논의된 접근방식들의 장단점을 함께 고려하면 먼 과거의 고전적인 접근방식을 업데이트하는 방법이 자연스럽게 나올 수 있다. 이 접근방식은 1824년에 리카도가 제안한 '국립은행 설립 계획(Plan for the Establishment of a National Bank)'으로 거슬러 올라간다. 당시 리카도는 통화학파를 대표하는 가장 저명한 학자였다. 그의 구상에 따라 영란은행은 1844년의 화폐개혁을 통해 중앙은행 지폐의 발행을 책임지는 '발행부서(issue department)'와 화폐 창조 이외의 은행업무를 수행하는 '은행부서(banking department)'라는 두 개의 하위부서로 분할되었다.[291]

영란은행은 지금까지도 은행권 발행과 여타 은행 업무를 분리하고 있지만, 이 분리가 제대로 실현되지 않고 있다는 것이 곧 사실로 드러났다. 왜냐하면 화폐와 신용의 분리가 일관되게 실행되지 않았기 때문이다. 당시 이른바 지방은행(country banks)은 오랫동안 민간 은행권을 계속 발행할 수 있었다. 지폐 발행은 기본적으로 금본위제에 결박되어 있었지만, 이 결박은 수시로 완화되거나 중단되었다. 국채는 어느 정도까지 금 보유고의 일부로

---

[291] O'Brian(2007, pp. 112, 152, 179) 그리고 Le Maux(2020).

간주되었다. 가장 중요한 것은 은행의 경상계좌를 통한 청산이 당시에 이미 일정한 역할을 하고 있었고, 19세기 후반을 지나면서 더욱 활성화되고 있었음에도 불구하고 은행화폐의 창조는 합당한 주목을 받지 못하고 있었다는 사실이다.[292] 이와 마찬가지로 영란은행의 발행부서는 주권화폐의 창조자처럼 행동하지 않고 담보를 확보한 뒤 지폐를 발행하거나 지폐를 은화로 태환해주는 등 계속 상업은행처럼 행동해왔다.[293] 당시 중앙은행은 특권을 부여받은 민간은행이었고, 대다수 중앙은행은 오늘날처럼 각국의 통화당국이 아니었던 것이다.

어떤 원칙의 시행상 결함을 그 원칙의 존재이유를 부정하는 증거로 볼 수는 없다. 중앙은행의 본원화폐 창조가 별도의 원장을 매개로 시행된다면, 은행 업무에서 분리된 화폐 창조 행위가 일관성을 띨 수 있다. 이 별도의 원장은 재무상태표가 아니다. 그것은 중앙은행 '운영 재무상태표(operational balance sheet)'의 계정들과 별도로 존재하는 '화폐등록부(monetary register)'이다. 이 화폐등록부는 명령화폐의 창조라는 주권 행사에 기반을 둔다. 이 주권 행사는 전술한 중앙은행의 사업적 거래와는 아무 관계도 없다. 이러한 이유로 그리고 앞선 절들에서 설명한 바와 같이 복식부기 규칙을 현대적인 명령화폐의 창조에 적용하는 것은 의미가 없다.

화폐등록부는 중앙은행의 별도의 한 원장이지만, 그렇다고 해서 별도의 기관이 그 관리를 맡아야 할 이유는 없다. 화폐등록부, 즉 본원화폐 창조 관련 의사결정은 중앙은행의 최고통치부서에 맡겨져야 한다. 예를 들어 미국이라면 연준의 이사회(Board of Governors)와 공개시장위원회(Open Market Committee)일 것이고, 영국이라면 영란은행의 총재와 이사회일 것이다. 유로 시스템에서는 유럽중앙은행의 운영위원회(Governing Council)와 집행

---

[292] Lutz(1936, p. 75).

[293] O'Brian(2007, pp. 93~154).

이사회(Executive Board)일 것이다. 통화정책 면에서 보면, 중앙은행이 화폐등록부 관리와 은행 업무를 함께 수행한다. 화폐등록부는 중앙은행 재무상태표와 함께 지속적으로 공개될 것이다.

화폐등록부는 일기와 같은 것이다. 그것은 국가통화로 표시된 법정화폐의 발행액과 잔고는 물론 이 화폐가 유통 속에 주입되는 발행 채널도 기록한다. 외국 통화의 수령은 외환 보유고 관리와 마찬가지로 중앙은행의 운영 재무상태표에 포함된다. 화폐등록부는 다음 두 개의 계정으로 구성되며, 각 계정에는 관련 거래들이 기록될 것이다.

- 하나는 '유통 중인 통화계정(currency-in-circulation account)' 또는 줄여서 '통화계정(currency account)'이며, 중앙은행화폐 발행액을 그 형태(form) 별로 기록한다.
- 다른 하나는 '발행계정(issue account)'이며, 자금이 유통에 주입될 때 그 발행 채널(channel) 별로 기록한다.

통화계정은 본원화폐의 창조액과 삭제액을 기록한다는 점에서 실제의 중앙은행화폐 창조를 대변한다. 이와 동시에 유통 중인 화폐는 주화, 지폐, 전통적인 준비금 및 미래의 CBDC 등 화폐형태별 하위계정으로 나뉘어 기록된다. 경상계정(즉, 통화계정—옮긴이)의 잔고와 발행계정의 잔고는 같다. 이 잔고의 대부분은 국내에서 사용되는 국가화폐이지만, 일부는 해외에 나가 있을 수도 있다. 현재 사용 중인 통화량 지표와 비교하면, 화폐등록부 합계란은 M0와 일치한다.

화폐는 화폐등록부에 기입되는 순간 존재한다. 각 금액은 통화계정의 하위계정(또는 항목—옮긴이) 중 하나에 기입됨과 동시에 발행계정의 특정 채널에 할당된다. 발행 채널은 재무부를 위한 진성 시뇨리지와 중앙은행 운영 재무상태표상의 예금, 둘 중 하나이다(〈표 8.1〉을 보라).

표 8.1　화폐등록부의 계정 구조

날짜	통화계정(currency account)			발행계정(issue account)	
	주화	지폐	전통적인 준비금	CBDC	진성 시뇨리지-공공 재정(public purse)에 할당	중앙은행 유동성-중앙은행 재무상태표상의 예치금

화폐등록부에 금액이 입력될 때마다 해당 금액은 항상 통화계정의 어느 한 항목과 발행계정의 어느 한 항목에 동시에 입력된다. 이 두 계정은 각각 필요하다면 더 많은 수의 항목으로 세분될 수 있다. 주화 항목과 지폐 항목은 전통적인 현금으로서 각각 그 수요가 존재하고 공급이 유지되는 한 계속 남아 있을 것이다. 주화와 지폐의 실물 스톡은 발행(제작이 아니라—옮긴이)되기 전에는 화폐등록부에 등재되지 않는다. 왜냐하면 지금까지와 마찬가지로 주화와 지폐는 화폐등록부 또는 중앙은행의 운영 재무상태표에 기입될 때 비로소 화폐로 되기 때문이다.[294] 은행이나 재무부로부터 자금이 환류하면 해당 금액은 발행계정과 경상계정(즉, 통화계정—옮긴이) 모두에서 삭제된다. 중앙은행화폐의 여러 형태들은 그것들이 유통 중인 한 서로 전환될 수 있어야 한다.

경상계정에 일정한 금액이 입력될 때 해당 금액은 동시에 발행계정에도 입력된다. 발행계정에는 다음 두 개의 하위계정이 있다.

- '진성 시뇨리지,' 즉 신규 창조된 준비금 또는 CBDC 중 재무부에 할당되는 금액으로서 정부가 유통 속에 지출할 자금을 위한 가변적인

---

[294] 오늘날 주화 제조권은 많은 나라에서 여전히 재무부에 남아 있는데, 이는 봉건시대의 잔재이다. 이 권리는 오래전에 중앙은행에 귀속되어야 했다. 이 권리가 아직도 남아 있는 나라에서는 중앙은행이 모든 개인과 법인의 공동 소유자(part-owners where this still applies)(은행 및 금융 법인, 연합체 및 협회)의 지분을 인수해야 한다. 일반적으로 국가 통화당국으로서 중앙은행은 더 이상 합자회사(joint-stock company) 형태로 운영되어서는 안 된다.

기여금이다.
　- '중앙은행 유동성(central-bank liquidity),' 즉 중앙은행 (운영—옮긴이) 재무상태표의 유동 화폐 스톡에 있는 예치금으로서 중앙은행에 의해 모든 형태의 운용에 사용된다.

　진성 시뇨리지의 재무부 이전은 정부지출 자금의 조달에 공헌한다. 그러나 이것을 화폐적 재정조달로 간주해서는 안 된다. 요컨대 이것은 무엇보다 응당 공공 지갑(public purse)에 귀속되어야 하는 시뇨리지에 관한 것이다. 중앙은행은 주권 행사로 발생하는 시뇨리지의 처분을 화폐정책적 고려사항에 의거하여 독립적으로 결정한다. 의회와 정부 내각은 이 중앙은행의 결정에 대해, 특히 진성 시뇨리지의 배분 결정에 대해, 어떤 발언권도 가져서는 안 되며 중앙은행에 지침을 내릴 어떤 권리도 가져서는 안 된다. 새 돈을 창조할 때마다 얼마나 창조할지 그리고 그 중 어느 정도를 진성 시뇨리지로 유통시키고 어느 정도를 은행과 여타 금융경제에 신용으로 제공할지를 결정하는 것은 자신의 법적 임무를 수행하는 중앙은행의 고유한 책무이어야 한다—이 점은 물론 오늘날보다 좀 더 자세하게 명문화될 필요가 있다.

　시뇨리지의 규모와 관련하여 이것이 어마어마한 금액일 수 없다는 사실은 누가 봐도 분명할 것이다. 이 금액은 정부지출과 경제성장에 달려 있으며, 구 산업국의 경우 공공지출 총액의 약 1~4%가 될 것으로 예상할 수 있다. 이 금액 자체가 작은 것은 아니라 해도, 정부지출에 대규모 자금을 지원하거나 정규 조세를 통한 공공예산 재원 조달을 대체하기에는 너무 작은 규모이다. 진성 시뇨리지 덕분에 정책 결정자들이 건전한 재정 관리라는 요건에서 해방되는 것은 아니라는 것이다.

　시뇨리지에는 용도 표식이 없다. 이 돈을 무엇을 위해 사용할 것인지는 정부와 의회가 결정한다. 이것은 화폐 관련 기능과 예산-재정 관련 기능 간의 권력분립에 조응하는 것이다.

중앙은행의 운영 재무상태표에 있는 화폐등록부 예치금(deposits)은 특정 만기가 없고 요청 시 즉각 사용할 수 있는 일종의 요구불 대출(callable loans)로 이해되어야 한다. 이 예치금은 정해진 만기일이 없고 언제든지 인출할 수만 있으면 되기 때문이다. 여기서 인출 통지의 조건을 규정할 수는 없지만, 예를 들자면 중앙은행 재무상태표 상의 화폐 보유액이 일정한 한도를 초과하는 경우이다. 이와 함께 지적해 두어야 할 것은 통화정책과 재정정책의 부적절한 융합 방식으로 유통에서 징세(tax revenues)를 통해 돈을 끌어내지 않더라도 상환 가능성(redeemability) 때문에 현재의 화폐공급이 감소할 수 있다는 점이다. 중앙은행의 운영 재무상태표에 등재된 화폐등록부 예치금은 (중앙은행의 대 은행 대출과는 달리) 이자를 동반하지 않을 것이다. 왜냐하면 화폐등록부와 중앙은행의 은행업은 특정 통화 영역의 통화당국에게는 하나의 동일한 중앙은행의 과업이라는 점에서 이자는 어떤 기능도 수행할 수 없기 때문이다.

8.6.2 중앙은행 및 은행의 재무상태표 변화

중앙은행 재무상태표는 여전히 중앙은행의 은행업 운영 상태를 보여줄 것이고, 거의 변함없이 그대로 존속할 것이다. 핵심적인 변화는 중앙은행이 더 이상 지폐, 준비금 및 CBDC를 부채—은행과 공공기관을 상대로 전통적인 준비금 잔고 형태는 물론 '유통 중인 은행권'과 곧 통용될 '유통 중인 CBDC'의 형태로 지고 있는 부채—로 기록하지 않는다는 것이다. 그 대신 화폐등록부 예치금은 중앙은행 재무상태표의 자산 란에 실재하는 중앙은행 화폐의 유동적인 스톡이다. 그 형태는 현금 시재금이나 CBDC 또는 중앙은행 계좌 상의 전통적인 준비금일 것이다. 이 화폐 자산들은 중앙은행 재무상태표 상에서 그에 상응하는 화폐등록부에 대한 부채들과 짝을 이룬다. 그래서 '은행 및 공공기관에 대한 부채(liabilities to banks, public bodies)'와 '유통 중인 통화(currency in circulation)'라는 기존 항목은 이자도 만기도 없지만 언제든지 요구하면 인출할 수 있는 '화폐등록부에 대한 부채'라는 새로운 항목으로 바뀐다.

중앙은행이 은행에 대출할 때는 중앙은행 재무상태표 상에서 자산 교환(은행에 대한 신용 청구권과 은행에 제공되는 유동 화폐의 교환)이 이루어진다. 이는 중앙은행이 외환, 증권 또는 여타 자산을 구입할 때도 동일하게 적용된다. 좀 더 일반적으로 말하자면 '유동 화폐 스톡(liquid currency stocks)' 항목의 자금이 증권이나 여타 자산, 특히 외국 중앙은행과 국내외 신용기관에 대한 청구권뿐만 아니라 정부에 대한 청구권과 교환된다. 예를 들어 대(對)정부 청구권의 경우 상한이 정해져 있는 상설 당좌대월 프로그램으로 시행된다.

은행의 입장에서 보면, 은행화폐가 계속 현금 및 CBDC와 병행해서 사용되는 한 은행의 재무상태표에서 바뀌는 것은 아무것도 없다. 이 점에서 은행은 가까운 미래에도 여전히 화폐적 금융기관으로서 부분 지준금을 기반으로 사업을 하면서 중앙은행과 정부의 특혜성 지원도 누릴 것이다. 그러나 현금은 CBDC에 의해 대체됨에 따라 갈수록 줄어들 것이다. 은행은 현금과 마찬가지로 CBDC를 스스로 창조할 수 없다. 은행은 CBDC 거래액 전부를 CBDC로 지급해야 하는데, 그렇게 할 수 있으려면 대출원금 상환이나 자체 소득 활동을 통해서든 또는 고객, 화폐시장 및 중앙은행에서의 차입을 통해서든 소요 CBDC 전액을 완전한 가용 상태로 확보해야 한다. 은행의 이러한 CBDC 확보 노력은 다양한 화폐 유형에 대한 고객 수요에 의해 그리고 은행 간 고객 확보 경쟁에 의해 추동될 것으로 보인다. CBDC가 자산으로 추가되는 것을 제외하면 은행의 재무상태표 구조에는 바뀌는 게 전혀 없다. 그러나 당연한 일이지만 은행의 화폐 자산 구성은 재편되고, 여기서 현금, CBDC 및 전통적인 준비금이 각각 차지하는 비율은 상당한 변화를 겪을 것이다.

전체적으로 볼 때, 화폐 창조라는 활동을 회계 처리하기 위해 통화당국의 은행업 운영 재무상태표에서 분리된 화폐등록부를 사용하면 현행의 화폐 창조 관련 회계가 지닌 모순을 해결할 수 있다. 이로써 중앙은행 재무상태표에 복식부기의 원칙을 일관성 있게 적용할 수 있고, 혼동만 초래하고 제대로 기능하지도 않는 신용과 화폐의 그릇된 동일시는 물론 신용, 채무 및 부채, 이윤 및 자본 같은 개념의 과장도 사라질 것이다. 이 점은 진성 시뇨리지에 대해서도 타당하다. 즉, 화폐등록부가 재무부에 할당함으로써 발생하는 진성 시뇨리지를 회계상 중앙은행의 부채 또는 자기자본으로 해석할 필요가 없다는 것이다.

회계 측면에서 보면, 이 접근방식의 핵심은 중앙은행화폐를 오직 자산으로만 회계 처리한다는 것, 그리고 중앙은행화폐의 유통이 지급자로부터 수령자에게로 직접적이고 완전한 자산 이전을 통해 이루어진다는 것이다. 은행-고객 관계에서는 이 접근방식이 당연히 현금과 CBDC에만 적용된다. 현금과 CBDC로 구성된 고객의 자금은 은행의 재무상태표에서 분리되어 존재한다. 그러나 전통적인 중앙은행 준비금과 은행화폐에는 이 접근방식이 여전히 적용되지 않는다. 대중이 전통적인 준비금을 현금이나 CBDC처럼 수령하는 일은 정말 있을 법하지 않기 때문이다. 그러나 순수한 자산화폐로의 이행이 이루어진 뒤 지난날을 회고해 보면, 전통 화폐에서 현대 화폐로의 역사적인 이행 과정에서 이전의 중앙은행 준비금 경제와 은행화폐의 특권이 참 별난 현상이었다는 생각이 든다 해도 놀라운 일은 아닐 것이다.

역자 후기

이 책의 주요 내용은 추천사들에서 잘 요약되어 있고 또 나름의 평가도 제시되어 있으므로 역자들은 이 책의 번역 동기를 말하고, 번역 과정상의 고충을 토로하고, 그럼에도 번역을 완수할 수밖에 없도록 만든 이 책의 중요성과 필요성을 강조한 뒤 도와주신 분들께 감사 인사를 드리는 것으로 만족하고자 합니다.

공동역자 서익진, 김준강, 김민정 세 사람은 '화폐민주주의연대'라는 화폐개혁을 위한 시민단체를 출범시킨 주역들로서 현재 공동대표와 사무처장 그리고 운영위원의 직을 맡아 단체를 주도적으로 이끌어나가고 있는 사람들입니다(이 단체에 관한 간략한 소개는 이 책에 첨부된 관련자료를 참조해 주시기 바랍니다).

프랑스에서 공부한 적이 있는 서익진과 김준강은 프랑스어 원서 『화폐의 비밀』(길, 2021년)을 번역 출간함으로써 그동안 일부 선각자들에 의해 거론되고 있던 주권화폐 이론과 화폐공급 시스템 개혁이라는 주제를 대중적으로 전파하는 노력을 시작했습니다. 김민정은 영국 유학을 마친 뒤 스위스 바젤 소재 국제결제은행의 혁신허브(BIS Innovation Hub)에서 일하고 있을 때 독일의 주권화폐 개혁운동을 주도해오던 후버 교수와 개인적인 친분을 쌓았고, 그가 새 저서를 출간했음을 알고 이 책을 서익진과 김준강에게 소개했습니다. 저희 세 사람은 이 책을 검토한 뒤 한국어 번역출판의 필요성을 공유했고, 김민정이 2023년 7월 저자의 승낙을 받았습니다.

우리가 이 책의 번역이 필요하다고 생각한 데는 다음과 같은 사정이 있었습니다.

첫째, '화폐민주주의연대'에서는 현행의 은행 주도 화폐공급 시스템의 실상(또는 비밀)과 그에 내재된 모순(은행의 특권과 특혜) 그리고 이로 인해 초래되는 다양한 폐해(경제의 채무화, 경기변동의 증폭, 금융위기의 빈발과 경제 불안정화, 양극화와 불평등 조장 등)에 관한 이해와 분석을 바탕으로 화폐공급의 민주적인 대안 시스템을 모색 중입니다. 사실 각국의 주권화폐 개혁 운동단체와 국제연대조직은 '주권화폐 도입 불가피성'이라는 공동의 기반 위에서 각국에 적합한 대안 시스템의 설계를 모색하고 있는 상황입니다. 이러한 사정은 최근 중앙은행디지털화폐(CBDC)의 도입 문제와 연계되면서 더욱 복잡해지고 있습니다.

이러한 상황에서 후버 교수가 자신의 대안 시스템 구상의 전모를 소개하고 있는 이 책은 너무나 중요한 함의를 가진다고 판단했습니다. 우리가 보기에 그의 구상의 핵심은 토큰 기반 CBDC의 도입, '화폐등록부' 설치를 통한 주권자산화폐의 공급, CBDC에 의한 점진적인 은행화폐의 대체 등에 있으며, 상대적으로 온건하고 점진적인 방안이라고 볼 수 있습니다. 이 방안은 계좌 기반 중앙은행화폐(준비금)와 모든 국민(개인과 법인)에게 중앙은행 (경상)계좌 개설, 중앙은행 재무상태표의 국민원장 역할 부여, 은행화폐의 대체, 모두를 위한 중앙은행화폐와 국민원장, 국립투자청을 통한 화폐공급 등을 중심으로 하는 오마로바[1]의 상대적으로 좀 더 급진적인 대안과 대비되는 것으로 보입니다. 그래서 이 두 방안을 비교 검토함으로써 한국 실정에 적합한 대안 시스템 모색에 큰 도움을 받을 수 있다고 확신했습니다.

둘째, 세계적인 추세에 따라 한국은행도 CBDC 도입을 적극적으로 추

---

[1] Saule T. Omarova, "The People's Ledger: How to Democratize Money and Finance the Economy," *Vanderbilt Law Review*, Vol. 74, October 2021, No. 5.

진하고 있습니다. 그러나 CBDC의 도입 효과는 그 설계를 어떻게 하는가에 따라 크게 달라질 수밖에 없습니다. 이와 관련해 후버는 이 책에서 주권화폐로서 CBDC의 역사적 맥락과 그 의미, 구체적인 도입 및 운영 방안, 그로부터 기대되는 효과 등과 관련해 풍부하고 전문적인 아이디어를 제공합니다. 특히 도매용 CBDC를 넘어 모두를 위한 일반적인 지급수단으로서의 CBDC를 역설하는 이 책은 우리가 말하는 '화폐 민주주의'의 대의의 실현에 중요한 함의를 가질 것으로 기대했습니다.

셋째, 이 책의 초벌번역이 한창 진행 중일 때 마침 후버 교수의 『주권화폐』(진인진, 2023; 영어원서는 2017년 출간)가 번역 출판되었습니다. 후버 교수는 자신의 주권화폐 이론을 체계적으로 제시한 이후 화폐금융 세계에 나타난 가장 큰 변화는 암호화폐의 창궐과 CBDC의 출현이며, 자신의 주권화폐 이론을 바탕으로 디지털화폐의 강력한 잠재적 가능성을 고려하여 CBDC가 향후 새로운 대안 시스템의 중핵이 될 수 있고 또 되어야 한다고 생각했을 겁니다. 우리는 그 결실이 이 책 『화폐 대전환』이라고 생각합니다. 이에 따라 이 책은 이론 면에서뿐만 아니라 실천 면에서도 중대한 의미를 가질 수 있다고 판단했습니다.

번역작업은 작업 효율성과 문장의 일관성을 위해 나름의 분업 내지 협업으로 이루어졌습니다. 서익진이 번역 초안을 만들고, 김준강은 원문 대조로 수정하고 용어의 정확성을 기하고 윤문하고, 김민정은 원문과의 대조 및 미심쩍은 부분의 재확인을 위한 저자와의 소통창구 역할을 맡았습니다. 이러한 과정을 여러 번 거쳤습니다.

솔직히 이 책의 번역은 역자들에게는 쉬운 일이 아니었습니다. 역자들의 화폐 민주화 개혁을 위한 강렬한 열망에도 불구하고 화폐금융 일반은 물론 CBDC를 비롯한 화폐의 디지털화에 관한 전문 지식의 미흡은 이 책이 제공하는 상세하고 전문적인 용어와 지식을 감당해내기 어려웠기 때문입니다. 그래서 저자인 후버 교수에게서 줌 미팅과 이메일을 통한 질의/답변과 추가설명도 듣고, 디지털화폐 분야의 전문가인 송지현 교수의 자문과 감수도 받았습니다. 이 자리를 빌어 후버 교수와 송지현 교수에게 심심한 감사의 말씀을 전합니다. 그럼에도 불구하고 혹시나 남아 있을 오역이나 미흡한 점에 대한 책임은 모두 역자들에게 있음을 분명히 밝혀둡니다.

끝으로 기꺼이 추천사를 써주신 강남훈, 장경운, 조복현, 홍기빈(가나다 순) 선생님들께 심심한 고마움을 전합니다. 특히 조복현 교수님은 꼼꼼한 용어 검토와 윤문까지 해주셨음을 밝혀둡니다. 돈 안 되는 돈에 관한 전문서적의 번역출판을 맡아주시고 역자들을 오히려 격려해주신 진인진 출판사 김태진 대표님께도 깊은 감사말씀을 드리지 않을 수 없습니다.

이 책이 독자 여러분에게 화폐의 미래에 관한 나름의 아이디어를 제공하고 나아가 화폐 민주화 개혁의 대의를 깨닫는 계기가 될 수 있기를 기대해 마지 않습니다.

2025년 4월
역자 일동

역자 소개

서익진은

프랑스 그르노블 사회과학대학교에서 경제학 박사학위를 취득했고, 경남대 경제금융학과를 퇴직한 뒤 '화폐민주주의연대' 공동대표를 맡고 있다. 1997년 외환위기를 계기로 화폐·금융에 관심을 가지기 시작했고, 2008년 서브프라임 위기를 계기로 본격적으로 공부해왔다. 수년 전부터 화폐의 본성과 현행 통화 공급 시스템이 안고 있는 문제점을 널리 알리고 화폐 민주주의의 실현을 위한 대안 모색에 열중하고 있다. 한국 경제와 국제 경제를 다룬 다수의 저서와 논문이 있으며, 프랑스어로 쓰인 경제학 전문서적의 우리말 번역 출간에 많은 노력을 기울여왔다. 대표적인 번역서로는 푸셰의 〈화폐의 비밀〉, 셰네의 〈금융의 세계화〉와 〈자본의 세계화〉, 플리옹의 〈신자본주의〉, 아글리에타의 〈위기, 어떻게 볼 것인가〉, 〈세계자본주의의 무질서〉, 부아예의 〈자본주의 정치경제학〉 등이 있다.
e-mail : ijseo@naver.com

김준강(수한)은

경남 창원시 마산합포구 진전면 미천마을 산촌에 살고 있다. 90년대 초, 서울시 관악구 신림7동 달동네 낙골(난곡동)에서 빈민운동을 했고, 프랑스 파리 10대학에서 경제사회학을 공부하기도 했다. 2021년 12월 '화폐민주주의연대' 시민단체를 만드는데 공동창립자로 참여했으며 지금은 사무처장

겸 공공은행추진본부 공동본부장으로 헌신하고 있다. 녹색당 창당멤버로서 전국운영위원, 경남녹색당 운영위원장 역할을 하기도 했으며 앞으로 스위스 직접민주주의 정치가 한국 사회에 도입되고 직접민주지역자치당이 창당되길 간절히 바라는 한 사람의 민중이다.
e-mail: monnaielibre@gmail.com

김민정은
학부 졸업 직후 스타트업에서 일했으며, 한·일·인니 (Tansa – 뉴스타파–템포) 공조 찌레본 석탄발전소 탐사보도 프로젝트도 진행한 바 있다. 이후 서울시 사회적경제지원센터에서 '지역사회 통합돌봄' 사업을 맡으며, 커먼즈를 기반으로 한 "삶의 안정망" 구축이라는 주제에 천착하게 되었다. 복지 정책 재원 마련을 위해 화폐의 창조 및 유통구조에 대한 질문을 시발점으로 국제결제은행 이노베이션허브에서 중앙은행들의 CBDC에 대한 다양한 고민과 진행 과정을 지켜 볼 수 있었다. 현재 태재미래전략연구원에서 지속불가능 문제를 연구하며 '화폐민주주의연대' 활동을 병행하고 있다. 중국에서 중·고등학교 졸업 후, 와세다대학교–싱가포르국립대학교 (복수학위) 리버럴아츠/철학 학사, 런던정치경제대학교에서 정치학·정치경제학 석사 학위를 취득했다.
e-mail: minjungkim111@gmail.com

참고문헌

제2장. 삼층 구조 화폐 시스템. 화폐 유형, 그 창조와 유통

Adrian, Tobias, and Tommaso Mancini-Griffoli. 2019a. The Rise of Digital Money, *IMF Fintech Note* 19/01.

Adrian, Tobias, and Tomaso Mancini-Griffoli. 2019b. Digital Currencies: The Rise of Stablecoins. *IMF Blog*, September 19.

Baba, Naohiko, Robert N. McCauley, and Srichander Ramaswamy. 2009. US Dollar Money Market Funds and Non-US Banks. *BIS Quarterly Review* (March): 65~81.

Bech, Morten, and Rodney Garratt. 2017. Central Bank Cryprocurrencies, Basel Bank for International Settlements. *BIS Quarterly Review* (September): 55~70.

Belgin, Stephen, and Bernard A. Lietaer. 2011. *New Money for a New World*. Coulder, CO: Qiterra Press.

Benson, Carol C., Scott Loftesness, and Russ Jones. 2017. *Payments Systems in the U.S. A Guide for the Payments Professional*. San Francisco, CA: Glenbrook.

Birch, Kate. 2022. How Large Enterprises Are Driving Digital Currency Adoption. *Business Chief*, January 6.

Clifford Chance & R3. 2019. *A Global Overview of Regulatory Requirements in Asia Pacific, Europe, the UAE and the US*, September.

Dalton, Mike. 2020. What Is Diem? Introduction to the Facebook-Backed Stablecoin. *Crypto.com*, December 17.

De, Nikhilesh. 2020. Libra Rebrands to 'Diem' in Anticipation of 2021 Launch. *Coindesk*, December 1.

Diem Association. 2020. *White Paper*. https://wp.diem.com/en-US/wp-content/uploads/sites/23/2020/04/Libra_WhitePaperV2_April2020.pdf, as of October 28. Also cf. https://www.diem.com/en-us, as of October 28.

Dilmegani, Cem. 2021. Tether USDT Is Probably a Scam But It Can Remain Valuable. *AI Multiple*, November 6.

Dt. Bank. 2020. *The Future of Payments*. Corporate Bank Research, January.

Part I—Cash: the Dinosaur Will Survive … For Now.

Part II—Moving to Digital Wallets and the Extinction of Plastic Cards.

Part III—Digital Currencies: the Ultimate Hard Power Tool.

Dt. Bundesbank. 2017. The Role of Banks, Non-Banks and the Central Bank in the Money Creation Process. *Monthly Report* (April): 13~33.

Dt. Bundesbank. 2022. *Payment Behaviour in Germany 2021*. Frankfurt: Bundesbank.

ECB. 2020. *Study on the Payment Attitudes of Consumers in the Euro Area (SPACE)*. Frankfurt, December.

Ehrentraud, Johannes, Jermy Prenio, Codruta Boar, Mathilde Janfils, and Aidan Lawson. 2021. Fintech and Payments: Regulating Digital Payment Services and E-money. Bank for International Settlements, Financial Stability Institute, *Insights on Policy Implementation*, No. 33, July.

Esselink, Henk, and Lola Hernández. 2017. The Use of Cash by Households in the Euro Area. *European Central Bank Occasional Paper Series*, No. 201, Frankfurt, November.

Garrido, José, and Jan Nolte. 2021. Making Electronic Money Safer in the Digital Age. *IMF Blog*, December 14.

Gesell, Silvio. 1958 [1916]. *The Natural Economic Order*. London: Peter Owen.

Gorton, Gary B., and Jeffery Y. Zhang. 2021. Taming Wildcat Stablecoins. *SSRN Working Paper*, September 30. Available at https://doi.org/10.2139/ssrn.3888752.

Greco, Thomas H., Jr. 2001. *Understanding and Creating Alternatives to Legal Tender*. White River Junction, VT: Chelsea Green Publishing Company.

Groppa, Octavio, and Fernando Curi. 2019. Mobile Money Regulation: Kenya, Ecuador and Brazil Compared. *Working Paper*. Universidad Católica Argentina, Buenos Aires.

Hallsmith, Gwendolyn, and Bernard A. Lietaer. 2011. *Creating Wealth: Growing Local Economies with Local Currencies*. Gabriola Island, BC: New Society Publishers.

Hess, Simon. 2019. 100% E-Money and Its Implications for Central Bank Digital Currency. *SSRN Working Paper*. June 26. Available at https://doi.org/10.2139/ssrn.3410242.

Hilton, Adrian. 2004. Sterling Money Market Funds, Bank of England. *Quarterly Bulletin* (Summer): 176~182.

Howarth, Josh. 2022. How Many People Own Bitcoin? 95 Blockchain Statistics. *Exploding Topics*, January 10.

Huber, Joseph. 2017a. *Sovereign Money. Beyond Reserve Banking*. London: Palgrave Macmillan.

Huber, Joseph. 2017b. Split-Circuit Reserve Banking—Functioning, Dysfunctions and Future Perspectives. *Real-World Economics Review*, No. 80, 63~84, June.

Kennedy, Margrit, Bernard A. Lietaer, and John Rogers. 2012. *People Money: The Promise of Regional Currencies*. Bridport, UK: Triarchy Press.

Keohane, David. 2017. Goldman Calls Peak Cash. *Financial Times Alphaville*, March 24. ftalphaville.ft.com/2017/03/24/2186391/snap-av-goldman-calls-peak-cash, as of April 29, 2018.

Knapp, Georg Friedrich. 1924[1905]. *The State Theory of Money*. London: Macmillan.

Lalouette, Laure, and Henk Esselink. 2018. Trends and Developments in the Use of Euro Cash Over the Past Ten Years, *ECB Economic Bulletin* (6).

Libra Whitepaper. 2019. https://de.slideshare.net/HermannDjoumessi/libra-whitepaper-english.

Lietaer, Bernard A., Christian Arnsperger, Sally Goerner, and Stefan Brunnhuber. 2012. *Money and Sustainability. The Missing Link.* Axminster, UK: Triarchy Press.

Mai, Heike. 2015. Money Market Funds, an Economic Perspective. In *EU Monitor Global Financial Markets*, ed. DB Research. February 26.

McLeay, Michael, Amar Radia, and Ryland Thomas. 2014. Money Creation in the Modern Economy. *Bank of England Quarterly Bulletin* 2014 (Q1): 14~27.

McMillan, Jonathan. 2014. *The End of Banking. Money, Credit, and the Digital Revolution.* Zurich: Zero/One Economics.

Murau, Steffen. 2017. Shadow Money and the Public Money Supply: The Impact of the 2007~2009 Financial Crisis on the Monetary System. *Review of International Political Economy* 24 (5, September): 802~838.

Niepelt, Dirk. 2015. Reserves for Everyone—Towards a New Monetary Regime? *VOX CEPR's Policy Portal*, January 21.

Niepelt, Dirk, ed. 2021. *Central Bank Digital Currency. Considerations, Project, Outlook*, London: CEPR Press.

Niepelt, Dirk. 2021. 'Reserves for All': Political Rather Than Macroeconomic Risks. In Niepelt, ed., 39~44.

Oliveros, Rosa M., and Lucia Pacheco. 2016. Protection of Customers' Funds in Electronic Money: A Myriad of Regulatory Approaches, BBVA Research. *Financial Inclusion Watch*, October 28.

Rogoff, Kenneth S. 1998. Blessing or Curse? Foreign and Underground Demand for Euro Notes. *Economic Policy* 13 (26, April): 261~303.

Rogoff, Kenneth S. 2014. Costs and Benefits to Phasing Out Paper Currency.

NBER Working Papers, May.

Rogoff, Kenneth S. 2016. *The curse of cash*. Princeton University Press. [Crossref]

Ryan-Collins, Josh, Tony Greenham, Richard Werner, and Andrew Jackson. 2012. *Where Does Money Come From? A Guide to the UK Monetary and Banking System*, 2nd ed. London: New Economics Foundation.

제3장. 지배 화폐. 은행화폐 체제

Aliber, Robert Z., and Kindleberger, Charles P. 2015 [1978]. *Manias, Panics, and Crashes. A History of Financial Crises*, New York: Basic Books. 7th edition.

Arcand, Jean-Louis, Berkes, Enrico, and Panizza, Ugo. 2012. Too Much Finance? *IMF Working Paper*, WP/12/161.

Atkinson, Anthony B., Piketty, Thomas, and Saez, Emmanual. 2011. Top Incomes in the Long Run of History, *Journal of Economic Literature*, 49 (1): 3~71.

Atkinson, Anthony B. 2015. *Inequality. What can be done?* Cambridge, MA: Harvard University Press.

Bennett, Paul, and Peristiani, Stavros. 2002. Are U.S. Reserve Requirements still Binding? Federal Reserve Bank of New York, *Economic Policy Review*, 8 (1): 53~68.

Bhatia, Ashok Vir. 2011. Consolidated Regulation and Supervision in the United States, *IMF Working Paper*, No.23.

Bindseil, Ulrich, and König, Philipp J. 2013. Basil J. Moore's Horizontalists and Verticalists: An appraisal 25 years later, *Review of Keynesian Economics*, 1 (4) (Winter): 383~390.

Bindseil, Ulrich. 2004. The Operational Target of Monetary Policy and the Rise and Fall of Reserve Position Doctrine, *ECB Working Paper Series*, No. 372.

Borio, Claudio. 2012. *The Financial Cycle and Macroeconomics: What have we Learnt? BIS Working Papers*, No. 395, Basel: Bank for International Settlements.

Borio, Claudio. 2017. *Secular Stagnation or Financial Cycle Drag?* Basel: Bank for International Settlements.

Carney, Mark. 2019. *The Growing Challenges for Monetary Policy in the Current International Monetary and Financial System*, Speech at the Jackson Hole Symposium 2019, publ. by the Bank of England, August 2019.

Chansel, Lucas, Piketty, Thomas, Saez, Emmanuel, and Zucman, Gabriel. 2022. *World Inequality Report 2022*, publ. by World Inequality Lab with support from UNDP.

Dt. Bank Markets Research. 2014. *Long-Term Asset Return Study*, London, September 2014.

Dt. Bank Markets Research. 2017. *Long-Term Asset Return Study*, London, July 2017.

Dt. Bundestag. 2020. *Dokumentation zu den Begriffen Finanz- und Realwirtschaft*, WD 5—3000—003/20.

Eichengreen, Barry. 2011. *Exorbitant Privilege. The Rise and Fall of the Dollar and the Future of the International Monetary System*, New York: Oxford University Press.

Esselink, Henk, and Hernández, Lola. 2017. The use of Cash by Households in the Euro Area, *European Central Bank Occasional Paper Series*, No. 201, Frankfurt.

Financial Stability Board. 2020. *Global Monitoring Report on Non-Bank Financial Intermediation 2020*, www.fsb.org/2021/12/global-monitoring-report-on-non-bank-financial-intermediation-2021.

Fisher, Irving. 1935. *100%-Money*. New Haven: Yale University.

Friedman, Milton, and Schwartz, Anna J. 1963. *A Monetary History of the United States and the United Kingdom 1867~1960*. Chicago: University of Chicago Press.

Fullbrook, Edward, and Morgan, Jamie, (Eds). 2020. *The Inequality Crisis*. Bristol: World Economics Association Books.

Gopinath, Gita, Boz, Emine, Casas, Camila, Díez, Federico J., Gourinchas, Pierre-Olivier, and Plagborg-Möller, Mikkel. 2016. Dominant Currency Paradigm, *NBER Working Paper*, No. 22943.

Gopinath, Gita, and Stein, Jeremy C. 2018. Banking, Trade, and the Making of a Dominant Currency, *NBER Working Paper*, No. 24485.

Huber, Joseph. 2017. *Sovereign Money. Beyond Reserve Banking*, London: Palgrave Macmillan. [Crossref]

Hudson, Michael. 2003 [1972]. *Super Imperialism. The Origin and Fundamentals of U.S. World Dominance*, New edition, London: Pluto Press.

Hudson, Michael. 2012. *The Bubble and Beyond*, Dresden: Islet Verlag [FIRE sector].

Jacab, Zoltan, and Kumhof, Michael. 2015. Banks Are Not Intermediaries of Loanable Funds—and Why This Matters, *Bank of England Working Paper*, No. 529.

Jordà, Òscar, Schularick, Moritz, and Taylor, Alan M. 2010. Financial Crises, Credit Booms, and External Imbalances. 140 Years of Lessons, *NBER Working Papers*, No. 16567.

Jordà, Òscar, Schularick, Moritz, and Taylor, Alan M. 2014. The Great Mortgaging: Housing Finance, Crises, and Business Cycles, *NBER Working Papers*, No. 20501.

Keen, Steve. 2011. *Debunking Economics*. London/New York: Zed Books. [Crossref]

Keen, Steve. 2014. Endogenous Money and Effective Demand, *Review of Keynesian Economics*, 2 (3) (Autumn): 271–291.

Kindleberger, Charles P., and Laffargue, J.-P. (Eds). 1982. *Financial Crises. Theory, History, and Policy*, Cambridge University Press.

Kindleberger, Charles P. 1993. *A Financial History of Western Europe*. New

York: Oxford University Press.

Krüger, Malte, and Seitz, Franz. 2014. *The Importance of Cash and Cashless Payments in Germany*, Proceedings of the International Cash Conference 2014: The Usage, Costs and Benefits of Cash. Frankfurt: Bundesbank.

Kuvshinov, Dmitry, and Zimmermann, Kaspar. 2021. The Big Bang: Stock Market Capitalization in the Long Run), *Journal of Financial Economics*, 145 (2) (Part B): 527~552.

Kydland, Finn, and Prescott, Edward. 1990. Business Cycles: Real Facts and a Monetary Myth. *Quarterly Review* 14: 3~18.

Laeven, Luc, and Valencia, Fabian. 2008. Systemic Banking Crises. A New Database, *IMF Working Paper*, WP 08/224.

Lavoie, Marc. 2014. A Comment on 'Endogenous Money and Effective Demand' by Steve Keen, *Review of Keynesian Economics*, 2 (3) (Autumn): 321~332.

Lutz, Friedrich. 1936. *Das Grundproblem der Geldverfassung*, Stuttgart/Berlin: Kohlhammer.

Macfarlane, Laurie, Ryan-Collins, Joshm, Bjerg, Ole, Nielsen, Rasmus, and McCann, Duncan. 2017. *Making Money from Making Money. Seigniorage in the Modern Economy*, publ. by New Economics Foundation, London, and Copenhagen Business School.

McKinsey Global Institute. 2010. *Debt and Deleveraging—The Global Credit Bubble and its Economic Consequences*, January 2010.

McKinsey Global Institute. 2021. *The Rise and Rise of the Global Balance Sheet*, November 2021.

Minsky, Hyman P. 1982a. The Financial Instability Hypothesis. Capitalist Processes and the Behavior of the Economy, In: C. P. Kindleberger, J.-P. Laffargue (Eds.), *Financial Crises. Theory, History, and Policy*, Cambridge University Press, 13~39.

Minsky, Hyman P. 1982b. *Can 'It' Happen Again? Essays on Instability and Fi-

nance, Armonk, N.Y.: M.E. Sharpe.

Minsky, Hyman P. 1986. *Stabilizing an Unstable Economy*. New Haven: Yale University Press.

Moore, Basil J. 1988a. *Horizontalists and Verticalists: The Macroeconomics of Credit Money*. Cambridge University Press.

Moore, Basil J. 1988b. The Endogenous Money Supply, *Journal of Post Keynesian Economics*, 10 (3): 372~385.

Palley, Thomas I. 2013. Horizontalists, Verticalists, and Structuralists: The Theory of Endogenous Money Reassessed, *Review of Keynesian Economics*, 1 (4): 406~424.

Rochon, Louis-Philippe. 1999a. *Credit, Money and Production. An Alternative Post-Keynesian Approach*, Cheltenham: Edward Elgar. [Crossref]

Rochon, Louis-Philippe. 1999b. The Creation and Circulation of Endogenous Money, *Journal of Economic Issues*, 33 (1): 1~21.

Rogoff, Kenneth S. 2017. Dealing with Monetary Paralysis at the Zero Bound, *Journal of Economic Perspectives*, 31 (3) (Summer): 47~66.

Rossi, Sergio. 2003. Money and Banking in a Monetary Theory of Production, In L. P. Rochon, Rossi, Sergio (Eds.), *Modern Theories of Money*, Cheltenham: Edward Elgar, 339~359.

Rossi, Sergio. 2007. *Money and Payments in Theory and Practice*. London: Routledge. [Crossref]

Ryan-Collins, Josh, Lloyd, Toby, and Macfarlane, Laurie. 2017. *Rethinking the Economics of Land and Housing*. London: Zed Books Ltd.

Schularick, Moritz, and Taylor, Alan M. 2009. Credit Booms Gone Bust. 1870 – 2008, National Bureau of Economic Research, *Working Paper*, No. 15512. Reprinted In *American Economic Review*, 102 (2): 1029~61.

Shiller, Robert J. 2015. *Irrational Exuberance, revised and expanded*, 3rd ed. Princeton NJ: Princeton University Press. [Crossref]

Sigl-Glöckner, Philippa. 2018. Ein Blick ins Innere des europäischen Finanzgetriebes, *Makronom*, 7.

Stevens, Edward J. 1971. Composition of the Money Stock Prior to the Civil War, *Journal of Money, Credit and Banking*, 3 (1): 84~101.

Turner, Adair. 2012. *Economics After the Crisis. Objectives and Means*, Cambridge, Mass./London: The MIT Press.

van Lerven, Frank, Hodgson, Graham, and Dyson, Ben. 2015. *Would There be Enough Credit in a Sovereign Money System?* London: Positive Money.

Werner, Richard A. 2011. Economics as if Banks Mattered, *The Manchester School*, 79: 25~35.

Werner, Richard A. 2014a. Can Banks Individually Create Money out of Nothing? The Theories and the Empirical Evidence, *International Review of Financial Analysis* 36: 1~19.

Werner, Richard A. 2014b. How do Banks Create Money, and Why can Other Firms not do the Same? *International Review of Financial Analysis* 36: 71~77. [Crossref]

제4장. 화폐 주권. 준-주권 명령화폐로서의 은행화폐

Benink, Harald A., and George Bentson. 2005. The Future of Banking Regulation in Developed Countries: Lessons from and for Europe. *Financial Markets, Institutions & Instruments* 14 (5). [Crossref]

Benink, Harald A. 2016. Raising Bank Capital and the Implications for the Cost of Capital, In: Patricia Jackson (Ed.), *Banking Reform*, publ. by SUERF The European Money and Finance Forum, London.

Douglas, Paul H., Hamilton, Earl J., Fisher, Irving, King, Willford I., Graham, Frank D., and Whittlesey, Charles R. 1939. *A Program for Monetary Reform*. Unpublished, but widely circulated among economists at the time. Available from the Kettle Pond Institute for Debt-Free Money, www.economicstability.org/history/a-program-for-monetaryreform-the-1939-document.

Eucken, Walter. 1959. *Grundsätze der Wirtschaftspolitik*. Hamburg: Rowohlt.

Fisher, Irving. 1935. *100%-Money*. New Haven: Yale University.

Friedman, Milton. 1959. *A Program for Monetary Stability*. New York: Fordham University Press.

Galbraith, John Kenneth. 1995 [1975]. *Money. Whence it Came, Where it Went*, New York: Houghton Mifflin, 1st ed. 1975.

Goodhart, Charles A. E. 1998. The Two Concepts of Money—Implications for the Analysis of Optimal Currency Areas. *European Journal of Political Economy* 14 (1998): 407~432. [Crossref]

Goodhart, Charles A.E., and Meinhard Jensen. 2015. Currency School versus Banking School: An Ongoing Confrontation. *Economic Thought* 4 (2): 20~31.

Graeber, David. 2012. *Debt. The First 5,000 Years*, New York: Melville House Publishing.

Hart, Albert G. 1935. The Chicago Plan of Banking Reform, *The Review of Economic Studies*, 2: 104~116. Reprinted in Friedrich A. Lutz and Lloyd W. Mints (Eds.). 1951. Readings in Monetary Theory, Homewood, Ill.: Richard D. Irwin, 437~456.

Hayek, Friedrich A. von. 1976. *Denationalisation of Money*. London: Institute of Economic Affairs.

Henry, John F. 2004. The Social Origins of Money: The Case of Egypt, In: Wray (Ed.), 79~98.

Hudson, Michael. 2004. The Archeology of Money. Debt versus Barter—Theories of Money's Origins, In: Wray (Ed.), 99~127.

Huerta de Soto, Jesús. 2009. *Money, Bank Credit, and Economic Cycles*, Auburn, Al.: Ludwig von Mises Institute, 2nd edition (1st 2006).

Knapp, Georg Friedrich. 1924 [1905]. *The State Theory of Money*, London: Macmillan & Co.

Lutz, Friedrich A. 1936. *Das Grundproblem der Geldverfassung*, Stuttgart/Berlin: Kohlhammer.

O'Brien, Denis Patrick. 1994. *Foundations of Monetary Economics*, Vol. IV—

The Currency School, Vol. V—The Banking School, London: William Pickering.

O'Brien, Denis Patrick. 2007. *The Development of Monetary Economics*. Cheltenham: Edward Elgar. [Crossref]

Rothbard, Murray N. 1962. The Case for a 100-Percent Gold Dollar. In *Search of a Monetary Constitution*, (Ed.), B. Leland, Yeager, 94~136. Cambridge, Mass.: Harvard University Press. [Crossref]

Simmel, Georg. 2004 [1900]. *Philosophy of Money*, edited by David Frisby. London: Routledge.

Simons, Henry C. 1948. A Positive Programme for Laissez Faire. Some Proposals for a Liberal Economic Policy, and: Rules versus Authorities in Monetary Policy. Both articles In: H.C. Simons, *Economic Policy for a Free Society*, The University of Chicago Press, 1948. First published as 'Rules versus...', *The Journal of Political Economy*, 44 (1936): 1~30.

Soddy, Frederick. 1934. *The Role of Money. What it should be, contrasted with what it has become*, London: George Routledge and Sons Ltd.

Wray, L. Randall., (Ed.). 2004. *Credit and State Theories of Money. The Contributions of A. Mitchell-Innes*, Cheltenham: Edward Elgar Publishing.

제5장. 화폐공급의 구성에서 나타났던 역사적 전환점들

Aliber, Robert Z., and Charles P. Kindleberger. 2015 [1978]. *Manias, Panics, and Crashes. A History of Financial Crises*, New York: Basic Books. 7th edition.

Davies, Glyn. 2013. *A History of Money*. Cardiff: University of Wales Press.

Ferguson, Niall. 2008. *The Ascent of Money. A Financial History of the World*, London/New York: Allen Lane.

Galbraith, John Kenneth. 1995 [1975]. *Money. Whence it Came, Where it Went*, New York: Houghton Mifflin, 1st ed. 1975.

Graeber, David. 2012. *Debt. The First 5,000 Years*, New York: Melville House Publishing.

Hawtrey, Ralph G. 1919. *Currency and Credit*. London: Longmans, Green & Co.

Hixson, William F. 1993. *Triumph of the Bankers. Money and Banking in the Eighteenth and Nineteenth Centuries*, Westport, Conn./London: Praeger.

Hudson, Michael. 2003 [1972]. *Super Imperialism. The Origin and Fundamentals of U.S. World Dominance*, new edition, London: Pluto Press.

Huerta de Soto, Jesús. 2009. M*oney, Bank Credit, and Economic Cycles*, Auburn, Al : Ludwig von Mises Institute, 2nd edition (1st 2006).

Ingham, Geoffrey. 2004. The Emergence of Capitalist Credit Money, In: Wray, L. R. (ed.) 2004, 173~222.

Kindleberger, Charles P., and Jean-Pierre Laffargue (Eds). 1982. *Financial Crises. Theory, History, and Policy*, Cambridge University Press.

Macleod, Henry Dunning. 1889. *The Theory of Credit*. London: Longmans, Green & Co.

O'Brien, Denis Patrick. 1994. *Foundations of Monetary Economics*, Vol. Ⅳ - The Currency School, Vol. Ⅴ - The Banking School, London: William Pickering.

O'Brien, Denis Patrick. 2007. *The Development of Monetary Economics*. Cheltenham: Edward Elgar. [Crossref]

Schumpeter, Joseph A. 1934 [1911]. *The Theory of Economic Development. An Inquiry into Profits, Capital, Credit, Interest, and the Business Cycle*, Harvard Economics Studies No. 46.

Siekmann, Helmut. 2016. Deposit Banking and the Use of Monetary Instruments, in D.Fox/W.Ernst (eds). *Money in the Western Legal Tradition. Middle Ages to Bretton Woods*, Oxford University Press, 489~531.

Simmel, Georg. 2004 [1900]. *Philosophy of Money*, ed. by David Frisby, London: Routledge.

Skidelsky, Robert. 2018. *Money and Government: The Past and Future of Economics*. New Haven/London: Yale University Press. [Crossref]

Withers, Hartley. 1909. *The Meaning of Money*. London: Smith, Elder & Co.

Zarlenga, Stephen A. 2002. *The Lost Science of Money - the Mythos of Money, the Story of Power*, Valatie, NY: American Monetary Institute.

제6장. 현재 진행 중인 화폐공급의 재구성

Adrian, Tobias and Tomaso Mancini-Griffoli. 2021. How will Digital Money Impact the International Monetary System? In Niepelt (Ed.) 2021, pp. 73~79.

AfJM (Alliance for Just Money). 2021. American Monetary Reform Act, update of AMI 2010.

Allais, Maurice. 1988 [1977]. *L'Impôt sur le capital et la réforme monétaire*. Paris: Hermann Éditeurs des Sciences et des Arts, Nouvelle édition.

AMI (American Monetary Institute). 2010. *Presenting the American Monetary Act*. Valatie, NY: American Monetary Institute, http://monetary.org/wp-content/uploads/2011/09/32-page-brochure.pdf.

Andolfatto, David. 2015, February 3. Fedcoin: On the Desirability of a Government Cryptocurrency. *Macromania*.

Andresen, Trond. 2014. The Central Bank with an Expanded Role in a Purely Electronic Monetary System. *Real-World Economics Review* 68 (2014): 66~73.

Andresen, Trond. 2019, October. Initiating a Parallel Electronic Currency in a Eurocrisis Country. Why it Would Work. *Real-World Economics Review* (89): 23~31.

Bank of England. 2020, March. Central Bank Digital Currency. Opportunities, challenges and design, *Discussion paper*.

Barrdear, John and Michael Kumhof. 2016, July. The Macroeconomics of Central Bank Issued Digital Currencies, Bank of England. *Staff Research Paper* No. 605.

Bech, Morten and Rodney Garratt. 2017, September. Central Bank Cryprocurrencies, Basel Bank for International Settlements. *BIS Quarterly Review*, 55~70.

Benes, Jaromir and Michael Kumhof. 2012. The Chicago Plan Revisited. *IMF working paper*, 12/202 August 2012, revised draft February 2013.

Birch, Kate. 2022, January 6. How Large Enterprises are Driving Digital Currency Adoption. *Business Chief*.

BIS. 2015, November. *Digital Currencies*, prep. by the BIS Committee on Payments and Market Infrastructures. Basel: Bank for International Settlements.

BIS. 2018, March. *Central Bank Digital Currencies*, prep. by the BIS Committee on Payments and Market Infrastructures. Basel: Bank for International Settlements.

BIS. 2019, January. Proceeding with Caution. A Survey on Central Bank Digital Currency, Written by Christian Barontini and Henry Holden. *Bank for International Settlements Papers*, No. 101.

BIS. 2020. *Central Bank Digital Currencies: Foundational Principles and Core Features*, publ. by BIS and the central banks of Canada, EU, Japan, Sweden, Switzerland, England and USA. Basel: BIS.

BIS. 2021. *CBDC: Opportunity for the monetary system*. BIS Annual Economic Report, 65~95.

Bjerg, Ole. 2018, August. Breaking the Gilt Standard. The problem of parity in Kumhof and Noone's design principles for Central Bank Digital Currencies. *Copenhagen Business School Working Paper*.

Boar, Codruta, Henry Holden and Amber Wadsworth. 2020, January. Impending Arrival – A Sequel to the Survey on Central Bank Digital Currency. *BIS Papers*, No. 107. Basel: Bank for International Settlements.

Bordo, Michael D. 2018. *Central Bank Digital Currency. The Future Direction for Monetary Policy?* Shadow Open Market Committee, E21 Manhattan Institute, March 9, 2018, http://shadowfed.org/wp-content/uploads/2018/03/BordoSOMC-March2018.pdf.

Bordo, Michael D. and Andrew T. Levin. 2017, August. Central Bank Digital Currency and the Future of Monetary Policy. *NBER Working Paper Series*, No. 23711.

Bordo, Michael D. and Andrew T. Levin. 2019, January. Digital Cash: Principles & Practical Steps. *NBER Working Paper Series*, No. 25455.

Braun, Helene. 2022a. Janet Yellen Stresses Need for Central Bank Digital Currency Work. *CoinDesk*, October 13, 2022a, https://www.coindesk.com/policy/2022a/10/13/yellen-stresses-need-for-central-bank-digital-currency, as of October 18, 2022a.

Braun, Helene. 2022b. Powell Says Fed Plans Recommendation to Congress on CBDC. Reuters, June 23, 2022b, www.coindesk.com/markets/2022b/06/23/powell-says-fed-plans-recommendation-to-congress-on-cbdc, as of October 18, 2022b.

Brigida, Anna-Cat and Leo Schwartz. 2022, March 15. El Salvador's Bitcoin gamble is crumbling. *The 2022 Rest of the World Reader Survey*.

Broadbent, Ben. 2016. *Central Banks and Digital Currencies*, Speech at the London School of Economics documented by the Bank of England, www.bankofengland.co.uk/publications/Pages/speeches/default.aspx.

Caudevilla, Oriol. 2021, January 4. A Pan-Asian Digital Currency would bring many opportunities to China. *Macau News Agency Opinion*.

Chaum, David, Christian Grothoff and Thomas Moser. 2021. How to Issue a Central Bank Digital Currency. *SNB Working Papers*, 3/2021. Bern: Swiss National Bank.

Cuen, Leigh. 2021, March 21. The Debate About Cryptocurrency and Energy Consumption. *Join TechCrunch+*.

Cunha, Paulo R., Paulo Melo and Helder Sebastião. 2021. From Bitcoin to

CBDC: Making Sende of the Digital Money Revolution. *Future Internet* 13: 165. www.mdpi.com/journal/futureinternet.

Danezis, George and Sarah Meiklejohn. 2016. *Centrally Banked Cryptocurrencies*. http://wwww0.cs.ucl.ac.uk/staff/G.Danezis/papers/ndss16currencies.pdf.

Dt. Bank. 2020, January. *The Future of Payments*, Corporate Bank Research.

Part I - Cash: the Dinosaur Will Survive … For Now.

Part II - Moving to Digital Wallets and the Extinction of Plastic Cards.

Part III - Digital Currencies: The Ultimate Hard Power Tool.

Dt. Bundesbank. 2020, December 21. Money in Programmable Applications. Report of the Working Group on Programmable Money. Frankfurt.

Dt. Bundesbank. 2021, April. Digital Money: Options for Payments. *Monthly Report*, 57~75.

Dyson, Ben and Graham Hodgson. 2016. *Digital Cash. Why Central Banks should start Issuing Electronic Money*. London: Positive Money.

Dyson, Ben and Jack Meaning. 2018, May 30. Would a Central Bank Digital Currency disrupt monetary policy? *Bank Underground*.

ECB. 2020a, December. *Study on the Payment Attitudes of Consumers in the Euro Area (SPACE)*. Frankfurt.

ECB. 2020b, October. *Report on a digital euro*. Frankfurt: ECB.

Eichengreen, Barry. 2017, October 30. Central Bank-Issued Digital Currency is the Future, Not Cryptocurrency. *CNBC The Fintech Effect*.

Elmandjra, Yassine. 2021, June 29. Debunking Common Bitcoin Myths. *ARK Invest*.

Federal Reserve of the U.S. 2022, January. *Money and Payments: The U.S. Dollar in the Age of Digital Transformation*, Research & Analysis. Board of Governors of the Federal Reserve System.

Financial Stability Board. 2020. *Global Monitoring Report on Non-Bank Financial Intermediation 2020*. www.fsb.org/2021/12/global-monitoring-report-on-non-bank-financial-intermediation-2021.

Frisbie, Sonnet. 2022, June 13. Widespread e-CNY Adoption in China is Coming. *Morning Consult*.

Gomez, Christian. 2010. 100%-Money. Osons Maurice Allais, Juin 2010, https://osonsallais.wordpress.com/2010/02/22/christian-gomez-100-money.

Guan, Dabo and Shouyang Wang. 2021, April 7. Environmental Science: Climate Impacts of Bitcoin Mining in China. *Nature Communications*.

Heasman, Will. 2019, December 6. The Worrying Truth Behind China's Digital Currency. *Decrypt*.

Howell, Sabrina T., Marina Niessner and David Yermack. 2020, September. Initial Coin Offerings: Financing Growth with Cryptocurrency Token Sales. *The Review of Financial Studies* 33 (9): 3925~3974.

Huber, Joseph and James Robertson. 2000. *Creating New Money. A Monetary Reform for the Information Age*. London: New Economics Foundation.

IMF. 2018. Casting Light on Central Bank Digital Currency. *IMF Staff Discussion Note*, written by T. Mancini-Griffoli et al., Washington D.C.: International Monetary Fund.

Ingves, Stefan. 2018. *The e-Krona and the Payments of the Future*, Speech by the Governor of the Swedish Riksbank, Stockholm.

Jackson, Andrew and Ben Dyson. 2013. *Sovereign Money – Paving the Way for a Sustainable Recovery*. London: Positive Money.

Karau, Sören. 2021. Monetary Policy and Bitcoin. *Dt. Bundesbank Discussion Paper*, No. 41/2021.

Kay, John. 2009. *Narrow Banking. The Reform of Banking Regulation*, publ. by the Centre for the Study of Financial Innovation, London.

Kay, John. 2015. *Other People's Money*. London: Profile Books.

Koning, J. P. 2014, October 19. Fedcoin. *JP Koning Blog*.

Kotlikoff, Laurence J. 2010. *Jimmy Stewart is Dead. Ending the World's Ongoing Plague with Limited Purpose Banking*, Hoboken, NJ: Wiley.

Kumar, Ananya. 2022, March 1. A Report Card on China's Central Bank Digital Currency: The e-CNY, *Atlantic Council Blog Econographics*.

Kumhof, Michael and Clare Noone. 2018, May. Central Bank Digital Currencies – Design Principles and Balance Sheet Implications. *Staff Working Paper*, No. 725. London: Bank of England.

Liao, Rita. 2022, January 22. China's Digital Yuan Wallet Now Has 260 Million Users. *Join TechCrunch+*.

Lopatto, Elizabeth. 2021, August 16. The Tether Controversy Explained. How Stable are Stablecoins? *The Verge*.

Mathew, Neil. 2018, November 12. Bitcoin Cash Surpasses Paypal's Transaction Speed. *Newconomy*.

Mayer, Thomas. 2013, July. A Copernican Turn in Banking Union Urgently Needed. *CEPS Policy Brief*, No. 297.

Mayer, Thomas. 2019. A Digital Euro to Compete with Libra. *The Economists' Voice* 16 (1): 1~7.

McKinsey Global Institute. 2021, November. *The Rise and Rise of the Global Balance Sheet*.

Meaning, Jack, Ben Dyson, James Barker and Emily Clayton. 2018, May. Broadening Narrow Money: Monetary Policy with a Central Bank Digital Currency. *Bank of England Staff Working Paper*, No. 724.

Nicolle, Emily. 2021, November 16. Why CBDC are Facing an Identity Crisis. *The Fintech Files*.

Niepelt, Dirk. 2015, January 21. Reserves for Everyone – Towards a New Monetary Regime? *VOX CEPR's Policy Portal*.

Niepelt, Dirk. 2018. Central Bank Digital Currency. What difference does it make? In *Do we need central bank digital currency? Economics, Technology and Institutions*, eds. Gnan, Ernest and Donato Masciandro, 99~112. Vienna: SUERF Conference proceedings.

Niepelt, Dirk. ed. 2021a. *Central Bank Digital Currency. Considerations, Project, Outlook*, Centre for Economic Policy Research. London: CEPR

Press 2021.

Niepelt, Dirk. 2021b. 'Reserves for All': Political Rather Than Macroeconomic Risks. In Niepelt (Ed.) 2021, pp. 39~44.

Omarova, Saule T. 2021, October. The People's Ledger: How to Democratize Money and Finance the Economy. *Vanderbilt Law Review* 74 (5): 1231~1300.

OMFIF. 2020. *Digital Currencies – A Question of Trust*. Written by Bhavin Patel and Pierre Ortlieb. London: OMFIF.

OMFIF/IBM. 2019. *Retail CBDCs, the Next Payments Frontier*. London: Official Monetary and Financial Institutions Forum / Costa Mesa, CA: IBM Blockchain Worldwire.

Phillips, Ronnie J. 1995. *The Chicago Plan & New Deal Banking Reform*, Foreword by Hyman P. Minsky, Armonk, NY: M. E. Sharpe Inc.

Positive Money. 2011. *Bank of England Creation of Currency Bill*. London: Positive Money.

Prasad, Eswar. 2021. *The Future of Money*. How the Digital Revolution is Transforming Currencies and Finance: The Belknap Press of Harvard University Press.

PwC Switzerland. 2021, April. *PricewaterhouseCoopers' CBDC Global Index*, authored by Adrian Keller and Bastian Stolzenberg.

Reiff, Nathan. 2022, July 9. The Environmental Impact of Cryptocurrency. *Investopedia*.

Reynolds, Sam and James Rubin. 2022, October 17. First Mover Asia: A Pan-Asian Digital Currency? *CoinDesk*.

Schemmann, Michael. 2012. *Liquid Money – The Final Thing. Federal Reserve and Central Bank Accounts for Everyone*: IICPA Publications.

Seidemann, Wolfram. 2021, July 27. CBDC Systems Should Focus on Programmable Payments. *OMFIF News*.

Sigurjonsson, Frosti. 2015, March. *Monetary Reform. A better monetary system for Iceland*. Icelandic Parliament, submitted to the Committee on

Economic Affairs and Trade.

Slack, Andrew. 2022, January 24. CBDC Must Preserve Defining Features of Physical Money. *OMFIF News*.

Smialek, Jeanna. 2021, August 5. Dividing Lines Harden as the Fed Contem-plates Issuing a Digital Dollar. *New York Times Daily Business Briefing*.

Smith, Tyler. 2021, November 26. Digital Tokens. *The Fintech Times*.

Summer, Martin and Hannes Hermanky. 2022. A Digital Euro and the Future of Cash, Austrian National Bank. *Quarterly Review of Economic Policy*, Q1-Q2 91~108.

Sveriges Riksbank. 2017, September. *The Riksbank's E-Krona Project*, Report 1, Stockholm.

Sveriges Riksbank. 2018a, October. *The Riksbank's E-Krona Project*, Report 2, Stockholm.

Sveriges Riksbank. 2018b. Special Issue on the e-Krona. *Sveriges Riksbank Economic Review*, 3.

Tapscott, Don and Alex Tapscott. 2016. *Blockchain Revolution - How the Technology Behind Bitcoin is Changing Money, Business, and the World*. New York: Penguin Random House.

Umar, Ismail. 2021, September 24. Two-Sided Integration Between Fiat and Crypto. How Banks are Gearing Up to Move into Digital Currencies. *Tearsheet*.

van Hee, Kees and Jacob Wijngaarden. 2021, December. A New Digital Currency System. *Central European Review of Economics and Management* 5 (4): 33~60.

Vandeweyer, Quentin. 2021. Stablecoins as Alternatives to CBDC. In Niepelt (Ed.) 2021, pp. 81~85.

Wortmann, Edgar. 2019. *Public Depository: Safe-Haven and Level Playing Field for Book Money*, Ons Geld, Nederland.

Yamaguchi, Kaoru. 2014. *Money and Macroeconomic Dynamics. An Account-*

ing System Dynamics Approach. Awaji Island: Muratopia Institute/ Japan Futures Research Center. www.muratopia.org/Yamaguchi/MacroBook.html.

Zellweger-Gutknecht, Corinne. 2021. The Right and Duty of Central Banks to Issue Retail Digital Currency. In Niepelt (Ed.) 2021, pp. 31~38.

Zitter, Leah. 2016, March 28. The Bank of England's RSCoin – An Experiment for Central Banks or a Bitcoin Alternative? *Bitcoin Magazine*.

제7장. CBDC 시스템 설계 원칙

Adrian, Tobias, and Tomaso Mancini-Griffoli. 2021. How Will Digital Money Impact the International Monetary System? In *Central Bank Digital Currency. Considerations, Project, Outlook*, ed. Dirk Niepelt, pp. 73~79. London: CEPR Press.

Adrian, Tobias, Christopher Erceg, Simon Gray, and Ratna Sahay. 2021. Asset Purchases and Direct Financing. International Monetary Fund, DP/2021/023.

Assenmacher, Katrin, and Ulrich Bindseil. 2021. The Eurosystem's Digital Euro Project: Preparing for a Digital Future. In *Central Bank Digital Currency. Considerations, Project, Outlook*, ed. Dirk Niepelt, pp. 111~118. London: CEPR Press.

Auer, Raphael, and Rainer Böhme. 2020. CBDC Architectures, the Financial System, and the Central Bank of the Future. *VoxEU/CEPR*, 29 October.

Auer, Raphael, Giulio Cornelli, and Jon Frost. 2020. Rise of the Central Bank Digital Currencies: Drivers, Approaches and Technologies. *BIS Working Papers*, No. 880, August.

Auer, Raphael, Giulio Cornelli, and Jon Frost. 2021. Central Bank Digital Currencies: Taking Stock of Architectures and Technologies. In *Central Bank Digital Currency. Considerations, Project, Outlook*, ed. Dirk Niepelt, pp. 155~162. London: CEPR Press.

Barrdear, John, and Michael Kumhof. 2016. The Macroeconomics of Central

Bank Issued Digital Currencies, *Bank of England. Staff Research Paper* No. 605, July.

Becklumb, Penny, and Mathieu Frigon. 2015. *How the Bank of Canada Creates Money for the Federal Government*, Publ. No. 2015-51-E. Ottawa: Library of Parliament, 10 August.

Bindseil, Ulrich. 2019. Central Bank Digital Currency — Financial System Implications and Control. *ECB Working Paper*, ECB Directorate General Operations, 30 July.

Bindseil, Ulrich. 2020. Tiered CBDC and the Financial System. *ECB Working Paper Series*, No. 2351, January.

BIS. 2019. Proceeding with Caution. A Survey on Central Bank Digital Currency, Written by Christian Barontiniand Henry Holden. *Bank for International Settlements Papers*, No. 101, January.

BIS. 2020. *Central Bank Digital Currencies: Foundational Principles and Core Features*, publ. by BIS and the central banks of Canada, EU, Japan, Sweden, Switzerland, England and USA. Bank for International Settlements, Basel.

BIS. 2021. CBDC: Opportunity for the Monetary System. *BIS Annual Economic Report*, 65~95.

Bjerg, Ole. 2017. Designing New Money—The Policy Trilemma of Central Bank Digital Currency. *Copenhagen Business School Working Paper*, June.

Bjerg, Ole. 2018. Breaking the Gilt Standard. The Problem of Parity in Kumhof and Noone's Design Principles for Central Bank Digital Currencies. *Copenhagen Business School Working Paper*, August.

Boar, Codruta, Henry Holden, and Amber Wadsworth. 2020. Impending Arrival—A Sequel to the Survey on Central Bank Digital Currency. *BIS Papers*, No. 107, Bank for International Settlements, Basel, January.

Bordo, Michael D., and Andrew T. Levin. 2017. Central Bank Digital Currency and the Future of Monetary Policy. *NBER Working Paper Series*, No. 23711, August.

Bordo, Michael D., and Andrew T. Levin. 2019. Digital Cash: Principles & Practical Steps. *NBER Working Paper Series*, No. 25455, January.

Broadbent, Ben. 2016. Central Banks and Digital Currencies. Speech at the London School of Economics documented by the Bank of England. www.bankofengland.co.uk/publications/Pages/speeches/default.aspx.

Brunnermeier, MarkusK., and Dirk Niepelt. 2019. On the Equivalence of Private and Public Money. *Journal of Monetary Economics* 106: 27~41. [Crossref]

Cunha, Paulo R., Paulo Melo, and Helder Sebastião. 2021. From Bitcoin to CBDC: Making Sende of the Digital Money Revolution, *Future Internet* 13:165. www.mdpi.com/journal/futureinternet.

De Bode, Ian, Matt Higginson, and Marc Niederkorn. 2021. *CBDC and Stablecoins: Early Coexistence on an Uncertain Road*. McKinsey & Company, October 11.

ECB. 2020a. *Study on the Payment Attitudes of Consumers in the Euro Area (SPACE)*, Frankfurt, December.

ECB. 2020b. *Report on a Digital Euro*. ECB, Frankfurt, October.

European Parliament. 2021. *Briefing on Stablecoins—Private − Sector Quest for Cryptostability*. Brussels: European Union.

Fatas, Antonio. 2021. Can Central Bank Digital Currency Transform Digital Payments? In *Central Bank Digital Currency. Considerations, Project, Outlook*, ed. Dirk Niepelt, pp. 51~55. London: CEPR Press.

Federal Reserve of the U.S. 2022. *Money and Payments: The U.S. Dollar in the Age of Digital Transformation, Research & Analysis*. Board of Governors of the Federal Reserve System, January.

Flodén, Martin, and Björn Segendorf. 2021. The Role of Central Banks When Cash Is No Longer King. A Perspective from Sweden. In *Central Bank Digital Currency. Considerations, Project, Outlook*, ed. Dirk Niepelt, pp. 99~109. London: CEPR Press.

Garbade, Kenneth D. 2014. Direct Purchases of U.S. Treasury Securities by Federal Reserve Banks. *New York Federal Reserve Staff Reports*, No. 684, August.

Georgieva, Kristalina. 2022. The Future of Money—Gearing up for CBDC. *IMF Speech*, 9 February.

Hess, Simon. 2019. 100% E-Money and its Implications for Central Bank Digital Currency. *SSRN Working Paper*, 26 June.

IMF. 2018. Casting Light on Central Bank Digital Currency. *IMF Staff Discussion Note*, written by T. Mancini-Griffoli et al. International Monetary Fund, Washington, DC.

Ingves, Stefan. 2018. The e-Krona and the Payments of the Future. Speech by the Governor of the Swedish Riksbank, Stockholm.

Kumhof, Michael, and Clare Noone. 2018. Central Bank Digital Currencies—Design Principles and Balance Sheet Implications. *Staff Working Paper*, No. 725. Bank of England, London, May.

Lagarde, Christine, and Fabio Panetta. 2022. Key Objectives of the Digital Euro. *The ECB Blog*, 13 July.

Maechler, Andréa M., and Andreas Wehrli. 2021. How to Provide a Secure and Efficient Settlement Asset for the Financial Infrastructure of Tomorrow. In *Central Bank Digital Currency. Considerations, Project, Outlook*, ed. Dirk Niepelt, pp. 147~153. London: CEPR Press.

McKinsey Global Institute. 2021. *The Rise and Rise of the Global Balance Sheet*, November.

Meaning, Jack, Ben Dyson, James Barker, and Emily Clayton. 2018. Broadening Narrow Money: Monetary Policy with a Central Bank Digital Currency. *Bank of England Staff Working Paper*, No. 724, May.

Michel, Norbert J., and Jennifer J. Schulp. 2021. A Simple Proposal for Regulating Stablecoins. *Cato Briefing*, No. 128, November 5.

Niepelt, Dirk. 2015. Reserves for Everyone—Towards a New Monetary Regime? *VOXCEPR's Policy Portal*, 21 January. http://voxeu.org/article/keepcash-let-public-hold-centralbank-reserves.

Niepelt, Dirk. 2021. "Reserves for All": Political Rather Than Macroeconomic Risks. In *Central Bank Digital Currency. Considerations, Project, Outlook*, ed. Dirk Niepelt, pp. 39~44. London: CEPR Press.

Oliveros, Rosa M., and Lucia Pacheco. 2016. Protection of Customers' Funds in Electronic Money: A Myriad of Regulatory Approaches, BBVA Research. *Financial Inclusion Watch*, 28 October.

OMFIF. 2020. *Digital Currencies—A Question of Trust*. Written by Bhavin Patel and Pierre Ortlieb. OMFIF, London.

OMFIF and IBM. 2019. *Retail CBDCs, the Next Payments Frontier*. London: Official Monetary and Financial Institutions Forum and Costa Mesa, CA: IBM Blockchain Worldwire.

President's Working Group. 2021. *Report on Stablecoins*, November (Full authorship: The President's Working Group on Financial Markets, the Federal Deposit Insurance Corporation, and the Office of the Comptroller of the Currency).

Selgin, George. 2021. CBDC as a Potential Source of Financial Instability, *Cato Journal* 41 (2) (Spring/Summer).

Sveriges Riksbank. 2017. *The Riksbank's E-Krona Project. Report 1*, Stockholm, September.

Sveriges Riksbank. 2018a. *The Riksbank's E-Krona Project. Report 2*, Stockholm, October.

Sveriges Riksbank. 2018b. Special Issue on the e-Krona. *Sveriges Riksbank Economic Review*, 2018:3.

Zellweger-Gutknecht, Corinne. 2021. The Right and Duty of Central Banks to Issue Retail Digital Currency. In *Central Bank Digital Currency. Considerations, Project, Outlook*, ed. Dirk Niepelt, pp. 31~38. London: CEPR Press.

제8장. CBDC 도입 이후의 중앙은행과 통화정책

AMI (American Monetary Institute). 2010. *Presenting the American Monetary Act.* Valatie, NY: American Monetary Institute. http://monetary.org/wp-content/uploads/2011/09/32-page-brochure.pdf.

Barbiero, Francesca, Miguel Boucinha, and Lorenzo Burlon. 2021. TLTRO III and bank lending conditions. *ECB Economic Bulletin*, Issue 6: 104~127.

Benes, Jaromir, and Michael Kumhof. 2012. The Chicago Plan Revisited. *IMF Working Paper*, 12/202 August 2012, revised draft February 2013.

Bernanke, Ben S. 2016. *What tools does the fed have left?* Part 3: Helicopter Money. The Brookings Institution.

Bezemer, Dirk. 2019. *Money and its uses.* Driebergen-Rijsenburg: Triodos Bank.

BlackRock Investment Institute. 2019. Dealing with the next down turn. *Macro and Market Perspectives*, August. Authored by Simon Wan, Elga Bartsch, Jean Boivin, Stanley Fisher, Philipp Hildebrand.

Bossone, Biagio, and Massimo Costa. 2021. Money for the issuer: Liability or equity? *Economics* 15(1): 43~59.

Bossone, Biagio. 2018. The 'accounting view' of money: Money as equity (Parts I+II). *The World Bank Blog*, May 14~21. blogs.worldbank.org/allaboutfinance/accounting-view-money-money-equity-part-i/ blogs.worldbank.org/allaboutfinance/accounting-view-money-money-equity-part-ii.

Bossone, Biagio. 2021. Bank Seigniorage in a Monetary Production Economy. *Post-Keynesian Economics Society Working Paper*, no. 2111, August.

Buiter, Willem H. 2007. How robust is the new conventional wisdom in monetary policy? *Working Paper*, London School of Economics/Universiteit van Amsterdam, April 15.

Buiter, Willem H. 2014a. The simple analytics of helicopter money. Why it works—Always. *Economics* 8(28): 1~51.

Buiter, Willem H. 2014b. Central banks: Powerful, political and unaccountable? CEPR Discussion Paper, No. 10223, October.

Buiter, Willem H., and Sony Kapoor. 2020. *To fight the COVID pandemic policymakers must move fast and break taboos.* voxeu.org, April 6.

Crocker, Geoff. 2020. *Basic income and sovereign money. The alternative to economic crisis and austerity policy.* London: Palgrave Macmillan.

Diessner, Sebastian. 2020. *Main streaming monetary finance in the Covid-19 crisis.* Brussels: Positive Money Europe.

Douglas, Clifford Hugh. 1974. *Social credit.* Bloomfield Books, Reprint of the revised version of 1934. First edition in 1924.

Friedman, Milton. 1991. *Monetarist economics.* Oxford, UK and Cambridge, MA: Basil Blackwell.

Friedman, Milton. 1992. *Money mischief.* New York: Harcourt Brace Jovanovich.

Gali, Jorda. 2020. Helicopter money: The time is now. *VOX/CEPR discussion paper*, ox, March 17.

Goodhart, Charles A.E., and Michael Hudson. 2018. Could/Should Jubilee Debt Cancellations Be Reintroduced Today? *CEP Research Discussion Paper*, DP12605, January.

Huber, Joseph, and James Robertson. 2000. *Creating new money. A monetary reform for the information age.* London: New Economics Foundation.

Hudson, Michael. 2018. *... and forgive them their debts. Lending, foreclosure and redemption from bronze age finance to the jubilee year.* Dresden: ISLET Verlag.

Huerta de Soto, Jesús. 2009. *Money, bank credit, and economic cycles*, 2nd ed. (1st 2006. Auburn, AL: Ludwig von Mises Institute.

Jackson, Andrew, and Ben Dyson. 2012. *Modernising money. Why our monetary system is broken and how it can be fixed.* London: Positive Money.

Jackson, Andrew, and Ben Dyson. 2013. *Sovereign Money—Paving the way for a sustainable recovery*. London: Positive Money.

Jourdan, Stan, and Marc Beckmann. 2021. *Why green monetary policy is legal and legitimate*. Brussels: Positive Money Europe.

Jourdan, Stanislas. 2020. *Helicopter money as a response to the Covid-19 recession in the Eurozone*. Brussels: Positive Money Europe.

Jourdan, Stanislas, and Wojtek Kalinowski. 2019. Aligning Monetary Policy with the EU's Climate Targets. *Working Paper Positive Money Europe*, Brussels, and Veblen Institute for Economic Reforms, Paris, April.

Jourdan, Stanislas, Monique Goyens, Edoardo C. Coppola, Sebastien Godinot, and Adrian Joyce. 2021. *How the European central bank can unleash the building renovation wave*. euractiv.com/section/energy/opinion, September.

Kumhof, Michael, Jason Allen, Will Bateman, Rosa Lastra, Simon Gleeson, and Saule Omarova. 2021. Central bank money: Liability, asset, or equity of the nation? *Vanderbilt Law Review* 74(5): 1231~1300. Reprinted as CEPR Discussion Paper 15521.

Le Maux, Laurent. 2020. Central banking and finance: The Bank of England and the Bank Act of 1844. *Revue Economique*, Presses de Sciences Po, May 2020. ffhal-02854521f.

Lennkh, Alvise, Bernhard Bartels, and Thibault Vasse. 2019. The rise and fall of central banks as sovereign debt holders. *SUERF Policy Note*, Issue No 109, October.

Lutz, Friedrich. 1936. *Das Grundproblem der Geldverfassung*. Stuttgart and Berlin: Kohlhammer.

Martin, Philippe, Éric Monnet, and Xavier Ragot. 2021. What else can the European central bank do? *Les notes du Conseil d'Analyse Économique*, No.65: 1~12, June 2021.

Mayer, Thomas. 2014. *Die neue Ordnung des Geldes*. München: FinanzBuch Verlag.

Mehrling, Perry. 2011. *The New Lombard Street. How the fed became the dealer of last resort*. Princeton University Press.

O'Brien, Denis Patrick. 2007. *The development of monetary economics*. Cheltenham: Edward Elgar.

Ryan-Collins, Josh. 2015. Is monetary financing inflationary? A case study of the Canadian economy 1935~75, Levy Economics Institute of Bard College. *Working Paper*, No. 848, October. 12

Ryan-Collins, Josh, and Frankvan Lerven. 2018. Bringing the helicopter to ground: a historical review of fiscal-monetary coordination to support economic growth in the 20th century. *Working Papers PKWP 1810*, Post Keynesian Economics Society (PKES).

Schemmann, Michael. 2012. *Accounting perversion in bank financial statements. The root cause of financial crises*. IICPA Publications.

Sigurjonsson, Frosti. 2015. *Monetary Reform. A better monetary system for Iceland*. Icelandic Parliament, submitted to the Committee on Economic Affairs and Trade, March.

Tobin, James. Inflation and unemployment. *American Economic Review* 62: 1~18.

Turner, Adair. 2016. *Between debt and the devil. Money, credit and fixing global finance*. Princeton University Press.

Van't Klooster, Jens, and Rensvan Tilburg. 2020. *Targeting as a sustainable recovery with Green TLTROs*, September 2020, Positive Money Europe, Brussels, and Sustainable Finance Lab, Utrecht University.

색인

A

Asset inflation(자산 인플레이션), 7, 18, 83, 87, 88, 90, 118, 199, 218, 220, 232-233, 242

Assignats(아씨냐 지폐), 112

B

Bank money regime(은행화폐 체제), 18, 30, 37, 69, 79, 83, 101-102, 108, 118-119, 136-137, 139, 142, 149, 179, 181-182, 185, 193, 196-197, 215, 219, 229, 263

Bank money(은행화폐), 1, 3-11, 13-14, 17-20, 23-38, 41-42, 44-69, 72-83, 95, 97-102, 106, 108, 115, 116-119, 121-123, 126, 134-139, 142, 144-156, 158, 163-169, 171, 173, 176,178-200, 202, 204-217, 219, 223, 224, 229, 235, 238, 240, 241, 245-247, 252, 254, 259, 260, 263, 266

Bank of Canada(캐나다은행), 203, 242

Bank of England(영란은행), 83, 89, 96, 110, 113-114, 203, 218, 242, 253, 254

Banknotes(은행권), 14, 23, 28-30, 33, 36, 39, 96, 106, 109-113, 117, 136, 150-151, 155, 157, 179, 191, 245-246, 253, 258

Base money(본원화폐), 19, 20, 26, 29, 35-38, 41, 43-46, 67, 72, 79, 82, 134-135, 138, 163, 168-169, 182, 188, 191-193, 197, 206-207, 215, 221, 224, 227, 230, 235, 240, 246, 249, 251-252, 254-255

Bitcoin(비트코인), 10, 19, 31, 38, 60-62, 64-68, 115, 123, 124, 127-130, 132, 135, 142, 158, 160-162, 166, 208-209, 211, 215

Blockchain(블록체인), 61, 123-125, 127-128, 130-131, 143, 162, 163, 171, 173-174

Bookmoney(장부화폐), 3, 28-30, 33, 36-37, 42, 47, 105-106, 108, 116, 121-122, 124, 126, 132-134, 136, 140, 142, 146-147, 150, 164, 168, 187, 204, 214, 241

C

Cash(현금), 5, 10, 1819, 24, 27 29, 31-33, 38-41, 43, 44, 48-49, 51, 53, 55-56, 59-60, 62-65, 69, 72-75, 82, 102, 110, 115-118, 121-122, 126, 135, 137, 139, 144, 146, 150, 152, 154-158, 168-169, 175-177, 179-180, 182, 184-187, 189-191, 193, 197-198, 201-202, 207, 210-211, 216, 224, 246, 256, 258-260

Cashless payment(무현금 지급), 27,-30, 40, 49, 51, 116-117, 157, 179

CBDC(중앙은행 디지털화폐), 6, 27, 31, 60, 119

Central Bank Digital Currency(중앙은행 디지털화

폐), 6, 27, 31, 60, 119

Central banks(중앙은행), 1, 4-8, 10-11, 13-14, 18-20, 23, 24-53, 60, 66-70, 72-76, 78, 81-82, 90-91, 95-96, 100-102, 106, 108, 113-119, 122-124, 128, 131, 135,-140, 142, 144-147, 149-155, 157, 160, 166-169, 171-176, 179-180, 182-183, 185-186, 188-241, 243-260, 273

Central-bank money(중앙은행화폐), 6-7, 17-19, 24, 27, 32, 36, 38, 41-42, 44-48, 53, 55, 72-76, 78, 115, 122-123, 137-139, 149, 167-168, 179, 181, 190, 191-194, 197-199, 200, 214-219, 222, 224, 227, 229-230, 235, 238, 243, 245-247, 249,-252, 255-256, 258, 260

Central-bank notes(중앙은행 지폐), 18, 45, 106, 113-115, 160, 191, 214, 253

Citizen's dividend(시민 배당금), 228, 243-244

Clearing(청산), 30, 44, 49, 91, 116-117, 147, 150, 254

Coins(코인/주화), 3, 18, 23, 29, 31, 33-34, 37, 39, 45, 60- 68, 98, 105-106, 108-109, 110-111, 114, 122, 124, 127, 129, 130, 135, 138, 141, 148, 151-153, 155, 159-169, 192, 208- 210, 212,246, 248-250, 255, 256

Collonial bills(식민지 지폐), 111, 141

Complementary currencies(보완통화), 17, 37-38, 53-54, 57, 65

Continental dollar(대륙 달러), 141

Credit(신용), 8, 10, 11, 14, 18, 20, 26, 34, 36, 40, 41, 43, 44, 47, 51-54, 58, 69, 73-76, 78-85, 87, 91, 93, 116, 133-134, 136, 146, 148-150, 153, 168, 172, 177, 180, 183, 185, 190-191, 193, 200-201, 203-205, 207, 213, 216, 218-219, 224, 227-231, 235-237, 239-240, 243,

245, 246-,-249, 252-253, 257, 259-260

Credit-and-debt money(신용/채무 화폐), 3, 11, 20, 36, 43-44, 47, 190, 201, 230, 240-241, 247

Cryptocurrencies(암호화폐), 3, 10, 11, 27, 31-34, 36-38, 46, 60-62, 64-68, 78, 81, 115, 119, 121-124, 126-130, 132, 134-135, 137-138, 141-144, 148, 150, 153, 157-167, 169, 173, 176, 179, 196, 206, 208, 211-212, 229

Currency or capital flight(통화 또는 자본 도피), 66, 162, 187, 192-193, 197

Currency register(화폐등록부), 20, 252, 254-256, 258,-260

D

Debt-free money(채무 없는 화폐), 44, 247-249

Deposits(예치), 41, 46, 53, 64, 66, 173, 256-258

Diem(디엠), 32, 63, 127, 167

Digital cash(디지털 현금), 25, 28, 122

Digital money(디지털 화폐), 3-4, 10, 11

Digital tokens(디지털 토큰), 25, 106

Digital yuan(디지털 위안), 4, 32, 128, 140, 142-144, 175

Dominant money(지배 화폐), 11, 18, 23, 69, 71, 72, 107, 108, 115, 263

E

ECB(유럽중앙은행), 66, 83, 90, 128, 157, 174, 180, 203, 218, 231-232, 238, 254

Ether(이더), 19, 31, 61-62, 124, 127-128, 160, 162,-164, 166, 204

European Cental Bank(유럽중앙은행), 66, 83, 90, 128, 157, 174, 180, 203, 218, 231, 232, 238, 254

E-wallet(전자지갑), 4, 28, 42, 59, 61

F

federal Reserve of the U.S.(미국의 연방준비제도이
　사회), 70
Fiat money(명령화폐), 18, 29, 38, 43, 67, 71, 79,
　90, 95, 111, 191, 245, 254, 266
Financial economy(금융경제), 35, 84-85, 87, 90,
　136, 158, 201, 222, 230, 257
Financial intermediation(금융 중개), 18, 26, 33,
　54, 79, 80-82, 149, 180, 181
Financial repression(금융 억압), 218, 241
Financialisation(금융화), 34, 87, 90, 99

G

Gold standard(금 본위제), 7, 14, 23, 30, 45, 67,
　96, 113-114, 116-118, 191, 233, 245, 253

H

Helicopter money(헬리콥터 머니), 20, 213, 242-
　244
High-powered money(고성능 화폐), 72

I

Inflation(인플레이션), 5, 18, 20, 56, 83, 87-88, 90,
　96, 108-109, 111, 118, 161, 199, 213-215,
　217, 220, 221, 234-235, 237-238, 241-243
Interest rates(이자율 / 금리), 8, 20, 26, 50, 56, 66,
　74, 75, 76, 78, 83, 89, 137, 146, 182, 188-
　189, 199-200, 213-219, 221-222, 230, 232,
　234-235, 237, 241, 243

L

Legal tender(법정화폐), 26, 29, 38, 43-46, 72,
　111, 113-114, 132, 156, 167, 175, 179, 187-
　189, 204, 255
Libra(리브라), 32, 62-63, 127, 137, 140, 164, 167

M

Monetarism(통화주의), 97, 215, 219, 233
Monetary financing(화폐적 재정조달), 20, 213,
　226, 236-237, 239, 241-244, 257
Monetary policy(통화정책), 4-6, 20, 30, 35, 41,
　55-56, 69, 71, 75, 78, 83, 91, 93, 97, 103,
　108, 114, 118-119, 137-138, 149, 158-59,
　172-173, 179, 187, 194, 211-215, 219,-224,
　226-230, 232-235, 242-243, 253,255, 258,
　273
Monetary quantity theory(화폐 수량설), 214, 215,
　220
Monetary reform(화폐 개혁), 138, 247, 249
Monetary sovereignty(화폐 주권), 18, 71, 74, 95,
　96, 98, 99, 113, 136, 137, 140, 159, 169, 212,
　214, 225, 266
Monetary turning points, history(화폐 전환점), 1,
　6, 7, 23, 30, 36, 105, 107, 108, 113, 119, 134,
　136, 137
Money issuance(화폐 발행), 4, 27, 30, 37, 66, 96,
　98, 99, 111, 225, 229, 230
Money Market Fund Shares(단기금융펀드 지분),
　17, 56
Money supply(화폐공급), 3, 18, 23-24, 27-30, 36,
　44, 51, 54, 59, 72, 74-75, 83, 87, 102, 105-
　108, 112, 114, 119, 121, 144-145, 151, 169,
　200, 212, 214-215, 218-222, 226-227, 229-
　230, 232-235, 240-241, 258, 267

N

Neoliberalism(신자유주의), 13-14, 96, 97

O

Ordoliberalism(질서자유주의), 75, 97

P

Paper money(지폐), 3, 6, 10, 11, 18, 23-24, 28,-31, 33, 36-39, 43, 45-46, 96, 105-106, 108-118, 124, 135-136, 141, 149, 150, 155, 157, 160, 189-190, 214, 216, 222, 243, 245-246, 250, 253-256, 258

People's Bank of China(중국인민은행), 32, 128, 138, 140, 143

Q

Quantitative Easing(양적완화), 28, 56, 76, 78, 89-90, 184, 199, 201, 217, 223, 229, 231, 239

R

Reserves(준비금), 18, 27-31, 33-39, 41,-43, 45-53, 64, 68, 70-78, 81-82, 89, 100, 106, 115, 117-118, 121-124, 135, 137, 139, 140, 142, 144, 147, 150-152, 154-155, 163, 165-169, 173-174, 182, 184, 188-189, 190-193, 195, 198-199, 201-202, 204-208, 210, 214,-217, 220, 223-224, 245-246, 248-250-255, 256, 258-260

S

Seigniorage(시뇨리지), 39, 99, 110, 114, 182, 204-205, 227, 228, 230, 244, 247-250, 252, 255-257, 260

Shadow banks(그림자은행), 33, 35, 54, 78, 80,- 82, 87, 101, 119, 136, 146-149, 168, 181, 183, 185-186, 204, 207, 223-224, 229, 231, 235, 237

Sovereign money(주권화폐), 4-9, 11, 26, 38, 43-44, 93, 95, 99, 102, 114, 136-139, 144, 145, 169, 173, 214, 227- 228, 247, 249, 253-254

Split circuit(분할 회로), 42, 73

Stablecoins(스테이블코인), 17, 19, 20, 24, 31-34, 36, 38, 53-55, 57, 60, 61-65, 72, 81, 119, 121, 127, 134-135, 137, 140-142, 144, 147-148, 151,-153, 158-159, 161-169, 171, 176, 193, 196, 206,-212, 229

Swedish Riksbank(스웨덴 럭스방크), 66

T

Taxonomy of money(화폐 분류학), 37, 66, 134, 206

Tether(테더), 61, 62, 64, 65, 166

Treasury notes(재무부 지폐), 23, 30, 44, 106, 111, 113, 114, 155

Triffin trilemma(트리핀 딜레마), 187

U

US dollar(미국 달러), 31, 41, 56, 61, 115, 142, 245

US treasury(미국 재무부), 106, 141, 206, 208, 209

화폐민주주의연대를 소개합니다.

"화폐와 은행을 바꾸어 세상을 바꾸자"

국민의,
   국민에 의한,
      국민을 위한
         국민주권화폐
            시스템 개혁을 위하여

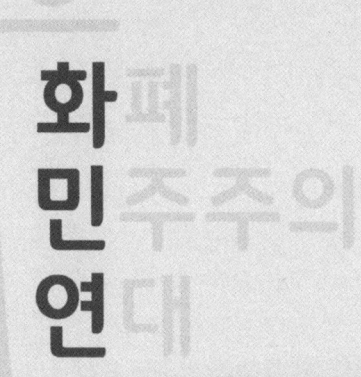

화폐민주주의연대 (Solidarity for Monetary Democracy)

::화폐·금융 시스템에 의문 가지기

■ 두 개의 기본 물음

여러분은 다음과 같은 의문을 가져보신 적이 있습니까?

 "우리가 현재 사용 중인 화폐·금융 시스템은
 공정하게 그리고 공익을 위해 작동하고 있을까?"

이 물음에 답하려면
다음 두 가지 물음을 먼저 생각해보는 게 도움이 됩니다.

1. "경제가 돌아가려면 항상 일정량의 돈이 필요하고, 경제가 성장하려면 그만큼 새 돈이 있어야 합니다. 그렇다면 이 돈은 누가 어떻게 만들어 경제에 공급하는 것일까요?"

2. "은행은 저축을 예금으로 받아 이를 대출하는 금융중개기관으로 알려져 있습니다. 그렇다면 은행은 대출할 때 누구의 돈을 빌려주는 것일까요?"

이 두 가지 기본 물음에 답하려는 노력은
'화폐 민주주의'라는 새로운 인식과 실천을 위한 첫걸음이 될 것입니다.

::은행의 비밀

■ 은행이 누리는 부당한 특권과 엄청난 특혜

현행 시스템에서는 민간영리은행이 시중의 돈 중 약 93.3%를 공급하고, 중앙은행인 한국은행은 고작 6.7%를 현금으로 공급합니다(23년12월 M2평잔 3917조원, 본원통화 264조원 기준). 한국은행법은 한국은행의 통화 발권력 독점을 규정하고 있지만, 실제로 이 권한은 대부분 민간은행에 의해 행사됩니다. 따라서 중앙은행의 발권력이 민간은행에 양도되었다고 해석할 수밖에 없고, 여기에는 어떤 법적 근거도 없습니다.

민간은행은 '신용창조' 기법으로 **존재하지 않던 '새' 돈을 만드는 특권**을 누립니다. 그리고 이 새 돈을 민간(개인이나 기업)은 물론 정부에게도 빌려주고 **이자를 수취하는 특혜**를 누립니다. 2022년 한 해 동안 은행들이 벌어들인 이자 수익은 대출이자 99.2조 원에서 이자비용 43.2조 원을 뺀 55.9조 원에 달합니다. 이 부당한 특권과 엄청난 특혜는 현행 시스템이 작동하는 한 영원히 보장됩니다.

민간은행은 누구에게 얼마를 어떤 조건으로 대출할 지를 이윤 극대화 원리에 따라 오로지 안전성(상환 가능성)과 수익성(대출금리)이라는 기준만으로 결정합니다. 개별 대출 결정에 있어서 은행은 어느 누구의 지시나 감독도 받지 않는 무한 자유를 누리며, 사회적 또는 공공적 가치를 고려해야 할 의무도 없습니다. 게다가 은행은 모든 경제주체의 회계와 이들 간의 지급결제 시스템이라는 공공 인프라 운영을 담당한다는 현실 때문에 방만한 경영으로 파산위기를 맞더라도 이른바 '대마불사' 논리에 따라 공적자금의 투입, 즉 구제금융이라는 특혜도 누립니다.

::은행 중심 통화공급 시스템의 폐단

상기와 같은 은행의 비밀을 숨기고 있는 현행의 은행 중심 통화공급 시스템은 중대한 폐단을 초래하며, 결코 경제적 및 사회적 공익을 위해 우선적으로 작동하지 않습니다.

1. 경제의 채무화

민간은행이 대출(신용 제공)할 때마다 새 돈이 만들어지고 통화량은 그만큼 늘어납니다. 반대로 대출이 상환될 때마다 돈은 소멸되고 통화량은 그만큼 줄어듭니다. 따라서 시중의 모든 돈은 은행에서 대출받은 돈으로서 상환의무와 이자불입을 요구하는 '**채무화폐**'입니다. 경제가 성장하는 만큼 통화량도 늘어나야 하므로 경제주체들의 채무총액도 늘어납니다. 늘어난 채무 이자는 전액 은행에 귀속됩니다.

2. 불평등의 심화

은행은 부자와 대기업에게는 문턱을 낮추고 저금리를 적용하며, 빈자와 중소기업 및 사회적기업에게는 문턱을 높이고 고금리를 적용합니다. 은행은 부가가치의 창조, 즉 GDP 기여 활동보다는 주식이나 부동산 같은 자산 투자용 대출을 선호하며, 그 결과 실물경제가 만든 소득을 비생산적·투기적·기생적인 부문으로 이전합니다. 이러한 소득 불평등 심화는 경제 침체는 물론 사회적 및 정치적 불안정을 조장합니다.

3. 금융 불안정성과 경기변동 증폭

은행은 이윤 극대화 논리에 의거하여 호황기에는 대출을 확대하고 불황기에는 대출을 축소하거나 기존 대출을 회수합니다. 이에 따라 실물경제 경기변동의 주기는 짧아지고 진폭은 확대됩니다. 그 결과 금융은 물론 경제의 불안정성이 높아지고, 금융 및 경제 위기의 발생 가능성도 높아집니다.

4. 지속 가능한 발전의 저해

은행은 환경보전과 사회발전을 위한 대출을 기피하며, 사회를 피폐화하고 지구를 착취하더라도 돈을 벌어 상환만 보장된다면 어떤 활동에든 신용을 공여함으로써 '지속 가능한 발전'을 저해합니다.

- 요컨대 현행의 은행 중심 화폐·금융 시스템은 오늘날 우리가 직면하고 있는 중대한 경제적, 사회적 및 환경적 문제를 해결은커녕 조장하고 있습니다. 은행 규제 강화로는 해결되지 않으며, 시스템 개혁이 요구되는 근본적인 이유입니다.

::대안 : 국민주권화폐 공급 시스템

- **국민주권화폐 공급 시스템 개요**

화폐민주주의연대가 제안하는 대안은 국민주권화폐 공급 시스템입니다. 그 핵심은 은행의 신용창조 행위를 박탈해 화폐 발행권을 국민에게 되돌려주고, 이 권한을 법률이 규정하고 있듯이 중앙은행(한국은행)이 독점 행사하도록 만드는 데 있습니다.

공공은행으로서 한국은행은 연간 발행 통화의 양과 배분 방식을 결정하는 배타적인 권한을 가지며, 행정부와 입법부는 물론 민간 금융기관과 금융시장으로부터 완벽한 독립성을 누려야 합니다. 통화금융위원회는 확대 개편되어야 하고, 국민이 참여하는 민주적 거버넌스 체계를 구축해야 합니다.

이렇게 발행되는 통화를 우리는 '국민주권화폐'라 부르며, 그 3대 성격은 법정화폐, 자산화폐, 공공화폐입니다.

법정화폐는 그 통용력과 채무 변제력이 법률로 보장되는 본원화폐이며,
자산화폐는 상환과 이자불입 의무가 없으며,
공공화폐는 공공기관에 의해서만 발행되어 공익을 위해 사용되는
진정한 국민의 화폐를 말합니다.

■ **국민주권화폐 공급 시스템의 기대효과**

새로운 시스템에서는 통화 발행권이 민간영리은행에서 국민(중앙은행이 대행)에게로 이동할 뿐 국가 재정 메커니즘과 민간은행의 금융 중개 기능에는 어떤 변화도 초래되지 않습니다.

한국은행이 해마다 추가로 발행하는 본원통화는 **국민 개개인에게 공평하게 기본소득으로 지급되거나 정부에 의해 특별투자자금으로 지출**될 수 있습니다. 물론 이 두 방법의 적절한 조합도 가능합니다.

정부는 여전히 세금을 거두어 지출할 것이고, 해마다 새로 발행되는 통화의 일부 또는 전부를 환경·교육·문화·사회·통일 등 여러 분야에서 공익을 위한 투자자금을 추가로 확보할 수 있습니다. 적자재정 운영과 국채 발행 부담은 거의 사라질 것이며, 필요하다면 국채를 중앙은행에 직접 인수하게 함으로써 사실상 이자 부담을 모면할 수도 있습니다.

민간은행은 폐지되지도 국유화되지도 않습니다.

은행은 더 이상 신용창조기관이 아니라 진정한 신용중개기관으로 재탄생할 것입니다. 저축을 대출이나 투자로 운용함으로써 예대금리차와 투자수익을 올릴 수 있습니다.

국민은 상환도 이자도 없는 '자산통화'를 기본소득으로 수령할 수 있으며, 그만큼 채무 부담에서 해방될 것입니다. 이처럼 자산통화의 주입이 계속되면 경제의 채무화는 중단되고 건전한 성장경제가 정착될 것입니다. 경제적 불평등은 크게 완화되고, 금융 불안정성의 급감으로 경제도 크게 안정될 것입니다.

::CBDC와 화폐 민주화

현금 사용의 감소, 비트코인 등 광범위한 암호화폐의 등장 등을 이유로 한국은행을 포함하여 전 세계 100여 개 중앙은행에서 중앙은행디지털화폐(CBDC; Central Bank Digital Currency)에 관한 연구 및 실험을 하고 있습니다.

CBDC는 크게 두 가지로 나뉩니다. 하나는 금융기관을 대상으로 하는 도매 CBDC이며, 다른 하나는 일반인도 사용할 수 있는 소매 CBDC입니다. **화민연의 관심은 소매 CBDC**에 있습니다.

그 설계와 관련하여 두 가지 옵션이 논의되고 있습니다.

1) **하이브리드(hybrid) 모델** : 은행 간 거래에서 사용되는 지준금과 현금만 CBDC로 바뀔 뿐 기존의 은행 중심 통화공급 시스템은 전혀 변하지 않습니다. 은행은 여전히 신용창조와 대출을 통한 금융 자원 배분 기능을 행사합니다.

2) **직접(direct) 모델** : 중앙은행이 독점 발행하는 CBDC를 은행은 물론 개인과 기업에게 바로 공급합니다. 경제의 모든 거래는 자산통화이자 법정통화인 CBDC로만 이루어집니다. 은행의 신용창조 기능은 사라지거나 크게 제한됩니다. 개인과 기업은 중앙은행이나 기존의 은행에 개설된 특별 계좌를 통해 CBDC를 직접 수령할 수 있습니다.

주류 측은 기존 은행업에 큰 타격을 주지 않는 하이브리드 모델을 중심으로 논의하고 있습니다. 화폐민주주의연대는 화폐의 민주화를 위해 직접 모델을 포함하여 더 나은 모델을 연구하고자 합니다.

현재 상업은행이 독점하고 있는 신용의 창조 및 배분 기능을 제한함과 동시에 시뇨리지(통화발행차익)를 국민에게 직접 배분할 수 있을 뿐만 아니라 지역금융·사회금융을 활성화 하여 '수익' 논리가 아니라 사회가 '필요한' 곳에 '공공' 논리에 따라 새 돈이 지향하도록 만들 수 있기 때문입니다.

끝으로 CBDC는 사용자 프라이버시(익명성/기밀성) 침해와 사회적 신용통제의 우려를 해소하기 위한 민주적 거버넌스가 전제되어야 합니다.

::지역공공은행과 화폐 민주화

■ 지역공공은행의 필요성과 성격

지역공공은행은 화폐·금융의 공공성에 관한 주민 인식을 개선하고 **민주적인 거버넌스**(민관 공동참여 및 결정, 주민에 의한 감시 등)에 의한 운영으로 중장기적 과제인 국민주권화폐 공급 시스템 개혁에 힘을 실어줄 수 있습니다. **화폐 민주화 과정의 한 단계**로서 국민주권화폐 공급 시스템 개혁과 동시에 또는 별도로 추진될 수 있습니다. 나아가 지역공공은행은 급박한 과제로 부상한 **지역소멸에 대응하는 지역순환경제의 구축**에서 핵심적인 역할을 수행할 수 있다는 점에서 그 자체로도 중요합니다.

■ 지역공공은행의 역할

1. 지방자치단체의 금고

국가재정을 중앙은행이 관리하는 것처럼 지방재정은 지역공공은행이 관리함 ; 지방채 인수 등 지자체 공공투자자금 조달, 지역공공인프라 건설비 조달 위한 프로젝트 파이낸싱(PF) 주도

2. 지역순환경제의 금융적 토대

지역에서 창출된 소득이 지역에서 순환하는 지역순환경제 실현과 지역경제 안정화에 기여 ; 주식, 부동산 등 투기성 대출을 근절하고 경제·사회·환경·문화적 가치 창출 분야에 대출 집중해 지역경제 성장 견인.

3. 지역금융정책 시행 및 지역화폐 관리

지역금융 현황 조사 및 연구 ; 지역금융정책 수립 및 집행 ; 지역화폐 발행 및 관리

4. 주민을 위한 공공은행

서민, 학자금, 소상공인, 청년, 사회적경제조직 등 사회적 약자를 위한 0~1% 초저금리 공공금융형 간접대출서비스 제공 ; 수익의 지자체 환원으로 공공지출 재원으로 사용함.

::화폐민주주의연대의 목적과 활동

■ 목적

'화폐민주주의연대(Solidarity for Monetary Democracy)'는 민간영리은행에 의한 통화 공급 시스템을 혁파하고 화폐 민주주의에 입각한 새로운 국민주권화폐 공급 시스템의 구축을 목적으로 삼는 비영리민간단체입니다.

화폐 민주주의는 한마디로 '국민의, 국민에 의한, 국민을 위한 화폐'를 주장합니다. 화폐주권을 가진 국민이 스스로 통화를 발행하여 국민을 위해 사용하자는 것입니다. 즉, 해마다 추가되는 새 돈을 국민복리와 나라발전에 봉사하는 공유재로 만들자는 것입니다.

이는 경제성장 지상주의를 극복하고 민주적이고 생태적인 경제발전 패러다임으로 나아가는 길이자 절차적 민주주의를 넘어 실질적 민주주의로 전진하는 길이기도 합니다. 화폐 민주화는 지역공공은행과 함께 지역의 경제적 자립을 제고함으로써 진정한 지방자치의 구현에도 기여할 수 있습니다.

■ 활동
1. 화폐 민주주의 운동의 전국화
- 화폐·금융 제도개혁을 위한 연구, 교육 및 홍보
- 국민주권화폐 시스템 개혁안 마련, 입법 및 제도화
- 국민을 위한 양적완화로 기본소득제 도입

- 화폐·금융·재정 관련 헌법 소원, 입법 청원, 국민 발안 등 법률 제·개정
- 한국은행과 중앙은행디지털화폐(CBDC) 관련 연구

2. 화폐 민주주의 운동의 지역화
- 한국은행 지역본부 및 지역 민간영리은행 감시
- 지역금융 실태 연구
- 지역공공은행 설립 방안 구상 및 실천

3. 화폐 민주주의 운동의 국제화
- 화폐 민주화 관련 해외 문헌의 한국어 번역 제공 및 출판
- 국제화폐개혁운동(IMMR)의 회원단체 활동
- 외국의 화폐 민주화 개혁단체들과 연대 활동
- IMF, WB, BIS 등 국제금융기관 및 새로운 국제통화시스템 연구

::회원 가입 안내

- 화폐민주주의연대 공식 홈페이지 https://smdkorea.org
- 화폐민주주의연대 카페 : https://cafe.naver.com/smd2020
- 국제화폐개혁운동(IMMR) 홈피 : https://internationalmoneyreform.org

참여방법

- 정회원 : 홈페이지, 카페, QR 통해 가입서 작성, 사무처장에게 전화 (010-3900-3740)
- 정회원은 회비, 후원회원은 후원금 납부
- 모든 회원은 카카오단톡방, 뉴스레터, 세미나, 강연회, 총회, 워크샵 등에 참여 권리
- 회비/후원 계좌 : 농협 301-0301-9029-51 화폐민주주의연대

회원가입 QR코드

화폐 대전환 - 은행화폐에서 CBDC로 -

초판 1쇄 발행 | 2025년 5월 10일

지은이 | 조세프 후버(Joseph Huber)
옮긴이 | 서익진, 김준강, 김민정
발행인 | 김태진
발행처 | 진인진
등 록 | 제25100-2005-000003호
주 소 | 경기도 과천시 관문로 92, 101-1818
전 화 | 02-507-3077-8
팩 스 | 02-507-3079
홈페이지 | http://www.zininzin.co.kr
이메일 | pub@zininzin.co.kr

ⓒ 서익진, 김준강, 김민정 2025
ISBN 978-89-6347-627-8 93320

* 책값은 표지 뒤에 있습니다.